U0134914

3分法
操作策略

cola

台股操盤實錄之通用未來

推薦序

股市（高手）晉升為（贏家）之心路歷程

　　有在股票市場投資的讀者朋友一定都知道，選擇基本面佳的公司才有投資的價值，但股價有漲跌循環，何時敲單進場變成一項重要的課題。技術分析可以帶領投資人辨別市場的高低點、選擇進出場的時機，然而技術分析真的沒有盲點嗎？

　　股票市場是所有人對於自身所接觸到的訊息，做出各種理性與非理性行為之地，股市心理學的重要性由此可知。不像一般的書籍或雜誌只有線型圖買進與賣出，cola帶給讀者的是寶貴的「實戰三分法操作策略」與「多年實戰經驗之股市心理學」。

　　常常可以聽到坊間有許多書籍、報章雜誌，甚至是電視上的名嘴說：「目前××××已突破前高，代表多方氣勢出來，可以買進。」若是參照這樣的說法，進行敲單其實都已追高，使得資金曝露在高風險的環境下，容易被技術性的洗盤出場，這就是技術分析無法應用於買賣的盲點。

cola常說：「操作策略要跑在技術分析前面。」三分法就是操作策略上經典的代表作，這三分法看似簡單，但也考驗著投資人的心理層面，在此本人真誠的建議參閱cola這本著作，了解其意義並實際應用在個股的操作，可以免於「股價上漲手中無股，股價下跌持股滿檔」的窘境。股市裡高手一堆，如何從高手跳脫成為贏家，就得看操作策略了。

在股市中，說真話的人不多，cola的樸實、幽默與真話，帶給讀者完全不同的感受與學習的環境，由衷的推薦此書給各位讀者。

陳政雄（Beau Chen）

推薦序

路邊攤看光光

　　看到百貨公司廚具部門裡，堆滿了各式各樣的鍋碗刀叉，有的閃閃發亮、有的雕飾精緻，卻不知道實不實用？同樣的，圖書部門的財經架上，琳瑯滿目的股票叢書，有的措辭聳動、有的獲利驚人，就不知道管不管用？這是許多讀者心裡共同的疑惑，同感納悶的是：看了許多股市專論，分析心理面與基本面，研讀技術分析，熟悉指標線型，但依然無法財源滾滾來，是學藝不精、工具不熟還是領悟不夠？被一連串的「問號」困住了。

　　我是逛夜市的過路客，偶然瞧見路邊攤賣刀叉的小販，告訴大家刀具的特點以及使用方法，一邊詳細的說明，一邊確實的示範，唱作俱佳展現十足的說服力，讓大家一眼全看透了──請鏡頭暫時停格，這就是「現場實錄」的關鍵片段。接著轉動鏡頭，你就會看到我湊起熱鬧，同大夥兒佇足圍觀，一起欣賞他俐落切開椰子、切割冷凍肉的神奇表演！

　　我投入股市，志在贏錢，求知慾十分強烈。化身為網路的過路客，我逛呀逛，看到有的網站像開五金店，擺滿挖金礦的工具與補給品，有的版主奇幻魔術般的神出鬼沒，有的

網頁則像颱風肆虐後仍苟延殘喘，更多的早已冰天雪地死寂空寥……，剛巧路過cola的部落格，發現他就像平易近人的路邊攤小販，秉持「不誇張，不作假」最高道德標準，講求務實、務實再務實的態度，讓我佇足圍觀四年多，自認足以充當忠實的見證者。

cola非常重視交易紀錄的完整性，簡單說，「完整」就是真憑證、有連貫，包括可追蹤的操作過程與進出點的依據，這些全部都是可以讓人看光的！cola一再坦誠操作很難，因為一旦錢丟到集中市場就變成大家的了，要如何連本帶利贏回來呢？依據技術分析（歷史資料）研判後，擬定操作策略（未來計劃），cola對此做了強烈的區隔，親自示範，讓讀者邊學邊做，實地演練，立即驗證。

股市劇情每日曲折離奇，幾乎沒有不可能的突發狀況，回到一年前的今天，您如何看待股市？當時如何擬定操作策略？作者編寫本書採用歷史回溯，學習電影《回到未來》的手法，披露「cola秘密花園」一整年長達一千多頁的日記。日記裡有雀躍、有沮喪、有歡欣、有懊惱，忍受內心的煎熬與折磨，長

期抗戰終究獲得可觀效益。有關三分法操作策略的部分，在截取期間如實呈現，於今輯印成書請您來檢驗。

　　股市叢書一再推陳出新，敘述的條例規範看起來洋洋灑灑，難免有許多「矛與盾」的現象，前文對後語常常自相矛盾，若細心推敲還層出不窮呢！反觀cola公開操作的網站，雖然每日面對變幻莫測的未來，寫日記的心理壓力很大，但不會自相矛盾、模稜兩可、言不及義、誇大其詞，其操作策略的特色是脈絡清晰、井然有序，更重要的是具體可行，尤其股市心理學更是一把罩。

過路客　風舵

推薦序

與千萬人生俱樂部有約

千萬人生俱樂部的門票，誰不想要？但是跨得進門檻的，卻是少之又少。入場券哪裡尋？薪水、獎金、樂透還是投資？大部分的人都會選擇投資，但是標的呢？房地產、外幣、股票、期貨……等，不一而足，其中又以股票最容易上手，也最受大家喜愛；但入門容易並不代表獲利容易，反而常常呈現反比，是許多投資人心中永遠的痛。

坊間媒體充斥著各種「一夕致富，倍數獲利」的宣傳，試問世上有幾人因此成功？務實操作，不浮誇──是我給cola下的註解；務實務實再務實，則是我從中最大的體悟，這些都是我在拜讀cola的大作後，最想推薦給大家的致富良方。投資者一定要做功課，衡量自己的風險忍受度，千萬別躁進，選對標的才是正確的操作方法，讓時間幫您獲利吧！

《三分法操作策略》真的是一本值得細細一讀的投資工具書——相信我的看法，因為我也正和千萬人生俱樂部預約訂位中。

BAMBI.TW　敬筆

2010/9/25

推薦序

論技術分析之逐夢踏實

在金融市場上，為數眾多的散戶佔最大部分，但卻是不易掌控的一盤散沙，容易隨著法人或主力起舞，考驗人性的貪婪；而散戶最容易接觸的便是技術分析了。

身為一個股票新手的我，操作股票一年半，回憶剛踏入股票市場時，自己是個短線交易者，除了看技術分析，也會看媒體報導，甚至買股票分析師介紹的標的。但因為害怕，所以一有獲利馬上出場，造成我每天必須盯著持股，一有風吹草動就片刻不得安寧，晚上睡覺前一定要看過美股的開盤狀況才能睡覺，這種情況持續了半年之久，我發現這絕非長久之計。

一直到遇見這個部落格，在讀取文章內容後，發現和其它技術分析強調的快速獲利、帶單操作明顯不同，於是成為cola大哥的讀者，進而學習到技術分析的原理。cola大哥鼓勵讀者尋求自己風格的操作策略，最重要的是每隔幾天就會有股市心理教學，這關係到對風險的認識和技術分析的活用，不是以數據方式呈現，而是用樸實簡單的文字描述，這是在股海沉浮多年累積的精髓，用錢也買不到。

技術分析屬於圖表型態，記錄市場的交易明細及波動情形，能忠實反映多空方激戰的盛況，但對於預測未來，恐怕是充滿變數，能確切解讀的只有過去和現在。為克服不確定的未來，擬定操作策略和資金控管是必須且重要的，這也是自我保護的機制。如何做規劃考驗著投資者的格局，每個人自身的狀況不盡相同，所採取的方式也不同，而《三分法操作策略》正是可以拿來參考的範本。

　　《三分法操作策略》以日記方式呈現，是一個隨著市場行情變動而擬定的策略，長期追求穩定性，對於已設定的操作策略和資金分配，嚴格遵守並確實執行。

　　《三分法操作策略》綜合了技術分析的客觀性，補足了技術分析的盲點，並利用操作策略和資金控管達到最好的效果。cola大哥這本書將帶給投資者一個全新的視野，顛覆技術分析只停留在短線操作的刻板印象，原來技術分析也能呈現出長線操作的格局。

呂明龍

作者自序

看對行情不等於做對行情，做對行情不見得能夠走完全程，唯有走完全程才能算是完整的交易，也才有資格談獲利。cola研發的三分法操作策略，陪伴讀者走過2008年的金融風暴、2009年的多頭行情，與2010年的大回檔。

2009年三分法操作策略，運用於台股大盤的操作績效約61%，運用於台灣50指數成分股約64%，運用於中型100指數成分股約87%。文章都是每日解析，經得起檢驗，絕非馬後炮。三分法是非常務實可行的長線操盤法，也是cola秘密花園的主流操盤法，相當值得推薦。

對於操作而言，文章的連貫性非常重要，若無法連貫，就看不出來到底務不務實、能不能用。有些文章強調獲利有多高、方法有多好，但如果無法驗證，一切都是空談。本書以操作日記為主體，兼顧連貫性與整體性，是學習技術分析與操作策略的最佳模式。

這一整年的日記長達一千多頁，cola只能保留其中有關三分法操作策略的部分，至於文中技術分析的相關術語，請參考cola的另一本著作《技術分析不設防》。

附記：

「技術分析不設防」網址：

http://onlycola.blogspot.com/

目錄

前奏
台灣50與中型100指數成分股

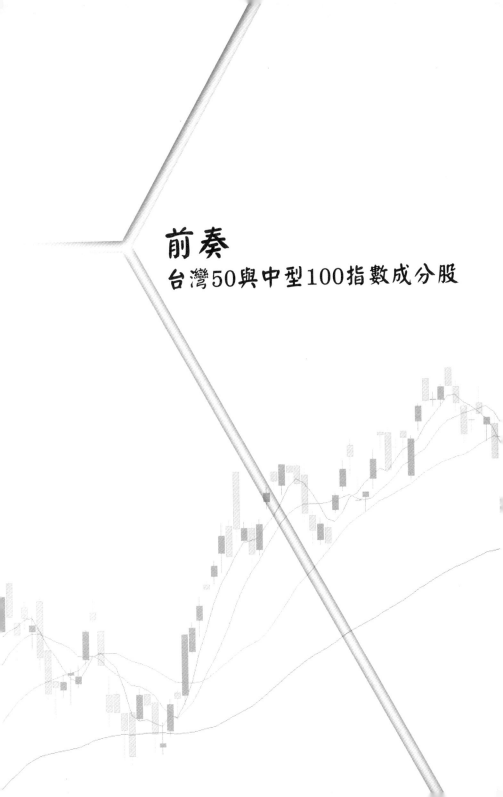

「成也技術分析，敗也技術分析」是cola的名言，也是cola透過實戰經驗及自我反省而來。其實技術分析不過是交易紀錄，我們要做的就是「正確且客觀」的解讀，而非拿來畫線，在cola之前，幾乎很少人用「交易紀錄」來定義技術分析。建議想學技術分析的讀者，千萬不要玩物喪志，最後被技術分析玩弄於股掌之間。

三分法操作策略的研發就是我真正脫離技術分析魔掌的代表作。cola敢保證，真正能體會三分法精髓的投資人有限，畢竟這是cola多年來每天不斷地反省操作、操作反省，所領悟到的，而投資人長期被財經媒體選擇性報導的觀念所影響，想要真正領略cola的逆耳忠言，可能需要一段時間。若是讀者沒有相當的程度與覺醒，那就只能看到皮毛，無法貫通三分法之精髓。

三分法操作策略用在2009年到底是成功還是失敗？三分法能不能用來操作股票，還是只能用來解讀指數的漲跌？cola特別將台灣50成分股通通套入三分法的買賣點，並做成表格加以比對，目的就是要確認三分法操作策略究竟可不可行，或者根本就是紙上談兵的純理論。

我們先定義這次評比的條件，由於三分法是在2008/10/22盤後才開始建立基本持股，為求統計方便，我們直接取2008/10/23的最高點作為買進成本價（真正的成本價會比較

低）；並且cola是在2009/10/22定義收盤應該出清持股，所以我們就將2009/10/22收盤價訂為三分法的出場價位。

用這樣的買賣條件，我們可以看到台股指數的買進價位在4730，賣出價位在7607，操作績效為61%，而台灣50成分股有22檔超過大盤績效，操作績效高於30%以上的則有35檔，證明三分法操作策略並非只是理論，而是確實可行的操盤法。

代 號	名 稱	占臺灣50權重	買進	賣出	盈虧	操作績效
1722	台 灣 肥 料	0.80%	42.25	113.50	71.25	169%
3474	華 亞 科	0.42%	8.92	20.80	11.88	133%
1101	臺 灣 水 泥	0.54%	15.80	36.50	20.70	131%
1402	遠 東 紡 織	1.34%	18.40	40.40	22.00	120%
2311	日 月 光	1.14%	13.10	28.20	15.10	115%
2886	兆 豐 金	1.49%	9.27	19.50	10.23	110%
2890	永 豐 金 控	0.81%	6.30	13.00	6.70	106%
2301	光 寶 科	0.98%	20.70	42.65	21.95	106%
2382	廣 達	1.27%	32.70	66.70	34.00	104%
2881	富 邦 金	2.28%	19.20	38.75	19.55	102%
2891	中 信 金	1.77%	10.60	21.25	10.65	100%
2105	正 新 橡 膠	0.57%	35.00	69.80	34.80	99%
3231	緯 創	1.07%	29.60	58.80	29.20	99%
2888	新 光 金	0.66%	7.34	14.00	6.66	91%
2303	聯 電	1.57%	8.67	16.50	7.83	90%
2353	宏 碁	2.39%	44.35	82.50	38.15	86%
2324	仁 寶	1.70%	22.00	40.30	18.30	83%
1102	亞 洲 水 泥	0.50%	20.80	35.90	15.10	73%
2885	元 大 金	1.28%	13.85	23.40	9.55	69%
2317	鴻 海	11.80%	78.30	132.00	53.70	69%
2454	聯 發 科	4.32%	300.00	492.50	192.50	64%
2882	國 泰 金	2.76%	33.60	54.40	20.80	62%
2347	聯 強	0.88%	42.75	68.20	25.45	60%

代 號	名 稱	占臺灣50權重	買進	賣出	盈虧	操作績效
3481	群　　創	1.48%	30.30	48.20	17.90	59%
2325	矽　　品	1.31%	29.35	46.20	16.85	57%
2330	臺 積 電	15.96%	41.15	61.80	20.65	50%
9904	寶 成 工 業	0.70%	15.25	22.65	7.40	49%
2883	開 發 金	1.01%	6.10	8.96	2.86	47%
2354	鴻　　準	1.10%	75.00	105.00	30.00	40%
2892	第 一 金	0.90%	14.70	20.50	5.80	39%
5854	合　　庫	0.80%	14.80	20.40	5.60	38%
8046	南　　電	0.30%	77.50	105.00	27.50	35%
3045	台灣大哥大	1.06%	45.20	59.60	14.40	32%
2002	中 國 鋼 鐵	3.05%	22.90	29.90	7.00	31%
2880	華 南 金	0.90%	15.75	20.50	4.75	30%
1216	統 一 企 業	1.50%	28.30	36.80	8.50	30%
2801	彰　　銀	0.53%	11.60	15.00	3.40	29%
2308	台 達 電	1.66%	74.50	94.00	19.50	26%
1301	臺 灣 塑 膠	3.95%	51.30	64.60	13.30	26%
1326	臺 灣 化 纖	2.91%	49.50	61.60	12.10	24%
1303	南 亞 塑 膠	3.28%	44.00	54.00	10.00	23%
2409	友　　達	3.31%	25.60	31.30	5.70	22%
2603	長　　榮	0.25%	14.50	16.95	2.45	17%
2412	中 華 電 信	3.00%	50.40	57.50	7.10	14%
2357	華　　碩	2.40%	50.50	57.50	7.00	14%
6505	台 塑 化	1.53%	73.60	83.70	10.10	14%
3009	奇 美 電	1.14%	15.25	16.65	1.40	9%
4904	遠　　傳	0.59%	35.35	37.10	1.75	5%
2912	統 一 超 商	0.31%	78.90	75.90	-3.00	-4%
2498	宏 達 電	2.71%	405.50	334.50	-71.00	-18%

　　為什麼我們要剖析台灣50成分股呢？因為能在這50檔裡面的股票，基本上企業體會比較健全且有規模，流通量也不成問題，這樣的股票如果可以套用三分法，就表示三分法操作策略可行。讀者也可以將三分法運用在其它股票，但三分法的買點是採

取年度的相對低點，基本上企業的體質要健康，才能經得起嚴酷的寒冬。

三分法是用1／3資金作為年度操作的基本持股，這是要與企業共享利潤的，所以前提是企業要能存活、要有競爭力、要能獲利，股東才有利潤可言。

三分法是以穩定獲利做為最優先考量，而不是單純以操作績效作為出發點。讀者可能會問，為什麼不找績效翻個好幾倍的股票來操作呢？cola的答案很簡單，如果每年的操作績效能夠高於五成，這就是非常成功的交易，也足夠讓我們安心退休了。

投資理財到了最後，你的資金會越來越大（理論上），當你的資金大到超過千萬，你就必須要找一個比較穩當的標的來操作，賺取穩定的獲利，而不是追求暴利。例如投資台積電一千萬，一年後獲利五百萬，這還不包含配息配股，這樣會少嗎？但如果我們追求倍數以上的暴利，可能會將資金投入股本較小、股性更活潑的個股，風險也勢必會增加，因此不能光衡量投資報酬率。

三分法是以台股指數作為技術分析指標，沒有任何股票會比台股指數大，所以技術分析的穩定度非台股指數莫屬，這也是三分法的優勢之一。三分法有諸多優點，但這需要時間來證明，而投資理財本來就是一輩子的事，請讀者要多點耐心。唯有找到穩定的獲利方式，我們才有辦法真正的累積資金，享受無憂無慮的退休生活。

前面cola整理了三分法操作策略下的台灣50指數成分股，

驗證了三分法的可行性。讀者可能會想:「佔權值的股票往往跟牛一樣漲不太動,除了佔權值的股票能夠使用三分法之外,其它股票可以嗎?」

現在cola以台灣中型100指數成分股來套用三分法的買賣點,看看三分法除了運用在佔權值的股票之外,是否也能活用於中型股票?如果可以,則三分法操作策略的普遍性就可以確立了。

這次採用台灣中型100指數成分股,我們照樣以操作績效作為排序,成績如下:

操作績效高於100%的有41檔,操作績效高於50%的有74檔,操作績效高於30%的則有85檔。

代號	名稱	指數權重	買進	賣出	盈虧	操作績效
2545	皇　翔	0.53%	14.00	71.40	57.40	410%
2915	潤泰全球	1.11%	14.20	53.30	39.10	275%
1319	東　陽	0.78%	13.60	50.00	36.40	268%
3059	華晶科	0.86%	6.85	23.50	16.65	243%
5522	遠雄建設	0.73%	22.85	76.80	53.95	236%
2887	台新金	2.29%	4.39	13.90	9.51	217%
2106	建大工業	0.58%	12.95	40.75	27.80	215%
2201	裕隆汽車	1.65%	12.90	39.70	26.80	208%
2542	興富發	1.14%	15.65	47.40	31.75	203%
9945	潤泰新	0.88%	13.55	39.30	25.75	190%
2548	華　固	0.72%	29.65	85.80	56.15	189%
1201	味全食品	0.85%	15.70	43.60	27.90	178%
6005	群益證券	1.03%	6.13	16.65	10.52	172%
2448	晶　元	3.45%	42.90	116.50	73.60	172%
2360	致　茂	0.72%	25.75	69.30	43.55	169%
2504	國　產	0.82%	6.62	16.60	9.98	151%

代號	名稱	指數權重	買進	賣出	盈虧	操作績效
2384	勝　華	0.95%	9.70	23.85	14.15	146%
2374	佳　能	0.73%	24.30	59.50	35.20	145%
2856	元富證券	0.67%	5.68	13.50	7.82	138%
3189	景　碩	0.70%	37.05	87.60	50.55	136%
3702	大聯大	1.83%	20.05	47.10	27.05	135%
2607	榮　運	0.55%	12.75	29.80	17.05	134%
2855	統一證券	0.66%	8.68	20.20	11.52	133%
2854	寶來證券	1.39%	7.92	18.00	10.08	127%
2903	遠東百貨	1.61%	16.25	36.25	20.00	123%
2204	中華汽車	0.58%	10.90	24.15	13.25	122%
3037	欣　興	2.55%	19.40	40.85	21.45	111%
2707	晶華酒店	0.56%	196.50	412.00	215.50	110%
2823	中國人壽	1.33%	12.00	25.15	13.15	110%
2451	創　見	0.90%	53.00	111.00	58.00	109%
1440	台南紡織	0.71%	6.00	12.55	6.55	109%
2352	佳世達	0.94%	9.70	20.10	10.40	107%
2485	兆　赫	0.53%	30.40	62.80	32.40	107%
2458	義　隆	0.82%	30.40	62.80	32.40	107%
3034	聯　詠	1.72%	36.75	75.90	39.15	107%
2618	長榮航	0.52%	6.41	13.15	6.74	105%
2501	國　建	0.60%	6.98	14.20	7.22	103%
1704	榮　化	0.77%	18.30	37.05	18.75	102%
2015	豐興鋼鐵	1.16%	25.45	51.20	25.75	101%
2889	國票金	0.63%	5.13	10.30	5.17	101%
2605	新　興	0.42%	19.65	38.90	19.25	98%
3044	健　鼎	1.80%	44.75	87.80	43.05	96%
2612	中　航	0.34%	46.30	88.80	42.50	92%
2393	億　光	1.73%	51.90	99.50	47.60	92%
2884	玉山金	1.34%	7.44	13.95	6.51	88%
2337	旺　宏	2.07%	9.29	17.10	7.81	84%
1717	長興化學	0.80%	16.70	30.60	13.90	83%
8078	華寶通訊	0.49%	24.05	43.40	19.35	80%
1503	士林電機	0.61%	22.80	40.80	18.00	79%
2362	藍　天	1.27%	24.35	43.30	18.95	78%

代號	名稱	指數權重	買進	賣出	盈虧	操作績效
1802	臺灣玻璃	1.46%	14.60	25.90	11.30	77%
6286	立錡科技	1.70%	153.50	270.00	116.50	76%
2377	微　星	0.60%	12.85	22.50	9.65	75%
8008	建興電	0.27%	15.65	27.40	11.75	75%
2344	華邦電	0.73%	3.50	6.10	2.60	74%
2006	東和鋼鐵	0.90%	19.40	33.30	13.90	72%
2349	錸　德	0.79%	5.13	8.75	3.62	71%
2328	廣　宇	0.72%	31.20	53.00	21.80	70%
2441	超　豐	0.65%	19.25	32.30	13.05	68%
2610	華　航	0.83%	6.39	10.65	4.26	67%
2606	裕　民	1.01%	37.90	63.00	25.10	66%
2101	南港輪胎	0.91%	21.95	36.30	14.35	65%
2103	台　橡	0.93%	23.45	38.40	14.95	64%
6239	力　成	1.91%	54.30	88.00	33.70	62%
1907	永豐餘	0.81%	8.43	13.50	5.07	60%
2356	英業達	1.97%	12.35	19.70	7.35	60%
1723	中鋼碳素	0.57%	53.80	85.80	32.00	59%
2617	台　航	0.53%	31.75	49.75	18.00	57%
2385	群　光	1.68%	46.40	72.10	25.70	55%
1504	東元電機	0.94%	8.98	13.95	4.97	55%
1210	大成長城	0.62%	22.50	34.55	12.05	54%
2609	陽　明	0.56%	7.90	12.10	4.20	53%
2323	中　環	0.83%	5.30	8.02	2.72	51%
3035	智　原	0.66%	37.50	56.60	19.10	51%
9933	中　鼎	0.56%	20.10	29.80	9.70	48%
2332	友　訊	0.76%	22.45	32.00	9.55	43%
2834	台灣企銀	0.89%	6.15	8.52	2.37	39%
3376	新日興	0.64%	114.00	156.00	42.00	37%
1314	中石化	0.82%	11.40	15.40	4.00	35%
2379	瑞　昱	1.61%	54.00	72.80	18.80	35%
2395	研　華	1.05%	43.80	58.90	15.10	34%
1605	華新麗華	1.31%	8.54	11.30	2.76	32%
2371	大　同	1.62%	5.69	7.51	1.82	32%
2392	正　崴	0.86%	50.50	66.50	16.00	32%

代號	名稱	指數權重	買進	賣出	盈虧	操作績效
9917	中　保	0.66%	38.40	50.00	11.60	30%
9921	巨大機械	0.91%	69.50	88.90	19.40	28%
2615	萬　海	0.64%	13.10	16.20	3.10	24%
2315	神　達	0.68%	12.85	15.85	3.00	23%
2023	燁　輝	0.66%	9.69	11.55	1.86	19%
2014	中　鴻	0.71%	10.80	12.85	2.05	19%
1434	福　懋	1.13%	19.00	22.45	3.45	18%
3008	大立光	1.58%	320.00	378.00	58.00	18%
6116	彩　晶	1.59%	5.60	6.37	0.77	14%
3367	英華達	0.34%	29.10	33.00	3.90	13%
9907	統一實業	0.51%	11.05	11.95	0.90	8%
2475	華　映	1.38%	3.69	3.61	-0.08	-2%
2474	可　成	1.64%	84.00	81.50	-2.50	-3%
3443	創　意	0.60%	171.00	148.00	-23.00	-13%

　　得到結論，如果讀者將三分法運用在台灣中型100指數成分股，有40%的股票獲利超過一倍，有75%的股票獲利高過五成。證實三分法操作策略不只適用於權值股，更適用於中型股，是個相當優秀的操盤法。

　　至於小型股我們就不列入驗證範圍，畢竟三分法是求取長期且穩定的報酬，運用在中型以上的個股，穩定度會比較高。以2009年三分法的操作績效為例，獲利高過五成的權值股就有一半，而中型股也佔了75%，這樣的成績非常符合我們的退休規劃。

　　三分法走的是年度超級長線操作，操作的週期拉長，自然抵銷了雜訊，讓我們的操作變得更單純，並與企業共同分享利潤，創造美好的退休計劃。

　　「沒有檢討過去的決心，就不會有規劃未來的能力」，這是cola累積多年操作經驗所得到的結論。接下來，cola就以自己的操作日記如實呈現這次三分法操作策略的完整過程，讓讀者體會，我們如何在2008年第四季所有專家一致看壞之下，勇敢的進場建立基本持股，遇到台股首次的止跌反彈，經歷再次破底，經過五個月的震盪，媳婦終於熬成婆；接下來又如何且戰且走，在一片「無基之彈」的論調下，不斷調整操作策略，一路持股續抱，終於在2009年第四季出清持股，落袋為安。

　　透過整整一年的操作日記，讓想學習技術分析與操作策略的讀者能身歷其境的感受，cola如何與秘密花園的讀者共同走過2008年的金融風暴與2009年的回升行情，並且成功抓到台股反彈三千點的大行情。

　　坊間的理財書籍幾乎都是以純理論居多，當你遇到題目A，就套用答案B；遇到題目C，就套用答案D，因為有標準答案，讀者就會覺得股市操作很簡單，真正操作時才發現完全不是那麼一回事。技術分析是死的，盤勢卻是活的，唯有透過貨真價實的操作日記，讀者才能體會股市的真面目，才會知道操作沒有想像中那麼簡單。

　　現在就請讀者跟cola一起坐著哆啦A夢的時光機，重回2008/10/22的案發現場，體驗務實可行的三分法操作策略。

第一章 危機就是轉機

◀ 一、台股的彩虹 ▶

台股的彩虹 2008/10/22

今天看「海角七號」，其中一段劇情激起我的靈感。女主角在擔心下雨天會影響到演唱會（其實是為情煩惱），那位日本歌手說：「難道妳不期待彩虹嗎？」這讓我想到，在全世界一片悲觀、所有專家皆看壞的情況下，難道我們不期待台股的彩虹嗎？

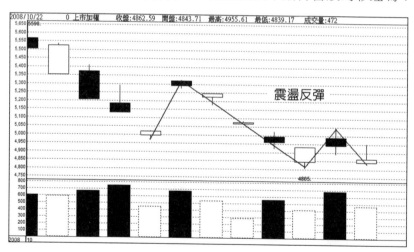

我突然有一個大膽的想法，如果我們從現在開始向下買進股票，是不是一個非常好的操作策略呢？你聽到cola有這樣的想法一定覺得不可思議，連止跌訊號在哪裡都還看不到，竟然要逆向操作，簡直是犯下技術分析的大忌。

其實，cola認為現階段操作策略的重要性已經凌駕技術分析了。技術分析將我們安全帶離股價的相對高檔處，也將老手從半山腰的震盪反彈中解救出來，我們還要期待技術分析為我們做什麼？

如果讀者不懂技術分析，cola給你三個方案，你覺得哪一種會合乎操作邏輯？

A方案：

從股價的高檔處向下買。你一定會說：「哪有人那麼傻，會在股票的高檔處買進？」怎麼沒有，其實大部分的散戶都是這樣，而且還不斷地向下買，直到沒錢為止，不是嗎？

B方案：

從股價的半山腰向下買。大部分的老手因為經驗豐富，躲過股價的高檔處，卻也將資金全數套在半山腰。

C方案：

從股價的歷史低點向下買。這時候所有人都看衰，沒有人敢買，或許也可以這麼說，敢買的都沒錢了。

如果橫豎都要買，你會選擇哪種方案呢？當然還是要選擇體

質好的股票、賺錢的公司，這樣C方案才能成立，而且也必須用現金買，因為我們不知道底部的價位與回升的時間，因此不能融資，還要將資金化整為零，分批向下買，盡量降低持股成本。也就是說，我們應該回歸生意的本質，遵守「逢低買進」的最高操作原則，這就是我認為現階段最佳的操作策略。

讀者可能會想，就這麼簡單嗎？我們平心而論，能夠熬到現在才開始向下買的人，你能說他簡單嗎？再者，你已經擬好操作策略了嗎？你打算用什麼樣的方式進場、以什麼價位切入呢？以何種技術分析的訊號作為操作依據呢？這些答案你必須清清楚楚的寫下來，具體的擬定操作策略，否則萬一行情又啟動了，我們是不是又兩手空空？

先反問自己，行情來了你敢買嗎？你確定那是行情嗎？止跌之後究竟會反彈還是回升呢？我們又該怎麼區別與操作呢？你要像這樣不斷地反問自己，直到每個問題都得到具體的答案，否則怎麼擬定操作策略？

cola沒辦法給讀者答案，但我可以提出思考的方向與每天的技術分析，作為你擬定操作策略的參考與調整。cola還是那句話，**現階段最重要的任務就是擬定操作策略，然後期待台股的彩虹。**

三分法操作大綱之向下買進 2008/10/23

　　延續昨天cola異想天開的想法——「從現在開始向下買」的議題，這個想法最大的缺點是不知道底部在哪裡，可能面臨越買越低的窘境，**所以資金的分配就是決勝負的主要因素**。我的看法很簡單，將資金切割越細越好，然後採取買黑不買紅的方式，一路向下買。

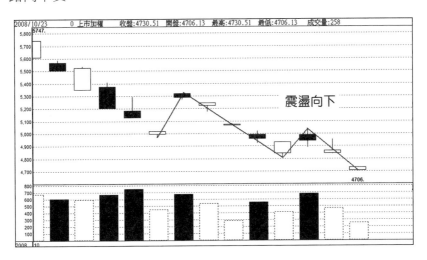

　　但有個大原則必須遵守，就是在尚未跌破四千點之前只能投入1／3的資金，等跌破四千點再買進1／3，最後的1／3等跌破三千點再買。萬一不幸跌破兩千點，那你就將老婆藏在枕頭下的私房錢也拿出來買，頂多被海K一頓，暫時先帶著鋼盔吃飯，等到台股的彩虹出現，你就有錢當天底下最浪漫的老公了。

　　萬一我們買滿1／3的資金，台股卻不跌破四千點，那剩下2／3的資金要如何運用呢？如果台股不破四千點，那就證明我們的操作策略成功，你的持股成本比任何人都低，已經立於不敗之地了，另外1／3等漲勢確立進場買進，最後的1／3就等漲勢中的拉回加碼，如此就持股滿檔了。這就是我對這次「向下買進」的操作大綱。

靜待止跌訊號 2008/10/24

　　股市中充滿變數，人算往往不如天算。早盤我對美股的收斂型態感到很滿意，認為台股向下震盪的跌幅應該會縮小，結果還是跌停，我的推論完全錯誤。目前台股已經脫離震盪型態，又回歸到長線空頭下殺，除了等止跌，沒有其他作為。

　　但我認為「從現在開始向下買」的操作策略應該繼續執行，跌破四千點之前建立1／3的部位，等跌破四千繼續往下買1／3，跌破三千就可以持股滿檔。

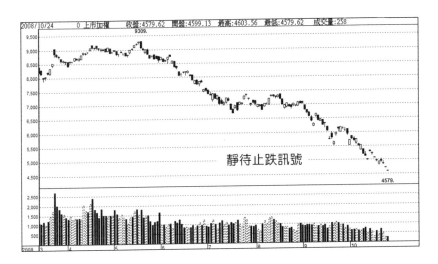

我同事說這是台股十年難得一見的大空頭,確實如此,上次讓cola賠掉四百萬的椎心之痛,這次終於換人做做看了。如果你或你的親朋好友也在這次的股災中受重傷,請你記得cola的肺腑之言:「原諒他人,也原諒自己」。

沒有人願意輸錢,小散戶玩股票也是為了改善生活,絕對不是生性好賭。回想當時,cola原本一片好意想讓家人有更好的生活條件,最後卻因為自己的無知而造成遺憾,在融資被斷頭之前,我身心煎熬,那種痛苦只有這次的受傷者才能真正體會,或者說,我們都在等待有人伸出援手,可惜,唯一能讓死刑犯免於一死的只有「特赦」,而我還沒有等到台股的特赦就被送上斷頭台了。

原本已經被斷頭的cola之所以能夠重生並不是靠神蹟,而

是靠家人的體諒與支持，他們並沒有怪罪cola，反而安慰我說：「算是用錢買經驗」，我只能說這個經驗真的好貴。**但也因為這種不可承受之重，讓我徹底覺悟，了解自己對於股市的無知與人性的貪婪。**

藉由cola的親身經驗，證明無知是可以透過教育來改善的，如果當時我的家人沒有體諒我，那我可能就此自暴自棄，你也無法看到cola這些文章了。

最後，cola以過來人的身分勉勵所有在股市受傷的投資人：「無論你能不能得到家人的諒解，你都必須原諒自己。」並且預祝股票被套的投資人都能獲得特赦，早日看到台股的彩虹。

空單回補時機 2008/10/27

cola給手上有空單的讀者兩個回補的參考點；一個是所謂的「止跌訊號」，另一個回補時機就是長黑警戒線兼跌勢末端有量。

長黑警戒線兼跌勢末端有量雖然不是止跌訊號，但在此處卻有趨底的可能，所以空單可以回補一半，如果接下來真的出現止跌訊號，那空單就要全數回補了。這就是我對持有空單者的建議。

　　我同事則對「從現在開始向下買」的三分法有不同意見，他說寧願等到上漲一千點再進場買，也不願意在這裡向下買。於是他在六千點的時候試著買進一張，但被套牢，所以他認為這個方式不可行。他的觀點對不對呢？原則上是對的，也就是說，等止跌回升再進場是相當正確的做法。

　　既然cola認為這是正確的做法，那為何還執迷不悟呢？我說過：「適合自己的方法才是最好的方法」。我同事是少數股票操作的贏家之一，他完全不懂技術分析，卻很理性、保守、不貪，不玩融資，一旦股價下跌也絕不加碼，這些都是贏家的特質，所以我才會說「技術分析並不是操作的全部」，他有這些特質，他訂的操作策略他做得到，這就是適合他的最佳操作策略。

　　但這樣的操作策略同樣要面臨技術問題，也就是當大盤真的漲一千點了，此時進場如果遇到拉回，該怎麼處理手中的股票呢？是停損還是放著不管呢？如果放著不管，那不是跟我們沒兩樣嗎？如果停損，那接下來同樣的情形要重複幾次呢？

　　cola在10/22突發奇想，提出「從現在開始向下買」的操作策略，如果讀者真的有執行，那你的持股成本將低於四千七百點。接下來跌破四千點再向下買進1／3，萬一又破三千點，那你就持股滿檔。

　　讀者可能會罵我害你被套牢，如果你真的那麼想，那你根本

不適合使用這個方法，這個方法是給對股票市場「愚忠」的人，而不是馬上要賺取價差的人。我舉一個對股市愚忠的例子：定期定額買基金的人，如果不是對於股市愚忠，為什麼會心甘情願被扣款呢？這類投資人的心理就是「以時間來平均持股成本」。

用這種方法的投資人基本上其觀念是正確的，唯有一個時機對他們而言是虧損的，那就是像現在這種處於歷史低檔的時候，因為會低於他的平均持股成本。反過來說，我們若利用逢低買進的觀念，在股價的歷史低檔處切入，將比這些運用長時間降低持股成本的投資人更有利，成本也更低，為何不敢買呢？如果在這裡都不敢買，那這些定期定額買進基金的人不就是傻瓜嗎？這些人並不是傻瓜，就投資的觀念來講，他們是對的，唯一能讓他們覺得捶心肝的時候就是這種十年難得一見的歷史低檔區，而我們處於這樣的歷史低檔區，佔盡天時、地利，為何不敢買呢？

如果台股真的不幸跌破三千點，我們也真的持股滿檔，那你的操作成本將落在三千～四千點之間，也就是歷史的低檔區，這樣的風險你還不敢冒嗎？

這個操盤法有兩個最大的問題，一個是止跌回升的時間不知道會拖多久，但只要你有心理準備，這就不是問題；第二個就是大盤回升、股價卻回不來，這就糟了，但這個問題就是你選股的責任，而非操作策略的範疇了。

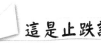

這是止跌訊號嗎？ 2008/10/28

　　面對跌跌不休的台股，我們唯一要確認的就是什麼時候止跌？止跌訊號究竟出現了沒？今天的台股開低走高收長紅，這是止跌訊號嗎？在回答這個問題之前，先來看台股今天為何開低？主要是美股連續兩天大跌所造成的。那台股又為何走高？可能是美股的型態沒有進一步被破壞，也就是說，美股隨時都有可能重來一次震盪反彈的型態，並沒有真正的破功。只要美股能挺住，台股自然就不會太差，所以台指期開始修正逆價差。

　　我在早盤對美股的分析中定義了「感覺還好」的主題，事後證明相當務實。你可能會覺得很奇怪，明明美股大跌，cola怎麼會感覺還好呢？其實大部分的人都認為跌不是好事，這點我同意，但有時候跌也不是壞事，它不跌，你會有很多疑慮，等它真的跌了，我們反而可以摸出底細。

　　今天早上的美股就是這種情形。原本週一早上我對美股的定義是「向上收斂的希望快破滅了」，開始要小心，美股又要進入空頭市場，結果今天早上雖然美股也算大跌，但型態並沒有進一步被破壞。因為早上要趕著上班，今天的美股分析特別簡單，只有兩三行，但我把最重要的感想寫在主題──「感覺還好」，這就已經勝過千言萬語了。另外我還在道瓊的K線圖註記「感覺還

好」，並且在那斯達克的K線圖中寫「沒有破底」。

技術分析練習久了，自然會有某種盤感，也就是第六感。這種盤感很重要，常常能在關鍵時刻發揮作用，今天就是很好的例子。如何培養盤感呢？我認為除了不斷累積經驗之外，沒有其它捷徑。

回歸正題，今天的長紅到底算不算止跌訊號呢？算，以外型而言確實是止跌訊號，但就氣勢而言，台股大盤只漲了幾十點，氣勢稍嫌不足。還好期指漲停板，氣勢扳回一城，但這個漲停是因為昨天看衰的人太多，今天只是修正逆價差，並不是真正的漲停。雖然如此，逆價差能修正就表示空方氣焰收斂許多，不敢太囂張。

那到底這是不是止跌訊號呢？坦白講我不知道，我認為這是「分身」而不是「本尊」，亦即「勉強算是止跌訊號」，既然是勉強，究竟要不要買呢？這必須靠讀者自己決定。但我昨晚的主題「空單回補時機」提到的回補參考，今天就是空單回補的時機，雖然今天只能算是勉強過關，但我們連長黑警戒線加跌勢末端有量都視為回補訊號了，今天的中長紅當然要回補。且從成交量看來，股票的流通性問題已經開始獲得解決，這是好事，所以暫時不要看得太空。

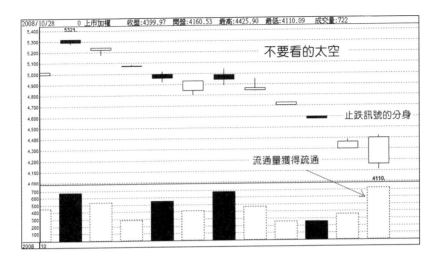

既然cola看不出究竟該不該買，那要如何操作呢？我想這不是採用三分法操作的人要煩惱的。如果你有照著cola的建議操作，現在應該也買滿1／3的股票了，剩下2／3資金「進可攻，退可守」，等到型態明顯一點再來看要怎麼操作。萬一不幸跌破四千點，照樣採買黑不買紅的方式向下買進1／3，沒有更改計畫的必要；如果大盤就此止跌，那我就要恭喜你了，你的持股成本在台股的歷史低檔，風險比任何人都小，已經立於不敗之地了。

這次為什麼會採取向下買的三分法呢？因為我怕到時候不見得可以用技術分析明確的判斷出買點，這種情形常常發生。我曾說過，我們費盡心思無非就是想克服操作的兩大遺憾——股價上漲手中無股；股價下跌卻持股滿檔。以我目前的功力，有自信能幫讀者解決「股價下跌持股滿檔」的問題，但「股價上漲手中無股」的遺憾我卻沒有把握克服，所以才會提出三分法操作策略。

37

一個努力推廣技術分析的人提出這樣的想法是會被質疑的，但cola不介意，**我認為學習技術分析是要讓自己多一種客觀、即時、實用的操盤工具，而不是淪為技術分析的奴隸，走入技術分析的死胡同**。我的答案很簡單：唯有擅用技術分析的優點，融合長期操作所累積的股市心理學，才能為自己擬定一個最合適的操作策略，成為未來的贏家。

買方不急 2008/10/29

今天開高走低收長黑，開高確認昨天確實是止跌訊號，收長黑表示這個止跌訊號不夠強烈，這跟我對昨天的中長紅所做的定義差不多。我昨天說這根中長紅只能算是止跌訊號的分身而不是本尊，勉強算是止跌訊號，所以我不敢肯定是不是買點。今天的K線說明了cola的推論還算中肯，這次止跌回升的確認沒有想像中容易。

由成交量可以看的出來，買盤已經開始進場，流通量獲得疏解，但這些買盤採取的方式跟cola的三分法策略有點像，都是買黑不買紅，**簡單的說：就是「買方不急」**。到目前為止，台股的發展跟cola的想法一樣，止跌回升的買點可能沒有那麼容易確認，這也是為什麼cola要採取「從現在開始向下買」的三分

法策略。

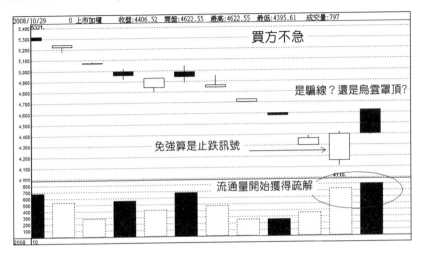

從今天的盤看起來，目前還有資金且有進場意願的人都不是省油的燈，他們都有自己的想法與策略，跟cola提出的概念有點接近，都是抱著撿便宜的心態，打算跟市場耗下去，所以不急著加碼。如果買方真的不急，這個盤就很難用技術分析的方式來確認買點，因為我們這些人採用的是撿便宜的策略，而非以技術分析切入，當然也就不容易出現明確的技術分析買點可供判斷。

我為什麼會有這樣的想法呢？因為今天剛好有讀者來信要我幫忙看一下奇美電，說是市場上有不利公司的消息，他很擔心，想確認一下技術線形。而cola除了技術分析之外也沒別的專長了，所以我就擺出一副專家的態勢，幫忙解盤。

今天奇美電的成交量非常大，這多少跟之前的跌幅縮小所造

成的流通性問題有關，我在政策實施的當天早上就提到會有這樣的副作用，只是沒想到連奇美電這種大股本的公司也會有流通性的問題。今天的成交量告訴我們一件事情，流通量已經慢慢獲得疏通，這是一件好事，但奇美電就因此不會跌了嗎？當然不能這樣單純的看股票的漲跌，必須要參考當天的線形與買賣的籌碼，才能做進一步的判斷。我們看到早盤奇美開高，不到幾分鐘的時間就急跌，之後就沒有好的表現了，盤中也有好幾次跌停，股價的表現還是很差，但成交量卻大得驚人，這代表什麼意義？

前半場盤中掛的買張其實多過賣張，表示奇美電不是沒有人要買，而且還很多人要買，那為什麼股價還是表現欠佳呢？因為買方都是低掛，買的到就買，沒買到也不追，賣方為了股票換現金，只好降價求售，股價當然會跌。

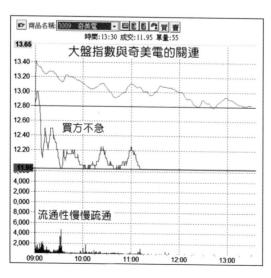

　　讀者可能會想，明明是下跌量增，怎麼被cola說得好像是轉機一樣？沒錯，今天雖然是下跌量增，但這種下跌不是無量的下跌，而是買方壓低進價成本所造成的，講白一點，就是多空雙方在比誰撐得久、誰比較急著想成交，從盤中也可以清楚看出「買方不急」的特質。我不是要讀者現在馬上衝去買奇美電，也沒有說奇美電已經止跌了，畢竟我沒有參考奇美電的基本面（我認為這是讀者必須自己做的功課），我只是藉著這個例子告訴大家，技術分析要如何運用，要怎麼去看成交量背後的涵義。但cola也常講「價為主，量為輔」，如果奇美的股價一直起不來，就算成交量再大也是無濟於事。中場過後奇美電又跌停鎖死，賣壓又開始湧現，買盤又開始等明天再買進更低價來降低持股成本；這就是目前買家的策略。

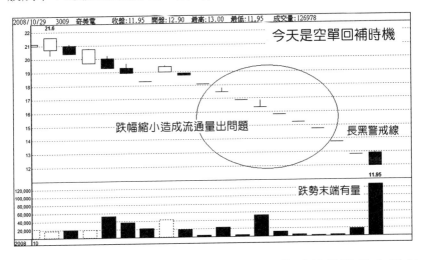

　　今天奇美的K線就是我們所講的長黑警戒線兼跌勢末端有

量，這是空單回補的時機，但不是真正的止跌訊號，如果明天奇美電能做出中長紅的含玉線，那就要恭喜投資人了，你們的噩夢就要停止了。cola不是在預測未來，而是在規劃盤勢，如果明天真的能做出含玉線，就表示買盤強過賣壓，才能收中長紅。

其實我的看法很簡單，既然已經開始有人進場買了，姑且不管買的人是法人還是散戶，這些人都是跟cola一樣老謀深算的買盤，都有特定目的，因此你還需要急著賣嗎？你應該靜下來，好好思考一下自己的操作策略，不要到處看小道消息，更不要被媒體牽著鼻子走。

cola開網站也有幾年的時間了，從來沒有見過有人可以靠明牌賺大錢的，我推廣技術分析就是希望每個人都有規劃盤勢的能力，唯有如此，才能擬定適合自己的操作策略，這也才是操作的正途。

反彈確立 2008/10/30

今天的長紅大漲，確立昨天是長黑騙線，而非烏雲罩頂。通常會用長黑騙線是為了快速洗盤，專門用來修理學過技術分析的人。其實像前天的大長紅止跌訊號（勉強算是），只要學過技

術分析的人應該都看的出來，這點不會太難，尤其是昨天開高之後，更加確認前天的長紅是止跌訊號，所以要進行洗盤的動作。而小黑洗盤會被cola定義成黑色騙線，所以要出狠招，才能對付這些技術分析的老手，使其不敢輕舉妄動，這就是長黑洗盤的背後用意。

今天的成交量縮小會不會有影響呢？基於「價為主，量為輔」的優先順序，只要明天補量上漲就可以了，沒有大礙。

今天大漲，接下來會如何發展呢？很簡單，先規劃成震盪三小波反彈型態，而三小波反彈多半是採取兩段式上漲的模式，除非反彈超過兩段式上漲，我們再定義成回升行情。目前很難看出究竟是反彈還是回升，所以先將今天定義成「反彈確立」，然後多等幾根K線，再來規劃進一步的型態會比較務實。

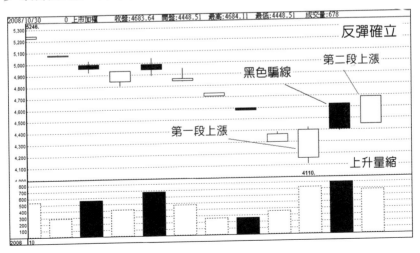

之前因為怕這次的下跌是無底洞，現在反彈確立了，你的操作策略在哪裡？你要買進嗎？要買多少呢？如果現在不買，什麼時候買？買進之後萬一回跌又該如何處理？停損？還是續抱？

諸如此類的問題，都是擬定操作策略時要明確載入的，不能太過模糊，否則你的操作策略可能會不夠實際。含糊的操作策略，不但沒有危機處理能力，穩定度也不夠，無法作為長期的操作依據。操作要獲利，必須要有好的操作策略當作後盾，且操作策略要越務實越好，如此才能隨著經驗不斷累積，每年調整改進，以達穩定獲利的目的。

不管接下來是反彈、回升甚至是回跌，都對採取三分法的人沒有影響，我們已經持股1／3，即使現在一路上漲，看回不回，也不會有「股價上漲手中無股」的遺憾；另外還保留2／3資金「進可攻，退可守」，等待回升行情確認之後，再找拉回的買點，這就是我們的操作策略。

二、樂觀者的春秋大夢

樂觀其成 2008/11/2

　　週四我對台股的定義是「反彈確立」，型態暫定為「震盪三小波」，反彈模式為「兩段式上漲」。週五台股收中長紅，仍然延續兩段式上漲模式，定義成「第二段上漲進行中」。

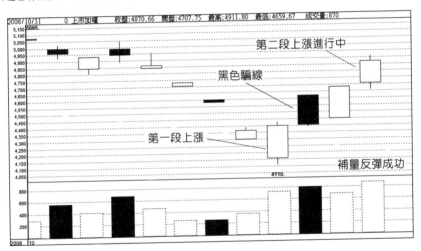

　　目前我對型態的規劃是「震盪三小波」反彈，而不是「回升行情」，但在反彈還沒有結束之前不要看空，也不要去預設反彈的高度。一旦突破兩段式上漲模式，我們就會將型態正式定義成「回升行情」。至少到目前為止，我們樂觀其成。

　　「cola，我們已經照你的建議買進1／3持股，現在該怎麼

做呢？既然反彈確立，是不是可以加碼了？」在談論我們下一步的規劃之前，cola想先談談操作策略的概念與運用。完整的操作策略應該要包含三個元素：技術分析、資金管控、股市心理學，唯有將這三個元素都發揮得恰到好處，才能擬定好的操作策略。

股市心理學，亦即投資人在股市中的一切心理反應。不夠成熟的心態往往無法應付殘酷無情的股票市場，主力翻臉比散戶快，大盤翻臉又比主力快，因為散戶多半心地善良、天真浪漫，根本搞不清楚世間險惡，總以為買進股票就會賺錢，反應特別遲鈍，往往淪為主力倒貨的對象。而主力雖然行事凶狠、翻臉不認人，但跟市場比起來，還是小巫見大巫，如同鐵達尼號碰到巨大冰山照樣要沈船，即使是投信法人，還是要臣服於市場的力量之下。

台指期貨會跌破四千就表示不論主力或散戶都認為市場有崩潰的危機，也就是說，股市有可能會一蹶不振，或者至少要好幾年才會好轉，遂開始懷疑手中持股極有可能會變成壁紙，否則怎麼會對這種十年難得一見的長線買點視而不見呢？

為什麼會破五千？因為大家認為會破四千；為什麼會破四千？因為大家認為會破三千，這就是股市心理提前反映在股價上的最佳寫照。此時擁有資金的人應該要反向思考，當跌破五千

的時候，其實股價已經反映到四千點的位置了，而當期指跌破四千，表示股價已經接近三千點的水準，除非你認為台股真的從此回不到五千以上，否則跌到四千多，為何不能買呢？

cola反其道而行，在10/22的日記「台股的彩虹」中提出「從現在開始向下買」的操作策略，如果你真的有執行，那你的持股成本將低於四千六百點，平均約在四千四百點上下。「從現在開始向下買」就是股市心理學的最佳運用，但光是這樣又太籠統，所以將資金分成三份，簡稱「三分法」操作策略。破四千之前採取買黑不買紅，向下買滿1／3，萬一破四千再買1／3，不幸破三千就持股滿檔，真的跌破兩千，那就將老婆的私房錢拿出來買，這就是資金管控。

但光是有股市心理學與資金管控就能搞定一切嗎？我曾說過，操作有兩大遺憾──「股價上漲手中無股，股價下跌持股滿檔」，如何在人人滿手股票、等待解套的同時，讓自己擁有充分的資金尋找最佳的進場時機，這就是技術分析的任務。也就是說，我們必須靠技術分析先解決「股價下跌持股滿檔」的問題，接下來才有資金可以運用三分法，也才能發揮「當別人絕望的時候，我們勇敢進場」的股市心理學。cola這次的操作策略，就是運用技術分析、資金管控、股市心理學的典型實例。

那接下來該怎麼操作呢？我的規劃是，既然已經擁有1／3持

股，就不用急著加碼，目前因為反彈確立，之前沒有進場的人，現在正處於該不該進場的尷尬局面，當他們著急的時候，我們反而要冷靜，並且稍微休息一下，思考有沒有在此加碼的必要。

這裡的型態還在反彈範圍，能不能變成回升行情還是個問號，萬一加碼後發現只是反彈行情，繼續跌破四千，那我們原本打算要在破四千之後向下買1／3持股的策略就會被打亂，資金管控的風險就會增加。讀者可能會說：如果不加碼，萬一真的是回升行情，我們只有1／3持股，這樣不是可惜了嗎？如果持股滿檔那該有多好？

在此我利用這個機會跟讀者溝通，**持股滿檔真的是一件好事嗎？**持股滿檔其實沒有想像中美好，除非是像規劃中跌破三千點這種天大的好機會（對悲觀的投資人而言是天大的災難），我們基於對市場的愚忠與信任，跟他拼了，否則還是不要給自己製造過大的壓力。如果壓力超過你可以承受的範圍，即使持股滿檔也抱不住，更絕非你想像中的美滿結局。**適當的持股反而能抱得更久、走得更遠，獲利甚至會超乎你所想像。**

我的建議是，當別人蠢蠢欲動時，我們反其道而行，暫時採取觀望的態度，無需急著加碼而給自己太大的壓力，寧願等待回升行情確立，再來找拉回的買點，這樣的資金管控才會健康。這種操作方式可能不是賺最多的方式，但卻非常適合保守的投資人，因為cola已經是中年人了，想出來的操作策略會偏向穩定

獲利的模式。如果你的年齡還很輕，風險承受度也很高，那可以用比較積極的操作策略，畢竟英雄出少年，而我這種年紀已經不適合逞英雄了。

不要預設立場 2008/11/3

　　昨天我對台股的主題是「樂觀其成」，今天台股續漲，我的看法沒有改變，照樣看成「兩段式上漲進行中」。整個中線型態仍然定義在「震盪三小波反彈」，現在是「A波反彈進行中」，接下來究竟會是反彈結束，開始「B波下殺」？還是突破兩段式上漲，變成「回升行情」呢？cola認為，在反彈尚未出現敗象之前不要看空，也不要去預設立場、預測反彈高度，這種習慣對操作沒有幫助。

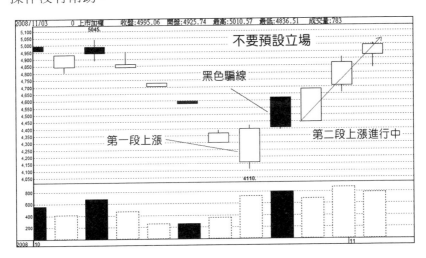

操作策略

　　指數走到這裡，大家都會竭盡所能的猜測行情，但這些都與我們無關，接下來不管是突破五千，還是跌破四千，我們還是按照既有的操作策略，保持1／3的持股，保留2／3的資金。如果讀者有照我的「三分法」操作，你絕對睡得著，而且胸有成竹，對於自己的進退不會舉棋不定，這樣的操作策略應該算是合格了。

操作的渾沌期　2008/11/4

　　看到今天的K線，你有什麼感覺呢？是反彈已經到底了，漲不動了？成交量縮小，你有什麼意見呢？人氣退潮？還是有利反彈呢？

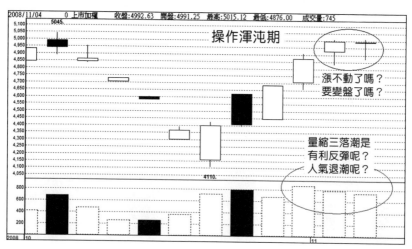

50

　　我敢保證，這個時候必然是眾說紛紜，多空各有道理。其實盤勢走到這裡，就是我說的「操作的渾沌期」，何謂渾沌？就是尚未成型、可塑性非常高，講通俗一點，就是「人人有希望，個個沒把握」。這個時期技術分析會兩極化，有的看反彈，有的看回升，所以操作策略也會兩極化，有的想作空，有的想作多，但絕大多數人最後都會處於空手階段，因為理論與操作兜不起來。

　　你一定很想問我，到底接下來是看回不回？還是真的反彈到頂了？既然你誠心誠意的問我，我就大發慈悲的告訴你：我真的不知道答案。你看到這裡肯定要轉台了，連這樣簡單的技術分析都看不出來，還敢出來混？我就是有預感接下來會遇到這種情形，才會採取「三分法」的操作策略，先保有1／3的持股，萬一真的看回不回，也不會有「股價上漲手中無股」的遺憾；如果不幸破底，我們還有2／3的資金，可以適度的進場，降低持股成本，不會落到「股價下跌卻持股滿檔」的窘境。這就是cola所說的「進可攻，退可守」、絕對「睡得著」的三分法操作策略。

　　既然已經做了這樣的安排，我們還需要絞盡腦汁去猜測接下來的走勢嗎？我還是那句老話，一切按表操課，至於接下來的盤勢如何，就讓別人去傷腦筋吧！

波段操作的心態 2008/11/5

　　網友在留言板發問：請問cola，今天的盤是一種洗盤嗎？我有照您的三分法買，目前獲利中，很感激您。請問接下來如果反彈結束，要賣掉手中持股還是續抱呢？很怕抱上抱下，哈！那反彈結束的訊號是什麼啊？又要怎麼分辨是回升行情呢？謝謝您喔！

　　首先感謝網友的支持與認同，對於cola突發奇想的三分法居然照做，這點我很感動。但我必須跟讀者溝通一個觀念，很多時候反彈與回升並不像教科書那麼好判斷，為了教學方便，書中絕對是舉最典型的例子，但也因為如此，很多人誤以為股市就如同他所看到的技術分析教材那麼簡單、那麼容易判斷。很多學過技術分析的投資人都有共同的感覺，為什麼實際操作與當初所學會差那麼多？為什麼還是看不懂行情？為什麼還是無法判斷走勢？是因為老師教的有問題嗎？

　　cola認為應該不是老師的問題，而是教材的問題。真實的股市是變化莫測的，但總不能拿這種東西給學生，所以教材都是非常典型的例子，而真實市場絕非我們學的那麼簡單。

　　今天開高走低收小中黑，就K線而言並不理想，空方稱為當頭棒喝，尤其是成交量增加，有反彈補量收爛線的味道；若是以

反彈的兩段式上漲模式而言，今天確實有結束的跡象，需要小心。但如果站在多方的角度來看，今天的爛線不夠爛，小黑創新高，問題不大，所以今天的成交量應該是所謂的「換手量」，這根K線是黑色騙線，此波反彈還在進行中。以上就是多空各自的說詞。

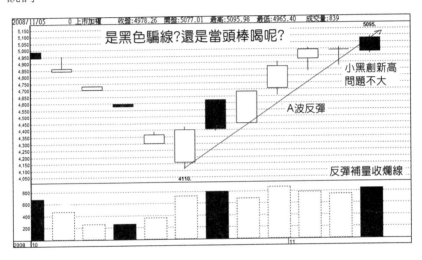

這下麻煩了，既然判斷不出來，那該怎麼操作呢？其實不難，就看你是用什麼心態來持有你的股票。若你是想搶反彈，那今天收盤就應該賣出，因為這裡確實有反彈結束之虞；如果你真的想操作每年一度的大波段，那就必須有所犧牲，**用時間換取上漲的空間**，這也是股市心理學的必修課程。

打個比方，如果今天是反彈結束，那賣出當然是最佳的選擇，但如果不是呢？今天賣出去的股票，會在什麼時候追回來

呢？如果讀者有答案，當然可以賣出；如果你並不知道該在什麼時候接回賣出去的股票，那就先不要急著賣，等待真正的大行情再賣。

為什麼用三分法？就是認為在歷史相對低檔買進股票，風險比較低，壓力比較小，股票才抱的住，如果我們因為大盤會拉回而害怕，就失去三分法的意義了。剩下的2／3資金不就是為了跌破四千之後分批向下買，藉以降低持股成本的嗎？如果連持有1／3股票的壓力都無法承受，可能就不太適合三分法的操作策略。

每個人都想要波段利潤，但很少人能承受符合波段利潤該有的壓力。cola也很想在反彈結束時先跑一趟，等止跌再接回來，然後在下一個波段高點再出一趟，這樣的操作就非常完美了。但若沒有足夠的配套措施，這種操作會變成純理論，很難落實的。

我的答案很簡單，1／3持股就是要等到股市回春才賣，不是要做這種小波段的。如果跌破四千再買1／3，破三千就持股滿檔，就是這麼簡單。如果行情出乎意料的迅速回升，我們再來研究要如何運用手中2／3的資金進行加碼的動作。

總之，操作策略擬定之後，你需要做的就只有跟著市場的行情走，而不是去預測市場的走勢。

回升行情泡湯了 2008/11/6

　　今天跳空大跌，以K線的量價關係來看就是高檔走低量急縮，也就是我們俗稱的破壞三兄弟的二哥。在這個緊要關頭出現二哥，並不是好兆頭，之前大家還在猜測究竟這一波會是回升行情還是反彈格局？現在答案揭曉，是震盪三小波的B波下殺。也就是說，回升行情泡湯了。

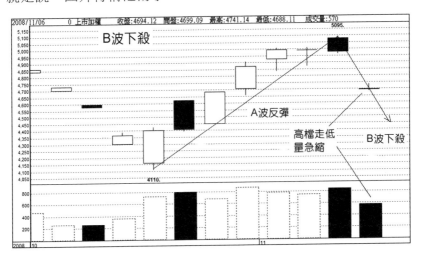

　　技術分析告訴我們回升行情落空了，那讀者要怎麼操作呢？我們先來談三分法接下來要怎麼動作，我的答案很簡單：按兵不動，也就是說，既不出清持股，也不做減碼的動作。如果真的跌破四千點，那就請你繼續往下買，以買黑不買紅的方式建立2／3持股，等到跌破三千點更要勇敢的向下買，直到持股滿檔為止。

讀者可能會說：cola你學技術分析，結果還是沒能事先看出端倪，你的技術分析不準。其實技術分析的本質不是要求神準，而是實事求是的精神，**「就線論線、公正客觀」才是技術分析該做的事**。技術分析不準的部份，需要靠操作策略來彌補，亦即我們應利用技術分析作為工具，不斷地調整操作策略，而不是一昧地要求技術分析的準度，認為技術分析就可以搞定一切，這是錯誤的用法。

從這幾天股票市場的反覆無常，你就可以感覺到我所謂的操作渾沌期的涵義。多空尚未成形之前，你很難以技術分析準確的判斷方向，因此操作上的難度非常高，如果經驗不足，任意進場，這樣的盤勢會讓你陷入泥沼、進退兩難。這也是我為什麼要「化繁為簡」，採用三分法做為這次的操作策略的最大原因。

目前壓力最大的是之前股票被套的那群人，好不容易可以喘口氣，現在又要再次承受精神上的折磨。cola現在能做的就是將自己多年來的操作經驗盡量分享出來，能做多少算多少，看能不能減少讀者的虧損。

止跌契機 2008/11/7

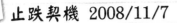

　　週五受到美股連跌兩天的影響，台股開很低，但多方卻像吃了秤砣鐵了心，硬是將指數拉到平盤之上，收了一根大長紅。姑且不論這個買盤是誰，或者他的意圖是什麼，想要收這根上升量增的大長紅，沒有相當雄厚的實力是辦不到的，既然如此，我們就先尊重一下多方，至少短線上應該如此。

　　你會問，這算不算止跌訊號？我的看法是，與其說是止跌訊號，還不如說是止跌契機。這中間有何不同呢？止跌訊號雖然也是中長紅，但在氣勢上有嚴格的定義，最起碼也要漲個一、兩百點。週五的上漲有很強的氣勢嗎？坦白說，還好而已，這樣的氣勢實在不足以凝聚止跌共識，但這畢竟還是一根實實在在的大長紅，而且收盤還是上漲的，我們應該肯定多方的用心，沒有功勞也有苦勞，暫時就先尊重一下，不要馬上看空。所以我對週五K線的量價關係給個結論：「止跌契機」。

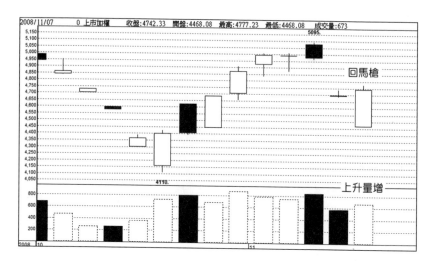

自從cola在10/22的主題「台股的彩虹」中突發奇想提出「從現在開始向下買」的三分法，至今都沒有改變操作策略，如果你有照這樣的操作策略去執行，現在應該是保有1／3的持股與2／3的資金。三分法是一種愚忠概念，就是對台灣股市與你所鍾情的企業有相當的信任，願意與它患難與共，既然你都願意患難與共，如果它撐過去了，當然就會與你共享企業成長的喜悅。

三分法操作策略是屬於長線投資法，適合閒錢、餘錢，不能融資、借貸，否則你會在資金的壓力下功虧一簣。如果你之前沒有參與，而現在覺得這樣的理念也合情合理，那你可以在台股跌破四千點之前，採取買黑不買紅的方式，買滿1／3的持股，一起試看看我們的三分法操作策略。

短線的渺小 2008/11/10

今天的K線很短，位置跟昨天的K線高度差不多，多空沒有進一步表態，原則上延續昨天的大長紅的方向，簡單的說，就是「攻勢不足，防守有餘」。

既然多空雙方在這裡沒有大的動作，那我們就將昨天的大長紅規劃成「左紅神」，今天的小紅K看成「星星」，接下來多方期待大長紅續攻，而空方卻仗著天時地利，靜待大長黑來結束這次的震盪反彈行情。講到這裡，如果你對「上升三法」的運用看得霧煞煞，請參考cola另一本著作《技術分析不設防》，當中有非常詳盡的介紹，於此不再贅述。

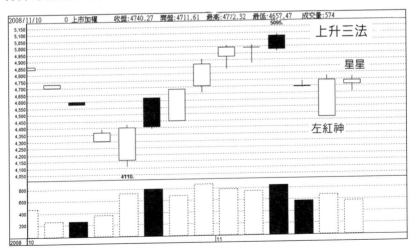

今天我特地將鏡頭拉遠一點，就是要刻意突顯「短線的渺小」。有時候我們斤斤計較於一、兩根K線的多空，其實對整個台股市場的走勢並沒有太大的意義，所以當K線本身沒有重大表態，或是型態沒有出現轉折之時，我們大可以放輕鬆，照著原本規劃好的操作策略行動。

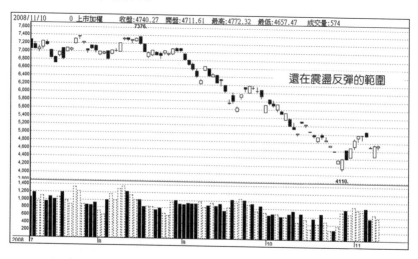

　　總之，台股在廣角鏡之下仍然屬於「震盪反彈」的格局，我們可以先放輕鬆，繼續沿用原來的三分法操作策略，等到型態有向上突破或是向下跌破的跡象，再來做進一步的規劃與調整。

上升三法 2008/11/11

　　今天收十字黑K，符合昨天定義的「上升三法」的星星，成交量是「量縮三落潮」，明天有表態的機會。多方可以利用三落潮反彈補量收大長紅，空方則準備來個反彈補量收大爛線。

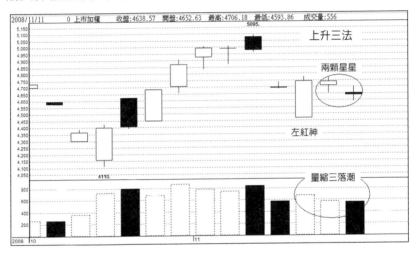

　　既然短線上有表態的機會，那我們就等多空對決之後，再來規劃型態的下一步走勢。但無論怎麼走，暫時都不用改變三分法的操作策略。

典型的上升三法運用與追蹤 2008/11/12

　　讀者應該不難發現，這幾天的K線是非常典型的「上升三法」的運用，尤其今天的成交量又是「量縮四落潮」，幾乎已經瀕臨表態的時刻了。上升三法中的星星數量有時候會多達八顆，多半會隨著量縮而等待表態，什麼時候表態呢？量增之時即為表態之日。

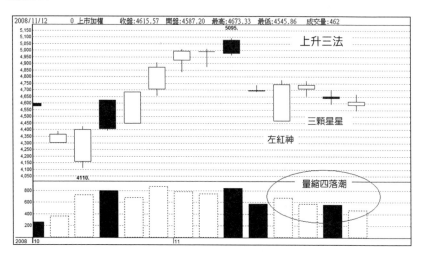

　　追蹤上升三法要做什麼呢？學會上升三法這樣的技術分析有什麼用途呢？我們或多或少都會做出多空判斷，而這種情形剛好可以讓我們利用多方的右紅神或是空方的右黑神來擴大操作的利潤。

上升三法破功了 2008/11/13

　　昨天提到，量增之時即為表態之日，今天果然量增表態，但既不是出現大長紅，也不是出現大長黑，而是直接跳空下殺，上升三法宣布破功。這裡所謂的破功，並不是因為沒有出現右紅神，典型的上升三法出現右紅神的機率最高，其次是置換右黑神，所以就算結果是跌的，只要出現置換右黑神，也算是上升三法的運用範圍。然而今天是以跳空大跌，直接留下跳空缺口，這已經超出上升三法的應用範圍，所以才說上升三法破功了。

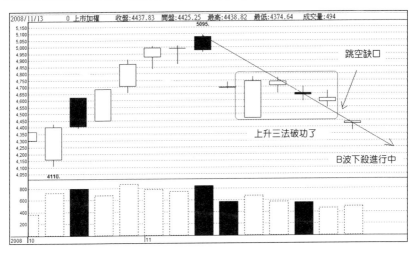

　　你可能會說：上升三法學了半天，追蹤了半天，結果完全派不上用場，乾脆不學了。其實技術分析本來就是交易紀錄，用以規劃未來走勢只是讓我們心裡有個底而已，不準是家常便飯，千萬不能因噎廢食。

　　既然上升三法已經破功，型態又回到原本B波下殺的方向，我們秉持一貫的作風，在反彈型態尚未跌破之前，還是定義成「B波下殺進行中」。

　　讀者可能會覺得奇怪，為什麼cola始終不願意表態？其實這是有原因的，除非我有把握，或是型態比較明顯的時候，否則基於教學理念，我寧願保持中立，讓技術分析單純化，把多空交給操作策略來涵蓋，這就是我的風格。

　　這次的震盪三小波有單波反彈的疑慮，會有這種想法是因為時間拖得有點長，不像普通的三小波反彈。震盪三小波是震盪反彈型態的統稱，並不是一定會有三小波，但波型的時間拖得越久，如果無法突破，就會有反彈結束的危機。這次的第一小波反彈就有這樣的味道，要保守操作。

　　有採用cola建議的三分法的讀者，現在應該是屬於虧損狀態，但這是原本就要有的心理準備，也是我們需要保留2／3資金的原因。目前並沒有需要調整三分法操作策略，仍然維持跌破四千之前只保留1／3持股，萬一跌破四千再向下買進，做降低持股成本的動作。三分法是採取相對低點分批買進，作為長線持有的波段多單，並無法在短時間內獲利，這是讀者應有的操作概念與心態，如果無法接受這種操作理念，基本上就不適合三分法的操作。

未見止跌訊號 2008/11/14

目前的K線只要注意一個指標——「止跌訊號」，其它都暫時忽略不管，這樣才可以讓自己的觀盤重點變得單純、明瞭。目前的型態由於尚未出現止跌訊號，我們只好延續B波下殺的方向，在尚未跌破前低之前，仍然維持震盪反彈的規劃，直到反彈確認結束為止。

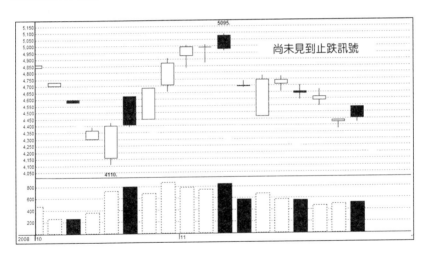

尚未見到止跌訊號

目前所有的專家、媒體都看衰全球經濟，很少有樂觀的看法，為什麼？因為這些人都是落後指標。我不是說他們是錯的，而是選擇這樣的說法是最安全的，因為大家都這麼說，如果錯了，大家都錯，沒有關係；但如果你跟全世界唱反調，到時候錯了，那就變成眾矢之的、千古罪人了。

　　cola這次之所以會提出三分法，就是因為我相信台股、相信臺灣企業、相信台灣員工、相信台灣的經濟實力，能夠渡過這次的金融風暴。更何況這次的三分法幾乎是從歷史的相對低檔開始向下買，不是從七千點開始，更不是從八、九千點開始，所以在時機方面並沒有不妥。

　　cola所採用的三分法是依照大盤指數為區隔，而非個股，原因是每個人的選股方向不同，我很難概括，最主要的理由是大盤乃匯集人氣之所在，大盤起不來，個股也難有表現，所以才以大盤為操作依據。但大盤與個股並不會同步，你買進的股票有可能跌得比大盤還慘，因此如果可以，接下來2／3的資金就不要買同樣的股票，這樣就更保險了。

無須強求 2008/11/17

　　今天的K線，我只有一句話：「這不是止跌訊號」，而目前的型態我也只有一句話：「尚未跌破前低之前，仍視為震盪反彈格局」。

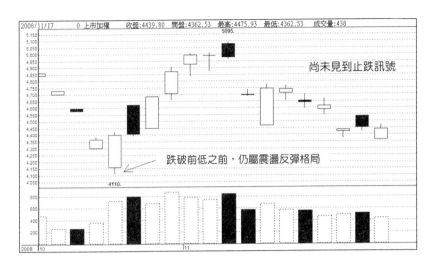

　　既然技術分析沒什麼好談的，那我們就來談談操作的心態，今天要談的是：「無須強求」。為什麼要談論這個主題呢？因為不管新手、老手，操作時或多或少都會犯了「急」的毛病，常常是「手中無股，害怕股價上漲；手中有股，又怕股價下跌」，心總是定不下來，這就是「犯急」。為什麼會「犯急」呢？因為心中有無限貪念，總是把指數的漲跌與口袋的獲利綁在一起，認為那是理所當然要進口袋的錢，怎麼可以喪失良機呢？有人甚至會為此難過一陣子，或從此喪失信心。

　　其實這都是庸人自擾。每次交易，風險與利潤只是一線之隔，不要以為自己看對就一定會賺，看對與做對是兩碼事，更何況即使做對，也不見得就能獲利。過程與結論往往是兩樣情，可別忽視過程的不確定因素。不強求的心態，無形當中已經幫我們排除掉許多風險，這些也都必須要算進來，不能單從指數的漲跌

來看結果，這樣不夠客觀。

既然擬定操作策略就不要三心二意，心想「萬一從此不跌了，開始啟動回升行情，我只買了1／3持股，這樣不是少賺很多嗎？萬一真的跌破四千，甚至三千，我真的要繼續加碼降低持股成本嗎？這樣會不會陷入萬劫不復的地步呢？」這就是三心二意，這種心態會不會有呢？絕對會，否則就不是正常人了。為什麼會有這樣的心態呢？就是因為做不到「不強求」的念頭。我們應該反過來想，如果真的從此不跌了，那我的1／3持股就會賺錢，這樣不是很好嗎？萬一不幸跌破四千，甚至破三千，那我就可以用歷史低價買進心中嚮往已久的股票，這樣不是很好嗎？既然不跌也很好，跌也不用煩惱，那還有什麼好強求的？還有什麼需要急的？

我們可能會因為心態問題而影響到操作，所以操作策略的本質就非常重要。也就是說，操作策略必須能夠符合你的背景、資金、風險承受度，你也必須能接受操作的可能結果，才有辦法硬著頭皮去執行，否則再好的操作策略都沒有用。這就是為什麼我一再強調，適合自己的操作策略才是最好的操作策略。

目前我們的三分法並沒有任何變動與調整，一樣是保有1／3持股與2／3資金，一切按表操課，按部就班。該我們賺的，一毛也跑不掉；不該我們賺的，你強求也沒用。

靜待止跌訊號 2008/11/18

　　我的看法很簡單，K線的觀盤重點在於「止跌訊號」出現與否，型態的重點則在於震盪反彈結束的確認。接下來無論是美股或台股的K線都將扮演型態轉折的角色，只要出現止跌訊號，中線的震盪反彈格局就會延續，否則空方在長空格局的優勢之下，遲早會回到空頭下殺的走勢，引發另一波悲劇。

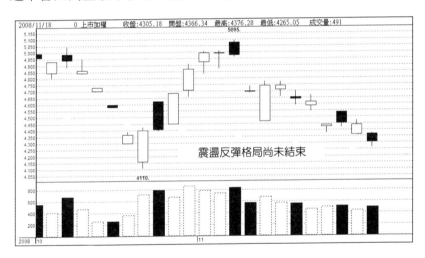

　　技術分析需要的是客觀的解盤，因此在前低尚未跌破之前，我們仍然將中線型態視為震盪反彈格局，其它的多空版本或是預測就交給操作策略去涵蓋，不能強加於技術分析之上，否則這把公正、客觀的尺就會變形、扭曲，接下來的解盤就會失真了。

接近表態了 2008/11/19

今天收小紅，震盪幅度不大，成交量萎縮，形成四落潮，由K線的量價關係，隱約能感覺到「接近表態了」。表態之後，如果是大跌，則震盪反彈確認結束，型態進入空頭市場；如果是大漲，那就是止跌訊號，震盪反彈型態將繼續延燒。

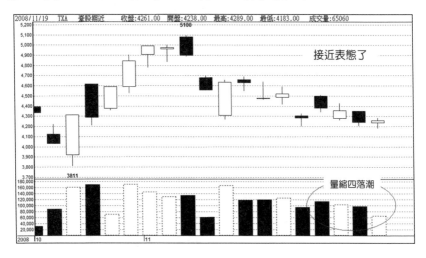

目前多方有一個小缺點，就是第一波反彈拖得有點久，超過震盪三小波平常的規模，有點歹戲拖棚的疑慮，但這只是時間因素，並沒有絕對的敗象，不能當成操作依據。技術分析是一體兩面的，有多就有空，在型態沒有被確認之前，一切都是臆測。在震盪反彈結束的尾聲，我們毋須煩惱，只要按照原來的操作策略，做好資金管控，就能將風險降到最低。

　　舉凡投資都會有風險，不管你採用何種操作策略，都不可能在任何時期都是無敵的。長期投資者遇到像今年這種難得的大空頭年，股價跌破其長期持有成本，照樣會產生虧損；即便是定期定額的基金，也很難逃過這種風險。許多投資理念都必須經由市場長期考驗才能獲得證實，在沒有碰到這次的空頭年之前，很多投資人甚至不認為基金會賠錢。其實這些都是經驗，**唯有不斷累積經驗，我們才能成長，才會明白什麼叫做「風險」**。

樂觀者的春秋大夢 2008/11/20

　　今天台股已經跌破前低，回到空頭市場，目前除了等待止跌訊號，無須有過多的猜測。而採用三分法操作策略的讀者，可以準備開始啟動第二階段的資金，等待台股現貨跌破四千之後，採取買黑不買紅的模式，逐步建立2／3持股，然後保留1／3資金，等待跌破三千再進場。

　　這裡就是考驗自己執行操作策略能力的時候了，採用三分法的人應該會有猶豫不決的心理掙扎──到底該不該繼續執行第二階段的布局？你不用覺得自己很軟弱，換作是cola也會猶豫不決，這是正常的。你也可以稍作調整，無需硬邦邦地執行，三分

法只是概念，真正落實還是要靠你自己。但調整之後必須要能執行，否則就會變成不斷地讓步，最後會養成無法貫徹自己所做的決策的習慣，這就不好了。

現在大家都怕得要死，有股票的怕公司倒、有工作的怕公司裁、做生意的怕沒人買，人心惶惶，好像沒有消費券就沒人要消費似的。但像cola這種樂觀的傻瓜，總是會做春秋大夢，當你聽到某家公司已經確定明年虧損時，它的股價就已經反映到明年了；當你聽到某家公司已經確定後年虧損時，它的股價就已經反映到後年了；當你聽到某家公司已經確定三年內都將面臨虧損時，它的股價就已經反映到三年後了；當你聽到某家公司已經傳出可能有關廠危機時，那它的股價就已經反映到關廠的價格了。

我曾說過，使用三分法的人一定要用閒錢、餘錢，千萬不能融資借貸，萬一不幸真的公司垮了，你了不起將餘錢賠光，幾年後還是一條好漢。反過來，只要公司不關門，它就會送你兩輪車；只要公司能在三年內賺錢，它就會送你三輪車；只要公司能在兩年內賺錢，它就會送你四輪車；只要公司明年就能賺錢，它就會送你房子；只要公司能賺大錢，那你連美麗的妻子都有了，而且公司為了感謝你的患難相挺，還會幫你們在關島舉辦浪漫婚禮，連親友團都可以免費參加。這就是樂觀者的春秋大夢。

反正現在也沒什麼行情，我們剛好可以利用這個機會將台股

整年度的走勢，以技術分析加上台股的季節特性做講解，當成下次大空頭行情的操作參考，當然最好還是不要有下次。

（圖一）

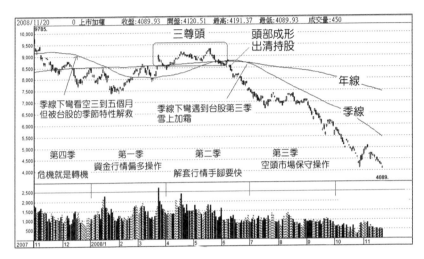

圖一的重點在於台股季節特性的奧妙，當然並非每年的行情都會按照季節特性走，但普遍來講，機率還蠻高的，因此相當實用。另一個重點是季線，它是長線的多空指標，季線下彎先看空三～五個月，準確度還蠻高的。圖中有兩個季線下彎的轉折，2007年12月中的季線下彎原本應該看空三～五個月，但剛好遇到台股第一季的資金行情，所以又被拉起來了；第二次的季線下彎就沒有那麼幸運了，再加上遇到台股的第三季，所以會有三～五個月的空頭行情，目前仍在持續中。

（圖二）

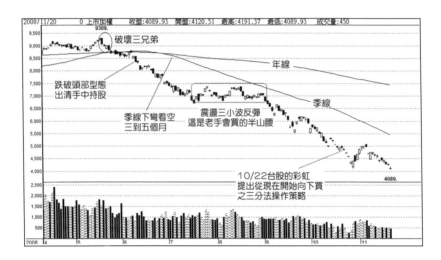

圖二的重點在型態。前面提到季線是長線走勢的指標，非常實用，但其最大缺點在於落後性，當七月份季線下彎時，指數已經跌到七千五了，這時候才出清持股似乎有點太慢，因此我們需要運用型態來彌補季線的落後性。於是在六月初頭部成型的時候就必須要出清持股。此時指數約在八千四附近，比起季線下彎提前約一千點，可以大大彌補季線的落後性。

當你學會長期均線與型態的用法，就可以讓你擺脫被套牢的命運，這點其實不難，每個人都可以學會的，但這樣的成績對於技術分析者而言還是太過落後，應該可以追求更高的投資報酬，此時K線學就是最佳的工具。我提過，型態可以彌補季線的落後性，而K線的主要功能就是抓到型態的轉折，這也是我們學習K線

的最終目的。圖二的破壞三兄弟就是這次的三尊頭型態的轉折，亦即我們可以將出貨的時間提前到大盤指數八千八以上，如此就可以大幅提升操作績效，這是我們需要努力的。

這次的破壞三兄弟，我太在意成交量的敗象，加上又有季線與年線的雙重支撐，所以只有提醒「這是型態即將走入右派的徵兆，遇到破壞三兄弟，就算不走避，也不要與之正面衝突，否則將性命不保。」並沒有很強烈的建議出清持股，非常可惜。也因為有了這次的經驗，我才將破壞三兄弟的破壞程度做個修正，也更重視「價為主，量為輔」的觀念，讓操作更具彈性。

今天的文章非常重要，可以作為十年一次的空頭年的參考，如果那時候我們都還在，就可以回過頭來看看，這一次的空頭年與下一次的空頭年究竟有什麼不同，而我們是否又被套住？還是已經全身而退、獲利落袋了？

（此篇文章與cola另一本著作《技術分析不設防》第367頁重複，為顧及文章的完整性，cola覺得有保留的必要，故未刪除。）

止跌契機 2008/11/22

　　週五台股開低走高，多方表現優異，我們給予肯定，但這根中長紅是止跌訊號嗎？我一再強調，止跌訊號靠的是氣勢，沒有強而有力的氣勢，就不足以凝聚止跌共識，這根中長紅表現不錯，但不夠強勢，因此還不是稱職的止跌訊號。但從開很低到漲八十幾點，可以看出多方確實有下功夫，即使沒有功勞也有苦勞，這樣的中長紅我給它一個專有名詞，稱之為「止跌契機」。

　　究竟會不會止跌呢？我將K線圖中的兩個參考點圈起來──「前波低點」與「止跌失敗」，最後結局就要看市場的信心了。

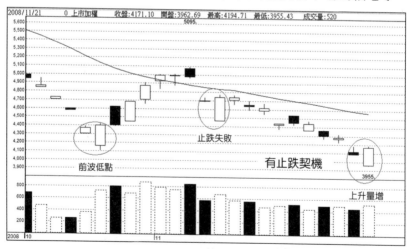

　　總之，既然有止跌契機，我們就從下週一開始以實際行動表示支持。採用三分法的人，必須等到收盤跌破三千九以下，確

認四千點被「有效跌破」之後，才能開始投入第二階段的資金，否則還是按兵不動，繼續保留2／3資金，這就是我們的操作策略。

追空意願不大，反彈遙遙無期 2008/11/24

　　週五收中長紅，我說這是「止跌契機」而非「止跌訊號」，兩者最大的差異在於氣勢。今天開低確認這不是止跌訊號，但收盤收得還算不錯，也證明止跌契機有發揮功效。整體而言，約略是「追空意願不大，反彈遙遙無期」。

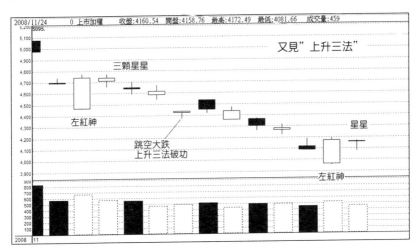

　　如果以K線學來看，今天下跌量縮，多方看成十字騙線，多

單進場；但是空方可不這麼想，認為該攻不攻，敗象已出，空單進場。而我個人比較偏向「上升三法」，週五是左紅神，今天是第一顆星。讀者可能會說：11/13才剛剛發生「上升三法破功了」的窘況，cola今天還敢做這樣的解盤？我的看法很簡單，技術分析注重的是現況，我盡力追求公正客觀的現況，至於最後會出現「右紅神」還是「置換右黑神」，甚至像11/13再來一次直接跳空大跌，使得上升三法破功，這些都是操作策略要去因應的，不是技術分析的範疇。

安全說詞 2008/11/25

今天以K線來論盤的話，是上升量增的「十字騙線」，多方勝出，目標月線，而因為是直接跳空上漲，昨天規劃的「上升三法」可以捨棄不用了。由以上的解盤就可以知道cola是偏多解釋的，亦即我將今天的十字線看成是多方的騙線、洗盤，中線走勢是朝向月線的方向發展的。難道真的止跌回升了嗎？這我不敢保證，但以今天的盤勢我看不出有敗象，所以有機會來挑戰月

線，這是多方的短期目標。

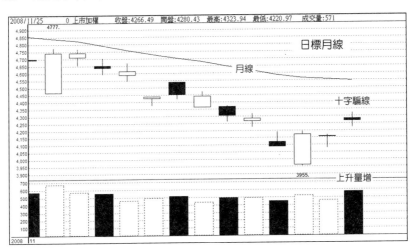

　　最近幾乎所有媒體都一面倒的看衰未來，我想為這次的金融風暴對全球的影響來個倒數計時，看看是否如這些專家所言，至少要好幾年的時間才能恢復。我不是不想相信專家，但我發現專家都會選擇「安全說詞」，順著大多數人的想法，而非每位專家都有獨到見解，安全說詞會讓他們有機會全身而退，反正行情每次都是以「跌破專家眼鏡」收場，所以「跌破專家眼鏡」也成為專家們自我解嘲與護身符。**反正全部都錯，所以錯不在我，這就是「安全說詞」。**

　　社會多元化之後，照理說應該會有多元的看法，即使是專家學者也應該會有兩極化的看法，不應該集中思維，否則我們要這麼多專家幹嘛呢？但自我保護是動物的本能，想選擇與多數人站

在不同邊是需要相當的勇氣，如果沒有自我風格是做不到的。我不是說這些專家的說法不對，而是看不到比較不一樣的想法令人有點納悶，可能是這些人有著「專家」這兩個字的負擔，不能輕易承擔失敗的批評與後果，不像cola這種無名小卒，想做什麼就做什麼，想說什麼就說什麼，才會幻想著台股的彩虹與樂觀者的春秋大夢。也就是，樂觀無罪，做夢有理。

會有這樣的夢想也是源自對台灣人民堅強生命力的信心。現在手拿售屋廣告招牌站在路邊打廣告已經不稀奇了，今天我在十字路口看到一位年輕業務身上前後貼滿售屋廣告（黃色的那種），就站在路旁當作活廣告，姑且不論這樣究竟有沒有用，但這種積極進取的精神令人感動，這就是台灣生命力。類似這樣的故事到處都有，因此我寧願選擇有夢最美、希望相隨的多方操作。

三分法目前還是維持原來的1／3持股與2／3現金，四千點沒有被有效跌破（收盤跌破三千九）之前，我們就不加碼，這點很重要，**做好資金管控是三分法能否成功的關鍵**。三分法就是以歷史低點向下買的觀念，抱著樂觀的想法，相信台股與台灣企業的生命力終究會走出不景氣，給予投資者應得的報酬。但這樣的操作策略必須要能熬過不景氣的寒冬，可怕的是，沒人知道會有多久（知道的話就賺大錢了），所以必須不能借貸，也就是說，

這筆錢要能輸的起。

「cola你的操作策略有問題，什麼叫做這筆錢要能輸的起？投資不就是為了賺錢，怎麼能輸呢？」舉凡投資都會有風險，無論是採用哪種操作策略，都逃不出「風險」二字，差別只在於停損怎麼設定，與究竟能忍受多少次停損，或是一次停損也不能有。**我的想法是，越輸的起的人，越有資格賺大錢。**

每種操作策略的背後都隱藏著操盤手的思維，不同個性的人就會有不同的操作策略，只要你能接受最後的結局，那就放心大膽的操作吧！雖然我無法預知市場的最後結果，但我相信受幸運女神眷顧的應該是勇者，而非凡事猶豫不決的人。

乾坤雙劍 2008/11/26

今天的K線稱為「乾坤雙劍」。有人稱乾坤雙劍為「變盤訊號」，既然是變盤，那就應該會與短線的方向相反，但我習慣將「變盤訊號」換成「轉折訊號」，既然是轉折，則可以向下轉折與向上轉折，比較有彈性，也比較符合目前的盤勢。

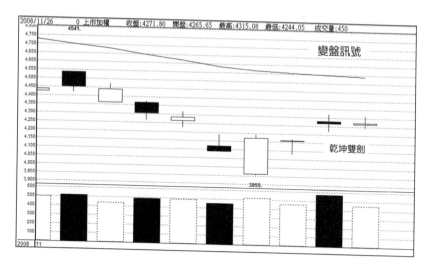

今天的成交量有縮小，但我認為對於轉折訊號而言，成交量縮小是正常的，沒什麼大礙。至於K線本身除了被視為變盤訊號之外，也沒什麼敗象，所以我解讀成轉折訊號，也就是多空參半。我的看法很簡單，這裡的台股在等美股進一步的動作，因此才會形成乾坤雙劍的轉折訊號，所以接下來會以美股的走勢為依歸。

尚未出現敗象 2008/11/27

今天的台股上升量增，完全呼應美股走勢，在沒有出現敗象之前，無須看空。上述簡單幾句話，就是我對台股目前盤勢的觀感。最近有點事，沒辦法多談，就用K線圖將最近幾天的量價關係做個說明，請讀者自行參考。

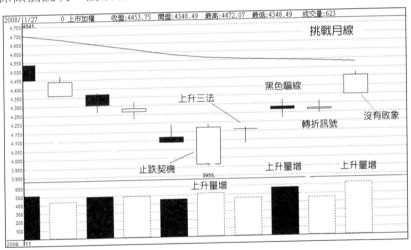

三分法可以加碼了嗎？我認為還不行，因為三分法是要跟時間賽跑，除了要有很好的體力，更重要的是無比的毅力，而良好的資金管控就是避免毅力被摧毀的重要盾牌，所以我們必須繼續以1／3持股與2／3現金的配置，等待進一步的長線趨勢確認。三分法是要用來操作長線的，所以不要跟著短中線的走勢起舞，必須等到回升行情確認，1／3持股已然獲利，才能進行追價。

先站穩月線再說 2008/11/30

　　週五台股的K線是所謂的上升量縮，如果再詳細一點，應該說是「價微升，量微縮」，也就是與前一天的盤勢沒有太大的異動，所以是沿著反彈的方式繼續前進，而我們將這次的反彈定義為震盪三小波之A波反彈。

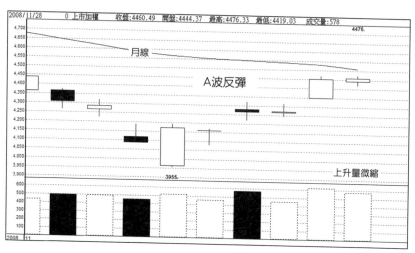

　　舉凡止跌之後，我們都先看反彈，除非反彈的強度與氣勢能夠突破震盪三小波的型態，才能視為回升。這一次回升行情的判別標準，可以用月線做為第一個參考，我們將鏡頭拉遠一點，從五月中下跌以來，幾乎都沒有辦法站穩月線，顯然空方十分猖狂，多方連個像樣的反彈都做不到，更別說是回升行情了。所以目前多方的首要任務是以站穩月線為目標，只要能站穩月線，不

管是不是回升行情，至少打底有望。以時間換取空間，將利空鈍
化，這就是多方目前可以做、且必須做的努力。

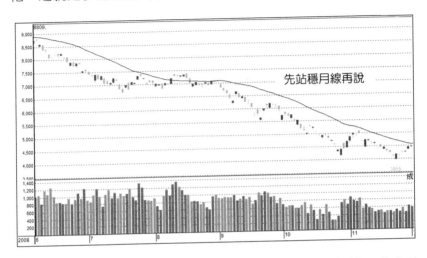

其實目前令人擔心的不是金融危機，而是信心危機，我在此
呼籲台灣的企業家要拿出魄力，扛起企業家應有的社會責任，在
這個信心幾近崩潰的時刻，更需要你們的表態。希望今年有賺錢
的企業能率先表態不裁員的宣告，讓公司的員工安心工作，安定
一個員工的心，就等於是穩定全家人的心。只要有賺錢的公司能
夠做到這點，我相信至少能夠穩住部分的人心，讓這些工作無虞
的人放心大膽的消費，或多或少能為低迷的市場注入一些活水，
否則現在人人自危，光靠消費券是起不了太大作用的。

專家、學者也必須責無旁貸的扛起社會教育的責任，針對眼
前與未來的不景氣提出可行的改善方案，而不是一天到晚說未來

會有多糟，這些都無濟於事。就自己的專業領域提出建議，甚至要以身作則、化被動為主動，形成趨勢、改造環境、創造機會，而非上上節目、拉抬身價、賺取通告費，搞到最後我都不知道節目請來的究竟是學者專家，還是八卦藝人。藝人是為了搞娛樂，這點可以理解，但專家、學者是要解決問題的人，豈能淪為藝人之流？

　　總之，我的看法很簡單，**當這些學者、專家都一致看壞的時候，並且開始傳出減薪、停工、裁員的消息，就是利空接近鈍化之時。**

三、操作的渾沌期

樂觀與悲觀 2008/12/1

　　今天的K線是上升量增，A波反彈至今尚未出現敗象，我們不需要設定反彈的高度，只要靜待「月線爭奪戰」的結果出爐。目前月線爭奪戰比K線本身的多空重要，這關係到中線走勢是否能持續向上，如果在這裡闖關失敗，型態就會變成震盪三小波之B波下殺，屆時投資者恐怕又要再次面對破底的考驗。而這樣的考驗不只是股價的考驗，同時也是精神上的考驗，這時候就會看出樂觀者與悲觀者的特質了。

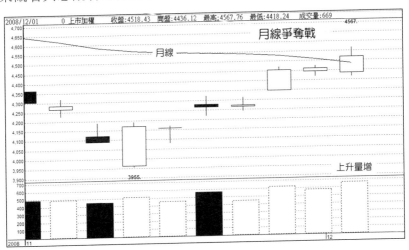

　　悲觀會產生癌細胞，樂觀能殺死癌細胞；悲觀者等待機會，

樂觀者尋找機會。大家還記得周大觀嗎？悲觀的人會為了失去一條腿而終身喪志，周大觀卻用「我還有一隻腳」來面對未來，這就是悲觀與樂觀的強烈對比。悲觀的人認為工廠現在傳出「做一休六」，接下來就要準備關廠了，樂觀的人卻把握股價已經跌到「做一休六」的價錢，只要將來回復正常工作排班，那股價豈不是漲翻天，又如果景氣翻揚被迫加班，那不是數錢數到手軟嗎？

我不敢說這裡一定就是回升，但只要你將操作策略擬好，並且按表操課，我實在看不出有什麼需要悲觀的。用三分法操作的人，還是維持原本的1／3持股與2／3現金，不用急著加碼，持股滿檔並不如想像中那麼好康，因為要面對的壓力也相對大很多，稍微來回震盪幾次就會把你搞死，甚至還有可能因此被洗出場，還不如好好操作手上的1／3持股，若抱對一整段行情，一張股票可以抵三張用。所以不用太急著加碼，萬一不幸真的月線爭奪戰失敗，你還必須面臨回測前低的考驗，到時候你會慶幸還有2／3的資金，可以向下降低持股成本。

現在的狀況就是我曾經提過的「操作的渾沌期」，反彈與回升處於渾沌局面，想要清楚切割並不容易，所以作多也怕，作空也怕，很容易陷入自我的幻覺，到最後反而毫無建樹，沒有績效可言。這次的三分法就是我用來對付這種渾沌期的操作策略。渾沌期的心態是處於多空混雜，不光是投資者的心態陷入渾沌，就連盤勢本身也是多空來回測試，很難一眼就定出多空，所以操作

也變得很保守、消極，最後往往勇氣與鬥志都被抹平了。

總之，與其耗費心思在多空的判別，還不如冷靜下來，好好擬定一個「進可攻，退可守」的操作策略。**越簡單的心思，可能是操作者最需要的**，或許回歸買賣的根本精神，亦即「逢低買進、絕地逢生」的操作模式，就是現階段最好的操作策略。

看懂技術分析 2008/12/2

今天開低走低跳空大跌，結束震盪三小波的A波反彈，B波下殺宣告開始。這次的B波下殺可能會讓原本已經信心低迷的台股投資人更加縮手，原本套牢者又要感嘆老天無情了。

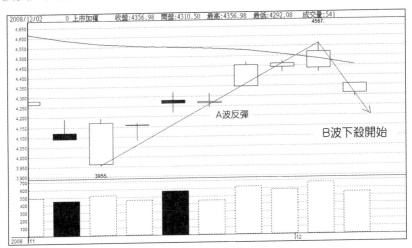

　　像這種十年難得一見的空頭年告訴我們一件事情，就是要「看懂技術分析」。技術分析雖然不能用來預測未來，但卻是最公開、最即時、最廉價的分析工具，也是分析市場現況最務實的工具。為什麼說它務實呢？因為這是白紙黑字的交易紀錄，沒有辦法做假，多空明明白白的寫在上面，端看你信不信。

　　每當回升行情啟動，只要你敢買都可以賺錢，只是賺多賺少的差別而已（當時cola也賺了130萬），沒有人會去在意技術分析，甚至認為技術分析是騙術。但懂得技術分析的人就可以清楚的看出，頭部型態成形之後，或是股價跌破某些成本價的關卡就應該要出清持股，靜待接下來的走勢，再來決定下一步的操作。也就是說，懂技術分析的人，即使無法將股票賣在最高點，也絕對不會讓股票被套在頭部，這就是懂技術分析的最大優勢。

　　學會技術分析雖然不保證會賺大錢，但肯定可以幫你脫離住套房的散戶宿命，這就是我推廣技術分析的主要目的。從cola的日記中，讀者可以看出技術分析其實不難學，也是很務實、很平凡、很科學的看盤工具，更好的是，這些交易紀錄得來全不費工夫，為什麼我們不善加利用呢？尤其是用融資操作的投資人，如果你不懂技術分析是非常危險的，斷頭只是遲早的事，沒有人可以例外。cola當初買華碩賠了四百多萬就是不懂技術分析、又用融資操作的失敗案例。

　　因為有了切身之痛，所以對今年的跌勢有似曾相識的感覺，昔日的套牢人生，記憶猶存阿！雖然這是B波下殺的開始，但如果今晚美股能做出漂亮的含玉線，給空方一支回馬槍，就還有機會再來挑戰月線一次。

技術分析教學，教你學會釣魚 2008/12/3

　　今天台股並沒有反應美股大漲的利多，原因可能是昨天跌的幅度不深，無法反映美股利空，所以今天美股漲，台股的多方就以休息來彌補昨天消耗的子彈，這也是合理的。但如果台股是純休息（蓋棉被純聊天）那也就算了，但早盤的反彈可是多方用白花花的銀子做出來的，中場過後開始走弱，收盤卻收了小爛線，也就是我們所說的「反彈補量收爛線」的量價背離訊號。而且在B波下殺的開始，多方沒有趁美股的含玉線來有效遏止空方的跌勢，所以今天的多方並沒有盡到應盡的義務，在K線的量價關係與型態的轉折都算是失敗的。

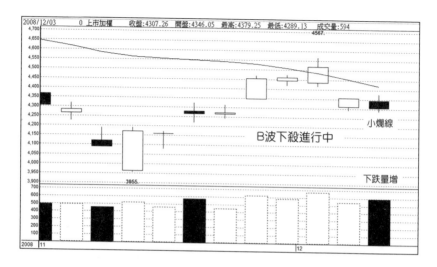

　　以上就是cola用的技術分析，你可以很清楚的發現，這套方法一點都不難，也非常合乎邏輯，很適合台股的投資人學習，但請你不要跟我爭辯明天的多空，因為我一向認為技術分析只是交易紀錄，只能解釋到收盤為止的多空。如果你要以這樣的結論去推測未來的走勢也不是不行，但你要有正確的心態，知道自己在「預設立場」，必須要有停損或是退場機制作為配套措施，不能把它當成鐵口直斷，否則就誤入歧途了。

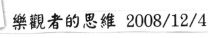

樂觀者的思維 2008/12/4

今天收「下跌量縮」的小中黑，台股顯然比美股弱勢許多，既然台股無法利用美股的敗部復活扭轉乾坤，我們只好延續昨天的看法，繼續看成B波下殺進行中，靜待止跌訊號。

「請問cola，今天是下跌量縮，就K線的量價關係是否可以看成是好現象呢？至少會比下跌量增還好吧？」我只能說，今天的量並沒有太大的意義，只要看「下跌」兩個字就可以了，**也就是說，今天的K線還是空方勝出，這就是答案**。有時候「成交量」可以告訴我們一些訊息，如同昨天我提到的「反彈補量收爛線」是破壞訊號，今天我卻捨棄成交量不看，只單獨以K線本身的漲跌來決定多空，這就是「價為主，量為輔」的靈活運用。只要搞清楚兩者的主從關係，就不會被「成交量」牽著鼻子走。

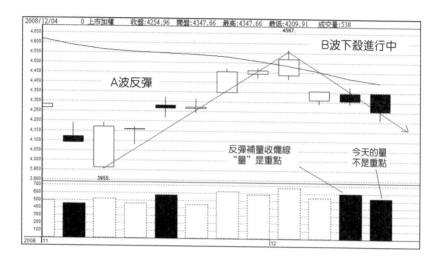

這兩天產業的龍頭紛紛縮衣節食、無薪休假，這樣的消息到底是好是壞？就景氣面而言，當然是不好的消息，因為這表示連產業的龍頭都受到相當的衝擊，必須做出這樣的決定才能度過難關。但人是會成長的，以前的大蕭條與不景氣都會讓我們從中學習到如何面對與處置，這些經驗往往可以讓我們在事件尚未發生之前先做好準備，以減少事件發生時的實際損失，或者縮短不景氣的時間，甚至讓此波不景氣雷聲大雨點小，這就是樂觀者的思維。

空方不夠狠 2008/12/7

　　週五台股續跌，就方向而言仍然延續B波下殺進行中，沒有改變。既然型態還是B波下殺，那就表示繼續看空嗎？就台股現況而言，仍是偏空沒錯，但是否看空？這就不一定了。這裡所謂的偏空是指現況，就K線而言，「價」是續跌的，型態也是延續B波下殺的方向沒變，所以現況是偏空的，但週五的台股其實留有一個伏筆，那就是「空方不夠狠」。

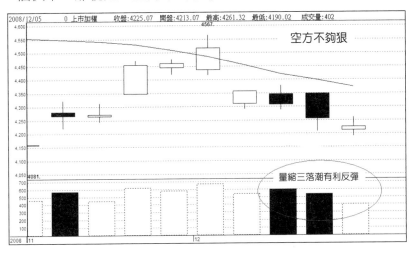

　　這幾天我們都是以「月線爭奪戰」作為觀盤重點，而週四台股的空方其實已經在爭奪戰中衛冕成功，理論上要趁勝追擊，以跌破前波低點為目標，不應該拖拖拉拉，既然如此，週五就不能只跌一點點，這就是空方的敗筆，記缺點乙次。週五的量縮剛好符合「量縮三落潮」，這是多方的最愛，因為量縮三落潮有利多方補量反彈，所以下週多方又有挑戰月線的機會了。

月線爭奪戰之有利多方 2008/12/8

　　多方今天終於在月線爭奪戰的重要時刻打了一場漂亮的仗，雖然不能就此認定月線爭奪戰是多方勝出，但今天這根量價齊揚的大長紅是這幾個月來難得一見的曙光，我們可以大聲叫出：「久違了！『反攻線』」。今天多方不負眾望，反彈補量順利站上月線，以勝利者的姿態回應週五的盤勢，所以我才將這根大長紅視為「反攻線」。

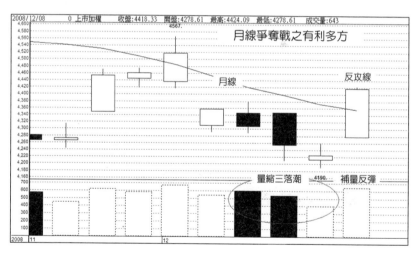

　　這裡所謂的勝利者姿態，不是說多方已經在月線爭奪戰中勝出，雖然指數站上月線，但就如同這次空方輕敵的情況一樣，如果沒有趁機把指數遠遠的拉開，就不能說是挑戰成功。想要坐上衛冕者寶座，多方必須要站穩月線，不能輕忽。

先不管明天的多空，見到這根大長紅，我想這次使用三分法操作策略的人可以鬆一口氣，暫時用不到第二階段的資金了。繼續維持1／3持股與2／3現金，等待進一步的回升行情確認，或是跌破四千點再來執行第二階段的操作。

這是敗象嗎？ 2008/12/9

究竟今天是多方勝還是空方贏呢？cola針對K線的量價關係，為多空雙方做簡單講解。

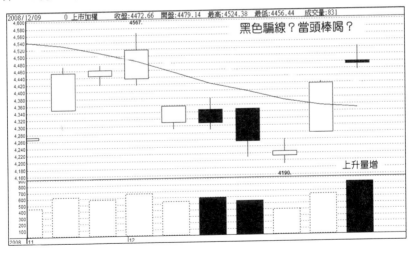

多方：十字黑K可以看成黑色騙線或十字騙線，反正就是洗盤的意思；「量增」可以看成是「水位先至，待舟發」，明天正式啟航。

空方：看成當頭棒喝或是吊人線；「量增」有點「大水已至，舟不發」，有該漲不漲的味道。

而cola的看法很簡單，在沒有出現量價背離的情況下，無須預設立場，看成「上升量增」正常，直到敗象出現為止。

十倍獲利之龜苓膏戰術 2008/12/10

今天收到小小的禮物，12月4700call在7.6買進三口，分別在63、80、97賣出，達到平均賣價80，這是我訂出來的十倍獲利，雖然賺得不多，但龜苓膏戰術的理念再次獲得證實，也是一種肯定。

〇當日查詢 ◉歷史查詢區間：自 2008 年 12 月 1 日至 2008 年 12 月 9 日						
〔量能〕	買賣別	商品內容	成交口數	成交均價	成交時間	委託來源
'42 4)	買	TXO 台指選擇權 200812 4700C	2	7.6	2008/12/05 13:35:24	網路
'38 3)	買	TXO 台指選擇權 200812 4700C	1	7.6	2008/12/05 13:34:50	網路

前在第1頁

很堅持要買在7.6所以只買到三口

號碼	買賣別	商品內容	成交口數	成交均價	成交時間	委託來源
56	賣	TXO 台指選擇權 200812 4700C	1	97.0	12:50:17	網路
47	賣	TXO 台指選擇權 200812 4700C	1	80.0	12:42:00	網路
33	賣	TXO 台指選擇權 200812 4700C	1	63.0	10:26:54	網路

◎當日查詢　　○歷史查詢區間：自 2008 年 12 月 9 日 至 2008 年 12 月 9 日

前在第1頁

定在平均賣價80達到十倍獲利

　　cola有時候會用龜苓膏戰術，尤其當大家開始看不起多空的其中一方，我就會用這種方式來操作。我的理念很簡單，就是「賭它不可能」，因為不可能，所以輸的機率很高，也因為沒有人願意輸，所以會有賠率相當迷人的賭局出現。此時像cola這種樂觀的傻瓜就會進場，玩起「不可能」的金錢遊戲。

　　讀者可能會說：既然cola你的技術分析無法預測未來，那你要如何賺到十倍獲利呢？技術分析可以讓我知道現況，我就可以擬定操作策略，真正讓我賺到十倍獲利的不是技術分析而是操作策略。你可能會說：「那我乾脆不要學技術分析了，又不能賺錢」，如果不學技術分析，你擬定出來的操作策略不但浮而不實，虧大錢的機率也會很高。唯有紮實的技術分析底子，才有可能擬定出勝率高或是比較務實的操作策略。

　　我將這幾天的K線量價關係標示在K線圖中，讀者看一下，大概就會知道我的想法。我簡單的講，在沒有出現量價背離之前，繼續看反彈，不用去預設立場。今天多方算是從月線爭奪戰中勝

出，順利奪得中線走勢的發球權，坐上衛冕者寶座，接下來的目標就是挑戰季線，只要能順利站上季線，就可以阻止長空走勢，這該有多美好。

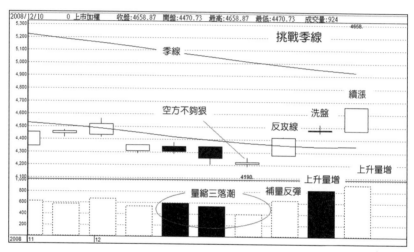

讀者可能會想，現在裁員、減薪、停工的風潮一波比一波兇，怎麼可能會在這麼短的時間內終止長空走勢？cola才不管外面的世界是如何裁員與停工，這是學者、專家該負責的範圍，我沒有那種專長，我只會技術分析，其它我一概不管。專家需要靠景氣亮什麼燈、失業率幾%、工廠關幾間等等來判斷未來，也就是說，專家靠數據推測未來，而股價卻早已反映未來。當股價止跌回升時，現實生活的不景氣仍然不會停止，此時專家的數據尚未出現，所以他們眼中的未來還是黯淡無光的。

我同事說：現在這個時機點，任何公司都會倒，怎麼可以進場買？沒錯，這就是現況，但我們要操作的是未來，正因為大家都這麼悲觀，所以我才會臨時決定啟動龜苓膏戰術，果然運氣不錯，被我矇到。

「cola你這樣無疑是在象牙塔裡規劃走勢，若是無法融入現實社會，怎麼可能會有務實的操作策略呢？」**我的操作策略就是那個簡單得要死、天真得可笑、樂觀到極點的三分法操作策略**。我一點也不會在意這次挑戰季線能不能成功，或是會不會開始要走回升行情，這些對我們而言都不是重點，因為我們早就擁有1／3持股，不用擔心股價上漲手中無股，更因為留有2／3資金，所以也不害怕股價下跌而持股滿檔，這就是「進可攻，退可守」的三分法操作策略。

三分法操作策略 2008/12/11

　　今天上升量增，我沒有看到敗象，既然如此，那就單純順著反彈方向，繼續挑戰季線。挑戰季線會成功嗎？很難講，有可能不會，而且不會的機率比較高。雖然技術分析告訴我們目前沒有敗象，但以眼前的大環境而言，要有資金持續流入股市並不容易，所以就會形成操作上的矛盾——「買也不是，不買也不是」，這就是操作的渾沌期。這一次的渾沌期可能會拉得比較長，所以我才會提出三分法的操作策略，希望能以單純的做生意模式、逢低買進的心態，來渡過這樣的渾沌期。

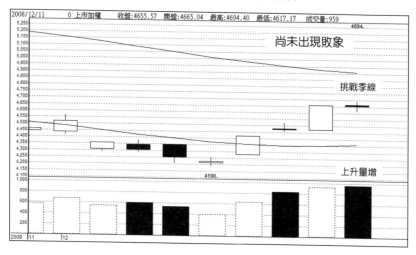

　　三分法是一個很簡單的概念，是我在「台股的彩虹」中的突發奇想，用來應付這種大空頭，其概念跟選擇權的龜苓膏戰術很

像。龜苓膏的概念就是「賭它不可能」，這筆錢豁出去了，不打算回收，所以才叫做「歸零膏」，做這樣的賭注，如果沒有數倍獲利，那意義就不大了。三分法也是同樣的概念，我們在這種歷史低檔區，將資金分成三份，四千多點的時候買進1／3，等跌破四千再向下買進1／3，跌破三千就持股滿檔，如果沒有跌破就不加碼，嚴守資金管控的原則。

至於什麼時候賣呢？當然是將來股票頭部成形的時候才賣，這樣的大波段才是三分法所期許的。如果只是為了賺取小波段的利潤，那根本沒有必要採用三分法，因為三分法還是有相當大的風險，萬一公司從此起不來，我們可能會血本無歸。而且這種方法只能用在買現股，不能融資，不能借貸，否則萬一操作失敗就萬劫不復了。

挑戰季線失敗 2008/12/13

我常講技術分析只是交易紀錄，沒有預測未來的能力，不要神話它，當你明白技術分析的定位，反而更能發揮技術分析的優勢，那些把技術分析當神看的人，遲早會陣亡。很多人常常玩物喪志，到後來都不知道誰在玩誰，技術分析也一樣，那些把技術

分析當神拜的人，在我的眼裡，就是被技術分析玩弄的人。技術分析只不過是從一堆歷史的交易紀錄中找出規則，試圖運用，如此而已。

cola今年的代表作就是「三分法操作策略」，這樣的操作策略看似與技術分析衝突，其實是為了彌補技術分析的不足而想出來的操作模式。或許這樣的操作策略不適合你，我應該這麼說，根本也不會有適合所有人的操作策略存在，我只是強調讀者必須要有屬於自己的操作策略，這樣才算合格。

今天台股大跌，多方挑戰季線失敗，型態又回歸到月線爭奪戰的範圍，既然如此，接下來「月線爭奪戰」的重要性就會擺在第一位，至於今天K線的量價關係就顯得沒有那麼重要了。

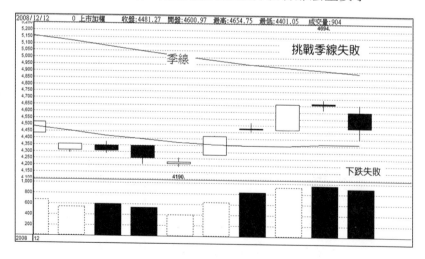

等站穩季線再說 2008/12/15

今天雖然大漲，但我們說過要突破月線才算多方勝出，而突破的定義是兩根長紅站上月線，今天大漲等同於長紅，但還缺一根，所以不能算是多方勝出。既然多方連月線爭奪戰都尚未挑戰成功，衛冕者寶座上面坐的還是空方。因為季線已經慢慢逼近，與大盤指數的距離跟月線差不多，即使多方突破月線，坐上衛冕者寶座，接下來並沒有喘息的機會，馬上就要進行季線爭奪戰。我們乾脆就將重心擺在季線，給自己多一點空間，不用忽多忽空，把自己搞死。

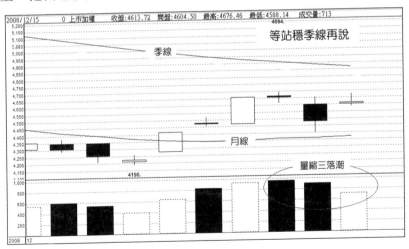

現在重點來了，萬一接下來多方真的站上季線，而且還看回不回，回升行情在所有專家都認為未來將會更糟的情況之下，悄悄的展開了，這下該怎麼辦呢？我上週四在「三分法操作策略」

中講過：「雖然技術分析告訴我們目前沒有敗象，但以眼前的大環境而言，要有資金持續流入股市並不容易。」因此目前我的看法不變。但不管cola的看法如何，股市中並沒有「不可能」這三個字，所以我認為現階段操作策略的重要性遠超過技術面與基本面，這就是cola會採用三分法的原因。我根本就不在乎明天多方會不會利用三落潮來補量續漲，或是繼續無窮無盡的空頭下殺，這些都是操作渾沌期正常的結果，沒有什麼好意外的。

三分法是利用逢低買進的原理，是長期持有股票的投資人平常在用的方法。平常都在用，而且也都會獲利，為什麼現在反而不敢用呢？因為這次是難得一見的空頭年，連長期持有股票或是以定期定額買進基金的投資人都面臨虧損的窘境，所以才會覺得這種逢低買進的方法是有問題的。其實不是方法有問題，而是這種大空頭年都會跌到歷史的低檔區，不管你之前是在哪裡買的，都會虧損，這是正常的。既然是長期持有，那現在這種情況理論上應該也在你的理解範圍內，不是嗎？難不成我們連股價有可能會跌破成本價的概念都沒有嗎？既然有，那還有什麼好遺憾的呢？

三分法就是將這種觀念與方式進化，在歷史的低檔區才開始買，成本就會降得更低。四千多點算不算是台股的歷史低檔區呢？我想答案是肯定的。我們不能因為過去長期持有股票年年獲利的老方法，在這一次的大空頭年被修理之後就完全將它否決，反而要利用這樣的原理與難得的時機逢低買進，如此才是對的。

三分法的風險 2008/12/16

今天K線的重點在於成交量，今天是量縮的第四天，我們稱為「量縮四落潮」，也就是越來越接近表態了。多方可以利用四落潮補量上漲，繼續挑戰季線；空方則是看成人氣退潮，應該會補量收爛線，反彈行情正式畫下句點。

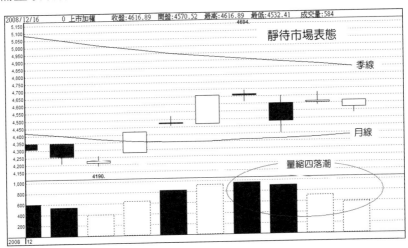

由於今天K線本身並沒有很明顯的多空，我們很難根據K線來判斷接下來的方向會是向上還是向下，只能靜待市場對決的結果。

學習技術分析的人很難接受這樣的說法，認為一定可以從技術分析上看出端倪，只是功力的深淺而已。其實我的經驗告訴我，這絕對不只是功力問題，這還牽扯到交易當下多空力道問

題，不是單純可以從歷史的交易紀錄去推測未來，除非未來的走勢沿著既定的軌跡，否則到頭來跟猜測沒有兩樣。技術分析真正的精神並不是追求神準，而是追求客觀，我們要接受技術分析只是用來做為資料整理與歸納的工具，是拿來擬定操作策略用的，而不是要你鐵口直斷；當技術分析錯誤的時候，我們也要承認錯誤，並且不斷修正，盡量將操作策略導向市場的實況，這才是技術分析真正的價值。

我們來談談三分法的風險。我們是在歷史的低檔切入市場，理論上風險很低，但為什麼沒人敢買呢？因為此時買的人必須承擔公司可能倒閉的風險，這就是三分法最大的風險，也是唯一的風險。公司有沒有可能倒呢？當然有，但就看你到底是要以什麼價格買進？是想以關廠價格買呢？還是以全盛時期的價格買？是要以無薪休假的價格買呢？還是以前景看好的價格買？

也就是說，你現在買進的價格就是關廠價、停工價，是未來三～五年都還看不到企業前景的價格，你現在買就是占盡便宜，當然也要承擔相對的風險，這有什麼好奇怪的呢？如果你認為你可以看到企業三～五年內都是好光景，那你覺得你會買在該股票的哪個價位呢？所以你的操作策略就要包含你的買進動機與思維，當然也要包含可能的風險承擔，這樣的操作策略才是完整的。

不是軟著陸，也不是硬著陸，而是墜機事件
2008/12/17

　　今天是延續昨天四落潮之後的補量反彈，收高檔小黑。這是上升量增正常？還是反彈補量收爛線呢？其實這中間的關鍵就是K線本身究竟是不是爛線？如果不是爛線，那一切好說；但如果是爛線，不管有沒有補量，都不是好現象。那今天是爛線嗎？以K線的位置而言是此波的新高，收盤仍然上漲三十幾點，**所以我簡單做個結論：「小黑創新高，問題不大」。**

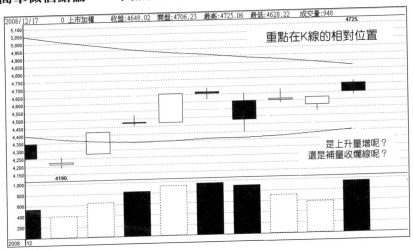

　　我的看法其實很簡單，既然沒有出現反彈補量的大爛線，那就沒有太大問題，無需在意這種短線的多空，直接把觀盤重點擺在「是否能站穩季線」這個大方向、大目標，其它的漲跌都只是震盪反彈的自然現象，實在沒什麼好緊張的。有時候我們必須要淡化技術分析，用操作策略來取代技術分析的角色。

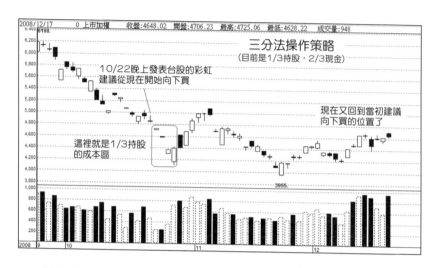

景氣復甦遙遙無期，指數卻持續反彈，這下真的尷尬了，到底是買還是不買呢？明年景氣只會更差，不會更好，怎麼買呢？如果不買，萬一真的站上五千點，到時候會不會買不下手呢？這種情形接下來還會不斷地上演。

其實景氣循環本來就是正常的，這點大家都可以接受，而不景氣有分軟著陸跟硬著陸，通常我們都希望是軟著陸，因為軟著陸的過程中可以採取適當的因應措施，不景氣所帶來的影響不會太強烈。但這**一次的金融風暴非但不是軟著陸，也不是硬著陸，而是更慘烈的「墜機事件」**，大家彷彿從夢中驚醒，根本搞不清楚狀況，更別提能有所作為了。正因為這次經驗是大家所欠缺的，因此企業所採取的因應措施可能會是劇烈的，停工、無薪休假，或是乾脆直接無預警的裁員，目的就是為了斷尾求生，為公司爭取更有利的條件，準備渡過這個沒人經歷過的「墜機事件」。

　　由於未知帶來的恐慌，使得全球的企業與政府想盡一切辦法，就是為了渡過這次的難關，而我們這些在股票市場廝混的人，當然也必須有一套自己的操作策略來因應，cola這次的操作策略就是三分法。目前為止，採用三分法的讀者應該是保有1／3持股與2／3現金，至於第二階段的買進動作只有兩個條件，一個是跌破四千點進場，另一個就是等待回升行情確立再找拉回的買點。

一切等待站穩季線再說 2008/12/18

　　今天的K線該怎麼看呢？我們先看「價」的部份，K線的位置跟昨天差不多高，表示就「價」的部份是沒有什麼意義的。那「量」呢？這就有點意思了，今天的量是急縮的，繼昨天的擴量之後，今天量縮得很厲害，這有兩種解釋：

　　多方的看法是，量急縮有利明天補量反彈，平常都是用三落潮來補量反彈，會用量急縮的方式來進行補量，就表示多方想攻，不想等了。空方看法就很單純，昨天的量增其實是一日行情，今天這種量才是常態，也就是人氣根本沒有起來，在有量才有價的觀念之下，量縮是不利於多方的。

　　以上兩種解釋都可以，我們只好回歸K線本身來看。今天不是爛線，所以**就「價為主，量為輔」的主從關係來論盤，得到一個簡單的結論：「尚未出現敗象」**。目前的觀盤重點就是「等站穩季線再說」，其餘都是小細節，沒有必要斤斤計較。

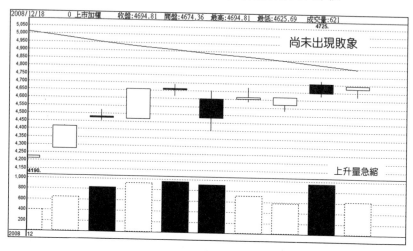

　　昨天講過，企業在面對這種「墜機事件」所帶來的損失以及不可預知的未來，會採取相當劇烈的危機處理，目的就是為了要保住資金，長期抗戰。正因為一切都來得太快，在沒有足夠的經驗下，被迫將災害以放大鏡，甚至是顯微鏡來檢視。然而人的想像力是非常豐富的，可以將未知想像成洪水猛獸，拒之千里之外，因此樂觀的人也可以發揮你的想像力，說不定在企業積極與快速的應變之下，產生長痛不如短痛的效果，反而縮短了不景氣的時間，恢復的速度就跟這次金融風暴所帶來的急速衰退一樣，再次跌破專家眼鏡，怎麼下去就怎麼上來。差別在於，你是下去的人還是上來的人呢？

月線支撐與季線壓力 2008/12/20

　　今天的K線是價平量增，價平是指今天跟昨天的位置差不多，所以K線本身沒有太大意義，但是量增就有意思了，量增表示市場熱絡，並非人氣退潮，因此回過頭來，我們需要檢討為什麼成交量增加卻漲不動呢？是大水已至舟不發？還是水位先至待反彈呢？

　　在這裡漲不動是好是壞呢？好處是離季線近，近水樓台先得月，再一根長紅就能挑戰季線了，這就是指數墊高的好處；壞處是這裡畢竟屬於此波反彈的相對高檔處，如不能向上突破，將有盤久必跌的壓力。也就是說，好壞參半。既然K線的量價關係好壞參半，那我們就將問題簡單化，在尚未出現敗象之前，通通不要預設立場，然後把焦點放在月線的支撐與季線的壓力，多方等站穩季線再說，空方等跌破月線再說，除此之外，都是小事。

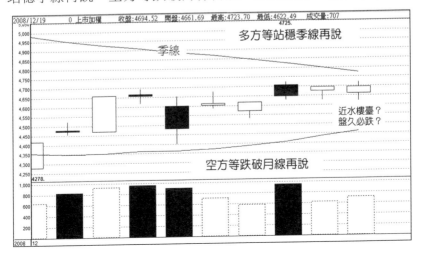

　　台股最近都是歹戲拖棚，要跌不跌，要漲不漲，並不好操作。雖然cola整天像個樂觀的傻瓜，但我不得不承認，這樣不景氣的股市確實不好操作。沒有把握的人可以先休息一陣子，等台股回到五千點之上，人氣熱絡了，再回到這個市場，免得資金與精神被消磨殆盡。

　　每次行情從底部悄悄的反轉之前，並沒有人敢買，這是因為景氣尚未落底，情有可原。當行情稍稍露出曙光但距離長線轉多還有一大截，此時技術面處處都是壓力，道道都是關卡，除非你是關雲長，否則想過五關、斬六將也沒有那麼容易，這就是我所謂的操作的渾沌期——「買也不是，不買也不是」。而我們所使用的三分法操作策略，當初為何要在趨勢向下的時候進場買呢？就是為了克服操作的渾沌期，持有1／3股票是為了將心定下來，為了將方向定下來，並不是說這個方法穩贏的，更不是指這裡就是底部。

　　現在的財經新聞除了裁員、減薪、停工、無薪休假，幾乎看不到好消息，就連企業的龍頭都無法倖免，感覺前途黯淡無光，最可怕的是，沒有人知道還要苦多久，**其實未知才是最可怕的，只要能知道底線，就有辦法因應**。企業如果基礎穩固，難道也無法挨過這次的不景氣嗎？我是比較樂觀的，我認為一些體質很好的企業絕對有辦法找到因應之道，甚至在景氣反轉的時候，因為體質差的企業陣亡，反而讓好企業更有發展空間，這也未嘗不是一件好事。

長黑創新高，先賣再說 2008/12/22

　　台股開高走低收大長黑，這是敗象嗎？當然算，如果連大長黑都不算敗象，那什麼樣的K線才是敗象呢？可是今天的量是縮的，下跌量縮算敗象嗎？下跌量縮要看情況，如果遇到波段的高檔出現大長黑，不管量縮或量增都算是破壞訊號，只不過量增的破壞力道比較強而已。這裡是此波的相對高檔，所以我們將今天的長黑看成「烏雲罩頂」，如果你是操作波段多單，今天就是你應該賣出的時機。

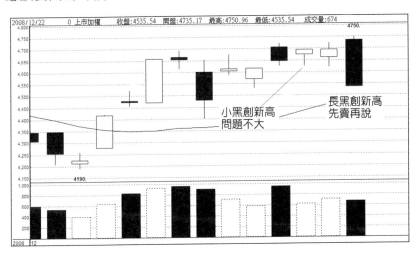

　　既然出現大長黑，我們就先尊重空方，這是基本概念，也就是說，短線是空方勝出，這點是沒有疑問的。但中線的走勢可以直接看成是波段的結束嗎？由於今天不是下跌量增的破壞訊號，

所以這根長黑的破壞力道就有待驗證，我們必須等待月線被有效跌破才能算數。何謂有效跌破？就是將指數遠遠的甩在月線之下，讓多方徹底死心，才能算是波段的結束。

小心破壞三兄弟 2008/12/23

今天的K線怎麼解讀呢？簡單一句話：「高檔走低，量急縮」。這是什麼意思呢？就是降價求售還乏人問津的意思，cola稱它為破壞三兄弟之二哥。

何謂破壞三兄弟呢？就是型態走空的破壞訊號，大哥叫做下跌量增（指數高檔處），二哥就是高檔走低量急縮，三弟人稱反彈補量收爛線。昨天雖然是下跌量縮，但我說過，量縮只是破壞力道有待考驗，照樣看成破壞訊號，所以昨天等同於破壞三兄弟的大哥。現在大哥與二哥都已經出現了，接下來我們要嚴防三兄弟到齊，亦即小心明天反彈補量收爛線，如果破壞三兄弟真的到齊，那就要有跌破前低的心理準備了。

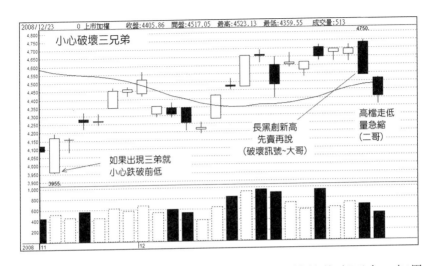

投資人學習技術分析就是為了將過去輸掉的錢贏回來，如果你也是這樣想，那我奉勸一句，算了！因為輸掉的錢是贏不回來的。但如果你換個角度，學習技術分析是為了一展身手，好好從股市中獲利，那我就贊成。一樣是賺錢，究竟有何不同呢？**心態不同，結果就會不同**。想將輸掉的錢贏回來，這是不可承受之重，cola輸掉四百萬，如果成天都想將錢贏回來，那我的操作生涯豈不是痛苦萬分？所以我將過去輸掉的四百萬看成一種學習、成長，讓我了解何謂風險，這就是我的學費，學習技術分析之後，所賺的每一筆都是新的交易、新的獲利，與過去的虧損無關。**因為心態的轉變，所以我始終都是以勝利者的姿態面對下一次交易，這樣才是正確的操作心態。**

學習原諒自己是一件非常重要的事，如果我們無法忘記過去的虧損，又將如何面對未來的交易？如果有人問cola到底有沒

有將過去輸的錢贏回來？我可以跟你講，沒有；如果你問我是不是贏家，我也會非常肯定的回答，當然是贏家。過去的事就讓它過去，現在的我若不是贏家，誰是贏家呢？

話說回來，如果你不認為自己是贏家，又該如何充滿自信的進行交易呢？

這不是止跌訊號 2008/12/24

今天開低走高，從開盤到收盤整整拉了一百點，應該算是止跌訊號了吧？很抱歉，這並不符合我們止跌訊號的標準，真正的止跌訊號是中長紅，最起碼也要漲個一、兩百點，絕對不是這種開低走高、收盤上漲十幾點的小中紅。

今天的K線稱為「宣告線」，宣告什麼呢？宣告短線止跌，但中長線下跌的方向不變。之所以會認為今天不是止跌訊號的主要原因，其實是K線的位置有逐漸偏離月線的跡象，也就是說，空方在月線爭奪戰中略勝一籌。你可能會覺得很奇怪，cola不是說指數只要不被甩開就不算失敗，今天收盤明明比昨天還接近月線，為什麼是空方略勝一籌呢？K線除了本身的漲跌之外，跟左鄰右舍比較也是相當重要的，今天的K線位置就比昨天低，如

果忽略K線的顏色，看起來是不是比昨天距離月線還遠呢？這就是我判斷不是止跌訊號的主要原因。

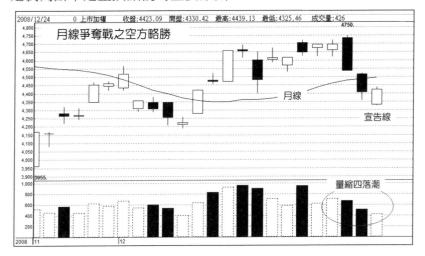

但為什麼我不直接寫空方勝出，而是空方略勝呢？因為我們昨天擔心的三弟沒有來，既然破壞三兄弟沒有到齊，破壞力道就有限，所以不能算是空方勝出。三弟是不是有事情不來了呢？這很難講，因為今天算是「量縮四落潮」，明天補量之後萬一收爛線，那三兄弟就到齊了，不但月線爭奪戰空方勝出，就連型態也會回歸長空格局，這是我們所不樂見的。

有辦法扭轉頹勢嗎？目前除了利用長紅站上月線之外，我實在想不出好方法。為什麼要用長紅呢？因為只有長紅才代表氣勢，沒有氣勢，如何扭轉乾坤呢？說到扭轉乾坤，也可以用乾坤雙劍，也就是明、後兩天繼續量縮，不管是紅十字還是黑十字，

反正就是小型戰鬥，等到下週量增再來決定方向，這就是乾坤雙劍被稱為變盤訊號的典型運用。

不管接下來到底會出現止跌訊號、破壞三兄弟還是乾坤雙劍，這些都有可能，只是機率的多寡而已，當你認為哪一種機率比較高，你就大膽操作，不準的部份就用停損來解決，這樣就夠了。有時候我們會希望能有一個兩全其美的操盤法，往往為此絞盡腦汁、瞻前顧後，到後來反而一事無成，兩手空空。

有乾坤雙劍的可能 2008/12/25

今天的K線是「價平，量急縮」，收下影小黑，實體線很短，而且在平盤附近。該如何解讀這根量急縮的小黑呢？兩個字——「拖延」。還記得昨天我在「這不是止跌訊號」的主題中提到：「先不管接下來到底會出現止跌訊號、破壞三兄弟還是乾坤雙劍，這些都有可能，只是機率的多寡而已。」今天的下影小黑比較接近「乾坤雙劍」的版本，也就是說，有轉折的機會。

今天量縮得比較急，所以明天很容易就可以補量，要是明天的量沒有增加很多的話，我們就可以忽視成交量，單純看K線的漲跌就可以了。倘若明天的K線還是跟今天沒有太大差異，那就

符合「乾坤雙劍」的版本，接下來的兩個交易日內就會補量，決定中線的方向。

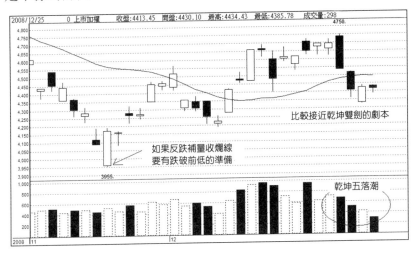

先不管明天會如何，這是市場的事，不是技術分析的事。技術分析只負責到今天為止的多空解讀，不管你有多大的把握，到頭來也是機率的多寡而已，所以預設立場是沒有太大意義的。既然不能預設立場，那又怎麼操作呢？很簡單，用操作策略來涵蓋。

比方說，你認為今天量急縮，明天必定會補量廝殺，會有長黑或長紅的可能，會決定中線的方向，所以看多的人今天就可以進場卡位，然後設個停損，賭它補量反彈，成功站上月線。相反的，如果你認為會補量收爛線，那就應該放空，一樣設個停損，如果賭對了就要抱牢，直到止跌訊號出現為止。因為破壞三兄弟

一旦到齊，就有可能會跌破前低，所以可以跟它拼拼看。如果你認為會是乾坤雙劍，那今天就繼續空手，等明天收盤真的還是拖延，那就符合轉折的定義，我們可以進場賭多空。怎麼賭呢？可以用選擇權以小博大，試試自己的手氣如何？

不管你是用哪種操作策略，都沒有所謂的對錯，贏了，不是你行，輸了也不是你錯，一切都是市場的力量，我們只能選邊站，並做好資金的管控，除此之外，就剩下禱告了。

乾坤雙劍 2008/12/28

上一篇的主題「有乾坤雙劍的可能」，結果週五真的出現乾坤雙劍，cola真的太神了！真的是這樣嗎？如果我有這麼神，早就發了，可是事實勝過雄辯，真的出現乾坤雙劍，這該如何解釋呢？如果讀者往前推，你就會發現其實我在週三做了三個假設，既然有三個劇本，那出現其中之一有什麼好奇怪的？這只不過是善用技術分析的必然結果而已，稍有技術分析底子的人幾乎都可以辦到，這就是技術分析的運用。

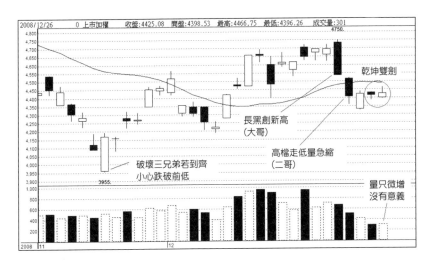

不管是機率還是實力，既然出現乾坤雙劍，那接下來該如何呢？我們必須先知道乾坤雙劍的意義為何，才能勾勒出接下來的走勢。有人喜歡將乾坤雙劍視為變盤訊號，cola卻認為轉折訊號會比較合適，因為變盤是針對走勢往相反的方向，比方說目前是下跌，變盤的意思就是接下來會上漲，但如果是轉折，那就比較有彈性，可以向下轉折，也可以向上轉折，比較中性。

我為什麼堅持要將乾坤雙劍從變盤訊號改成轉折訊號呢？因為在我的實戰經驗當中，變盤的機率其實沒有那麼高，恐怕連六成都不到，但發生轉折的機率卻高過七成，所以我認為轉折訊號比較適合用在乾坤雙劍或是乾坤三把劍。既然轉折的機率高過七成，答案就只剩下兩個，不是長紅站上月線，就是長黑結束這次的月線爭奪戰。長紅我們不擔心，反而樂觀其成，這是站在普羅大眾的陣營著想，只要股票能漲，景氣會壞到哪裡？所以上漲是

受歡迎的，更何況採用三分法操作策略的讀者手上保有1／3持股，當然希望能漲。

比較令人擔心的是補量收爛線的長黑，屆時破壞三兄弟到齊，我們必須要有跌破前低的心理準備。這就是為何三分法操作策略要保留2／3現金，為的就是長期抗戰，避免股票下跌卻持股滿檔的窘境。目前因為長空格局沒有改變，即使我們不樂見這樣的結果，但出現補量收爛線的機率並不低。

除了這兩種走勢，還有沒有其它的呢？當然有，但太多的劇本反而會讓我們下不了決定，所以訂定操作策略，只要抓住重點走勢即可，其它不準的部份用兩個字就可以解決了，那就是「停損」。

船到橋頭自然直　2008/12/29

今天的成交量告訴我們四個字——「人氣退潮」，根本沒有人在玩，或許只剩下當沖的人口而已。一般的投資人不會、不敢、也不想在此進場，敢進場的人早就進場了，現在以觀望者居多，說觀望還是好聽，因為大多數人已經自顧不暇，根本沒有餘力關心股市了。但人氣退潮畢竟不是好事，這對多方不利，因為

反彈需要量，而現在沒量就沒價，橫盤在月線底下會有盤久必跌的疑慮。**其實空方只怕一個東西，那就是「有量」**，只要不出量，基本上空方就占優勢，所以至目前為止，還是空方略勝。

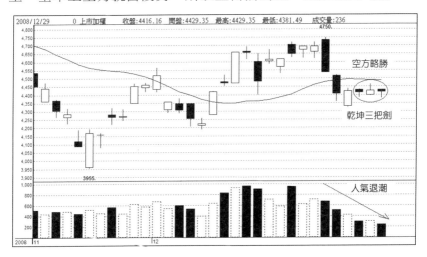

既然量能不利多方，那我們就來看看今天的K線有什麼實質上的意義。今天繼續量縮拖延，這是第三天的拖延，我們稱為「乾坤三把劍」，通常乾坤劍法都會搭配量縮，等到量增之時就會定出方向，所以我們將乾坤三把劍視為轉折訊號。但如果明天再沒有表態，那就無需管什麼乾坤劍法，單純的看成是橫盤整理就可以了。

這次的金融海嘯到底要持續多久？沒有人知道，所以無論主力還是散戶都以現金為王，我想這才是目前股市沒有人氣的最主要原因。

挑戰季線 2008/12/30

　　今天終於量增表態了，結果是上升量增的大長紅，多方勝出；但空方也有另一套解釋，他們認為今天的反彈擴量過速，有一日行情之竭盡買氣的嫌疑。同樣的K線往往因為多空立場不同，而有兩種以上的解釋，這就是技術分析的多元性。到底誰才是對的？從結果論來看，將來必定會有輸贏；但如果從過程來看，那就沒有所謂的對錯了。

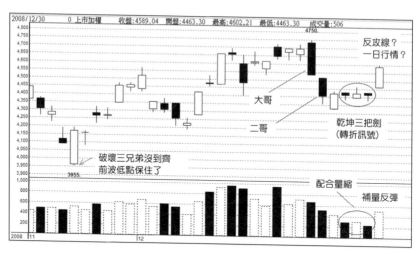

　　先不論將來如何，以目前的K線來看，確實是補量反彈成功，多方勝出。但技術分析除了K線之外，還必須考慮型態與均線，這些也是重點之一。就均線而言，月線爭奪戰雖然算是多方勝出，但這並沒有實質上的意義，因為時間拖得太久，目前季線

第一章 危機就是轉機

已經非常靠近，所以觀盤重點已經從當初的月線爭奪戰轉移到「挑戰季線」的階段，月線的衛冕者寶座由誰坐已不是重點，一切等站穩季線再說。

型態在這裡的重要性比不上季線的多空，只要破壞三兄弟沒有到齊，型態就不算結束。而今天三弟並沒有出現，所以暫時不用理會型態，先將重心擺在多方能否成功挑戰季線。

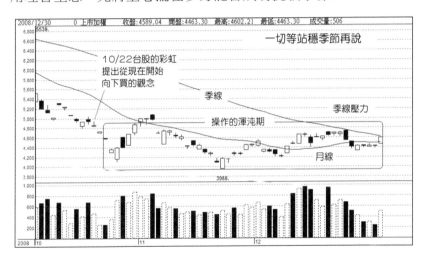

技術分析總是可以頭頭是道，但懂得越多不見得就好，比方說，止跌之後究竟會是反彈還是回升？如果只是反彈，有進場的必要嗎？如果是回升，沒有進場豈不是虧大了？但有一個技術上的問題更難解決，那就是——萬一止跌訊號不明顯，你可能連進場搶反彈的機會都沒有。

學習技術分析之後，你會斤斤計較，龜毛一點的人甚至還會

用尺量，這或許有點誇張，但主要是想表達技術分析者的壞習慣。當我們學會技術分析，你會發現一旦止跌之後，往上到處都是壓力，到處都是關卡，根本下不了手，只能眼見指數上漲，最後陷入「買也不是，不買也不是」的窘境，我稱這個時期為操作的渾沌期。

操作的渾沌期會有多長呢？不一定，像這次就拖得比較長，至目前為止，操作的渾沌期尚未結束。這兩個月以來，我們三分法的持股比例完全沒有異動，也就是說，我們已經養精蓄銳兩個月了。這期間有進場操作的人應該會有所體會，並不好操作，技術差一點的，搞得身心俱疲也就算了，恐怕還賺不到什麼錢，這就是操作渾沌期的特性。

股市這條路～2008年總回顧　2008/12/31

這一篇是cola的技術分析經典之作，非常實用，收錄在cola的另一本著作《技術分析不設防》第25～35頁，強烈建議讀者反覆閱讀，對於讀者的技術分析將會有非常大的幫助。（這裡不再贅述）

第二章 反彈回升

一、尚缺臨門一腳

欠缺臨門一腳 2009/1/5

今天跳空大漲，收盤小黑卻留跳空缺口，這樣算是站上季線嗎？真正站上季線是要有效突破才算數，也就是需要有兩根長紅銜接，當然連續兩個向上的跳空缺口也算數，但總歸一句話：「就是要有氣勢」。

雖說沒有真正站上季線，但原則上今天的K線上升量增，算是多方勝出。型態有回升嗎？恐怕還沒，由於與上次長黑創新高的高點差不多，所以不能斷定是型態上的突破，一切都還欠缺一根長紅定輸贏。

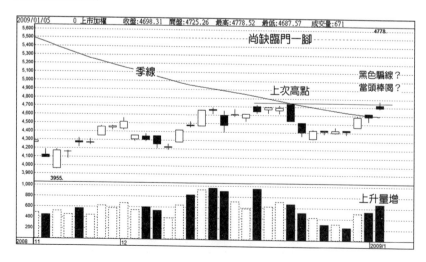

技術分析的終極目的是與操作結合，如果做不到這點就會淪為空談，為了解決這樣的問題，我們需要靠操作策略來彌補技術分析的缺點，也就是到底該不該買呢？我們將問題交給三分法操作策略，不管它會不會漲，暫時都還是維持1／3持股，無須加碼。萬一多方挑戰季線失敗，再次展開空頭跌勢，我們也不至於落到持股滿檔的窘境。

臨門一腳快踢了　2009/1/6

　　今天K線的位置與形狀與昨天相似，成交量卻是溫和上升，感覺還不錯，這叫做「價平量增」。多方看成十字騙線，水位先至待舟發，明天準備踢出黃金右腳；空方則看成乾坤雙劍，大水已至舟不發，要開始變盤了。

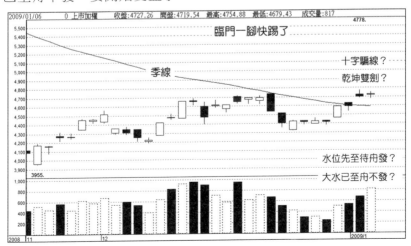

技術分析就是如此，有光明面、黑暗面，端看你如何解讀。cola個人的看法偏向多方，所以建議使用三分法操作策略的人，靜觀其變就好。不管是黃金右腳，還是換邊發球，我們都維持原有的比例（1／3持股與2／3現金），等待下一次加碼時機。

有些人很喜歡竭盡所能的使用技術分析，不管實不實用就是要用。其實很多情況，技術面比不上基本面來得重要，但這些人偏偏要用技術分析自找麻煩或畫蛇添足，**最後淪落到「為分析而分析」的純理論派。**

技術分析使用者很喜歡規劃走勢，好處是心裡有個底，壞處是有了底之後容易預設立場，以我的經驗來看是弊大於利，所以我後來都沒有再使用歷史K線圖模擬與套用未來走勢。我的答案很簡單，這樣的套用沒有根據一點都不科學，只能純模擬對實際操作的幫助並不大，甚至有害。

技術分析是從交易紀錄演變而來的，它最大優點就是資訊取得容易、公開、公平、客觀、即時，這些都是技術分析最大的本錢與優勢，除此之外，它絕非萬能。

預測反彈的目標究竟是對還是錯呢？我以前會用型態來預測反彈的高度，不過後來通通不用了，你可能以為我是因為不準確而放棄，但其實這不是主因。舉個例子，cola網站以前有個

「股市寫真集」討論區，當時我預測的高點竟然半點不差，完全命中，於是就被網友開玩笑說是主力（這位網友後來因為「開發」舉辦的外匯模擬賽獲得第二名，從此由職業散戶轉換跑道成為正職的操盤手）。

既然預測神準，為何不用呢？其實預測不過是機率問題，準了又如何呢？暫且不管準不準，由於你已經有了預測反彈高度的心理，反而阻礙了之後的操作。為什麼呢？反彈到達你的預測高度，你還敢作多嗎？你的持股還要續抱嗎？這些都是心態問題，並不如想像中那麼容易克服，對於喜歡預設高點的人，cola的建議是「忘了它吧」！

逼近，但沒踢進 2009/1/7

昨天「臨門一腳」，那今天踢了沒？很可惜，有逼近但沒有踢進。沒有踢進就必須再補一腳，才能坐上季線的衛冕者寶座，我們要的是有氣勢的長紅或是大的跳空缺口，今天只是小漲，雖然上升量增，卻達不到我們要的標準（突破季線），有點可惜。

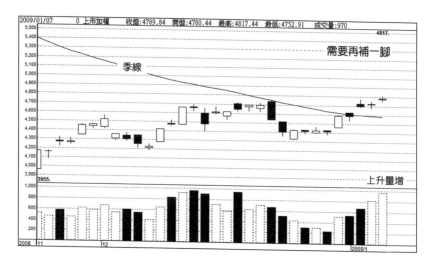

　　今天的開高確認了昨天是十字騙線的機率高過於變盤訊號，既然收盤收得不錯，那我們就大大方方的看成上升量增，保持樂觀直到敗象出現為止吧。讀者可能會覺得等到敗象出現就來不及了，應該要先有警覺吧，這樣的說法我也不反對，但有警覺又能如何呢？先賣出還是放空？只有警覺卻沒有足以搭配的操作策略，那跟等到敗象出現再處理又有何不同呢？

季線攻防戰之空方略勝 2009/1/8

　　我對著K線圖看了半天，決定標題下「季線攻防戰之空方略勝」，昨天才說多方必須再補一腳才能坐上衛冕者寶座，沒想到今天非但沒能補上一腳，反而讓空方踢進一球。而這一球剛好符合我們敗象定義的「中長黑」，代表漲勢受阻，宣告反彈結束，多方情況不甚樂觀。

　　短線上跳空大跌，空方勝出。型態不但沒能突破，還有第六波下殺危機，一切都不利於多方，因此我將爭奪戰改成「攻防戰」，如果多方攻不下來就不妙了。

　　如果我們不看型態可能會進入右派下殺的危機，單獨只看季線攻防戰就不會覺得那麼恐怖了，但多方必須趕快把今天的缺口補上，這樣才有誠意，才能恢復鬥志，否則只要再補量下跌，整個軍心就容易潰散。好不容易爬到這裡，又要重新再來了。

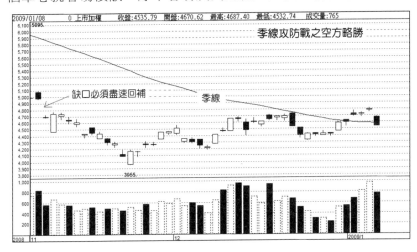

這幾天追高的人通通中箭落馬，這種情形很正常，所以我才會說這裡是操作的渾沌期——買不是，不買也不是，很難操作。建議以三分法操作的人無須做任何異動，還是維持1／3持股與2／3現金。可能會有人認為，這樣抱上抱下，不是也沒賺到嗎？回到買進動機的操作策略討論，三分法是在2008/10/22盤後提出的，因採取向下買的方式與技術分析有些矛盾，所以我才稱之為操作策略。既然敢買在這裡，就必須要有公司倒閉、股票變成壁紙的覺悟，因此我要求必須買現股，不能融資、借貸，說得明白一點，就是你要輸得起這筆錢。如果獲利沒有倍數增加，那我們冒著資金歸零的風險，就不符合操作的理念與邏輯。

你一定會講cola在做白日夢，這樣的時機、景氣，還敢妄想賺倍數利潤，但我的看法很簡單，越是輸得起的人，就越有資格賺錢。你在歷史的相對低檔處向下買，價格是停工價、無薪休假、跳樓價甚至是關廠價，只要公司撐得過去，那你的利潤就會很可觀。

既然我們買進的動機是倍數利潤，這種幅度的漲跌自然是不會放在眼裡，也正因為如此，我們才能在震盪中不受影響，將心定下來、將方向定下來，照著操作策略一步一步的執行，這點非常重要。

這幾年的操作經驗，我最大的進步就是領悟到觀念與實作的

結合。實事求是的技術分析，加上確切的操作策略，絕對比預設立場的神乎其技來得可靠、好用，長期下來獲利絕對是比較真實的。

我們在學習技術分析的過程中，或許會有好幾個老師，但最後真正教會我們操作的只有一個，而且你們剛好也都認識，就是如假包換的「市場老師」。不管你經過多少個老師的肯定，拿過多少張畢業證書，倘若最後沒有被「市場」這位老師認同，你就什麼都不是。「cola你說得跟真的一樣，那你經過『市場老師』的認同了嗎？」我必須承認，每當我自以為可以畢業的時候，「市場老師」就會走過來，拍拍我的肩膀說：「cola，你還早的很。」

最後的反彈機會 2009/1/9

今天的量能是我們常說的「量縮三落潮，有利多方」，原因是縮到一定程度的量能，總有量增的一天，而有量才有價，所以才說利於多方補量反彈，但補量之後若是反彈失敗就糟了，最怕在型態的末端反彈補量收爛線，這樣無疑是宣告型態結束，開始進入右派空頭市場。

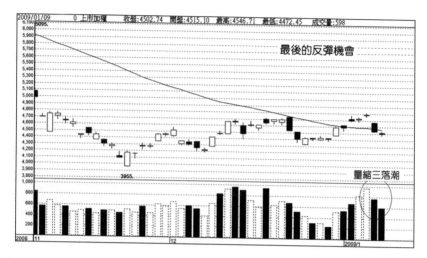

今天的K線下跌量縮，空方勝出；季線攻防戰，多方沒有採取攻勢，空方略勝；型態的位置也不利多方，目前無論是短、中、長線，都是空方佔盡優勢。明天將會是多方很好的機會，如果不趕快回補缺口，拖得太久造成人氣退潮，那就真的不妙了。

空方尚缺臨門一腳 2009/1/11

週六早上我對美股的感想是「空方不夠狠」，因為它沒有讓多方斷絕希望，台股的反應也如同美股的現況，所以我給台股的定位是「空方尚缺臨門一腳」，以上是我對整體股市的盤感。不過既然cola的分享著重在技術分析，那當然還是要針對K線、型態、季線，一一做解析，以了解台股多空目前的技術面。

　　K線下跌量縮，沿著下跌的方向走，短線算是空方勝出；季線攻防戰，多方挑戰季線失敗，空方依舊穩穩坐在衛冕者寶座，現在真正的關鍵落在型態之爭，我認為震盪反彈型態是否正式結束還缺決定性的一腳，這就是我將主題定為「空方尚缺臨門一腳」的原因。

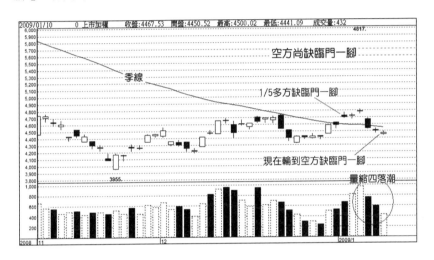

　　學過技術分析的人都知道，基本上空頭市場的下跌分成兩種，一種是三段式下跌，跌法壁壘分明只會套到新手，老手通常都會停損，不致於上當。另一種就是所謂的震盪式下跌，這種跌法的特質是在跌勢中不斷創造希望，每當決定要停損時就會開始反彈，在黑暗中彷彿見到曙光，讓你打消停損的念頭，然而反彈卻始終無法解套，等你警覺性鬆懈時又會再一次的掉入絕望之中（而且通常震盪式下跌都會跌得比三段式下跌還慘）。我們無須特意區分哪幾年是三段式下跌、哪幾年是震盪式下跌，只要能讓

你很清楚的分辨出初跌段、主跌段、末跌段就是三段式下跌，其餘的都當作震盪式下跌，這樣比較單純、好記，若你熟悉了型態學，這些都應該不會有問題。

　　談到了型態學，目前的型態就是**跌勢中非常重要的震盪反彈**。既然是反彈，就代表之後還會繼續下跌，所以就算下週反彈結束持續下跌也是正常的，但反彈遲早有一天會變成回升行情，否則股市就永遠沒有春天了。想要預測出反彈或是回升，並不是那麼容易的事，如果是三段式下跌，我們可以搭配台股的季節特性，約略的推估，預做準備；但若是震盪式下跌，往往會因跌得比較慘而拖過台股第四季，外加上特性會在跌勢中不斷製造出反彈，所以很難預先規劃哪一次才是真正的回升行情。

空方佔盡優勢卻沒有完全勝出 2009/1/12

　　今天不但收小黑，而且指數也下跌，短線由空方勝出，那季線攻防戰呢？因為指數還是在季線之下，於是我們化繁為簡，直接看成空方獲勝，不過接下來的型態才是重點，空方並沒有踢出最後一腳，鹿死誰手還不能確定，但畢竟是在型態的右邊，多方的現況是搖搖欲墜是個不爭的事實，因此我將今天的主題定為「空方占盡優勢，卻沒有完全勝出」。

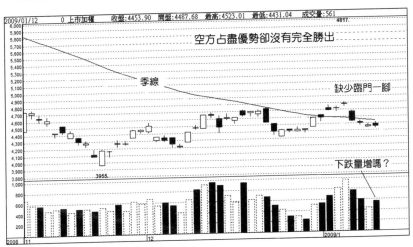

　　為什麼我不直接說空方勝出呢？因為多方只要有辦法做出一根長紅就能扭轉乾坤，而既然是勝出，就要穩坐衛冕者寶座，每次都同燈同分的衛冕者寶座穩嗎？這就是我不直接宣佈空方勝出的主要理由。

多方跑的有點虛 2009/1/13

　　這裡所謂的虛，包含兩種，一個是心虛，另一個是氣虛。心虛是指上升量縮，氣虛是指無法一氣呵成，所以多方有點危險。讀者一定會覺得cola的邏輯顛三倒四的，跌的時候說什麼空方不夠狠、或是空方缺臨門一腳、或是空方占盡優勢卻沒有完全勝出。結果現在台股漲了，反而又變成多方心虛加氣虛，漲了反而危險，這是什麼謬論。

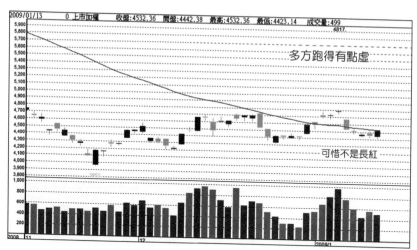

　　早上我用跑步來形容美股的多空關係，我說第一名如果沒有將第二名甩開，第二名隨時都會衝上來一爭高下。今天台股的多方真的有衝上來，但體力沒有調整好，衝的時機不對。要衝，就要一氣呵成，長紅大漲，追過空方，成為第一名。否則，就應該按兵不動，等時機成熟再衝。

多方今天衝了，但不是我們想要的長紅，有點可惜，這下子空方知道多方蠢蠢欲動，準備繃緊神經應付這一場型態之爭，這對多方不利。

季線爭奪戰之敗部復活 2009/1/14

昨天說多方跑得有點虛，結果今天也沒事，空方並沒有採取應該有的動作，持續保持拉鋸戰。這讓現在的情況有點改變，因為無論是K線還是季線攻防戰都是空方勝出，所以我們原先觀盤的重點只放在型態之爭。

但是空方在占盡優勢的情況下，居然沒有主導整個盤勢，反而有恃無恐的拖拖拉拉，遲遲沒有做出決定性的長黑結束反彈型態，自以為贏定了，這是空方的怠惰。現在事情變得有點複雜，原本盤久必跌，「拖」對多方不利，但如果該跌的時候不跌，反而成為多方近水樓臺的機會。

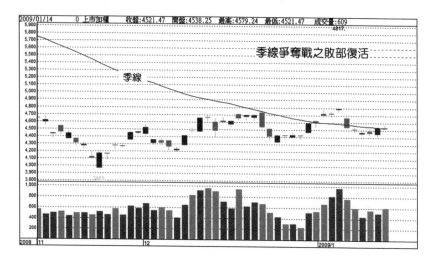

原本是單純的型態之爭，但現在盤勢緊貼著季線走，變成季線爭奪戰之敗部復活，這下子真的有好戲看了。有時候趁勝追擊是必要的，空方遲遲不肯大刀一砍將多方甩開，若多方現在奮力往前衝做根長紅，整個盤勢就會改觀，江山易主。

靜待止跌訊號 2009/1/15

　　早盤開低確認是出貨，因此名正言順的將前天上升量縮看成量價背離的大哥，而今天高檔走低量急縮是二哥，接下來要小心反彈補量收爛線的三弟，這就是我們俗稱的「破壞三兄弟」。但這次大哥與二哥出現的位置偏低，且二哥的量沒有急縮，所以不是很典型的破壞三兄弟。

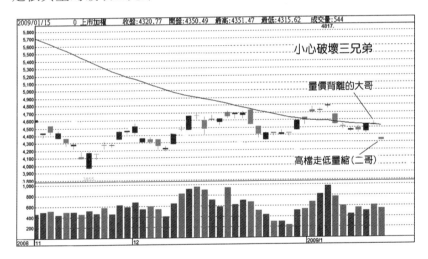

　　雖然擁有多單的人最想知道目前還有沒有機會？但市場的變化不是我們能夠下定論的，如果真的沒有機會，那就傾全力放空好了，還需要小家子氣嗎？以目前的盤勢而言，K線不用說也知道是誰贏，多方想要扭轉乾坤沒那麼容易。一早直接跳空大跌，鬼才相信不是空方贏，就連原本的型態之爭與季線爭奪戰，現在也不用看了，很明顯空方勝出，無須多做解釋。

既然短、中、長線都是空方勝出，那我們也不用懷疑，操作的心法就是簡單幾個字「靜待止跌訊號」。使用三分法操作策略的讀者現在就要開始規劃，萬一真的跌破4000點，你的第二批資金要不要繼續買？要買哪些股票？這就是你要做的功課。至於會不會跌破前低，我不知道也不想猜，只要照著既定的操作策略進退有據，就可以達到交易目的了；就讓市場決定結果吧！

未見止跌訊號 2009/1/16

今天K線的方向還是向下，所以我看不出有任何止跌的味道，這就是現況，沒有其它重點。不過若要勉強說出一個重點，那就是今天的成交量是「量縮三落潮」，明天有機會補量反彈（當然空方也有機會來個反彈補量收爛線，這樣破壞三兄弟就到齊了）。

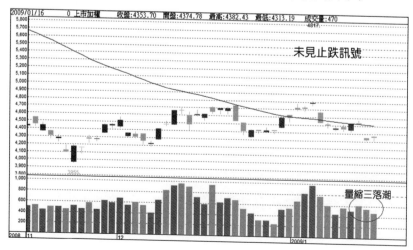

　　破壞三兄弟會不會到齊或是到齊之後會不會續跌，這些都是未知數，我們無須猜測。剛開始學習技術分析的時候，我認為未來就是過去加現在，只要好好學習，有朝一日絕對可以預測未來。不過當我的操作經驗越來越豐富的時候，我才知道，**過去加現在其實還是等於過去，而未來永遠是未知數。**

步步高升，三落潮 2009/1/18

　　從K線的角度來看，週六上升量縮並不正常，而一連三天都量價背離也很不正常。此話怎講？如果你從K線的位置來比對，你會發現K線是步步高升，但成交量卻是節節敗退，有那麼一點點「步步高升，三落潮」的味道。

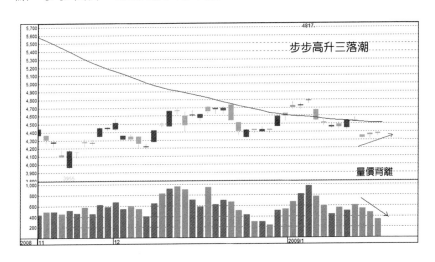

通常上升量增我們稱為有行有市，但步步高升三落潮則有點「有行無市」的警訊，但究竟是不是真的有行無市？這點需要經過成交量放大的測試才能知道，所以我稱步步高升三落潮只是警訊而非敗象。

既然K線出現警訊，那季線呢？季線持續下彎，仍舊是長空格局，型態也不樂觀，感覺好像隨時都會垮掉，所以下週一是空方啟動第二段下跌的最佳機會，操作上要保守一點。

「拖」字訣 2009/1/19

今天的表現，我只有一個字：「拖」。為什麼要拖？當然是想等待反彈機會，用時間換取空間。通常能夠拖延成功，都是因為空方不急著趕盡殺絕，讓多方有了喘息的機會，但這樣拖真的有用嗎？

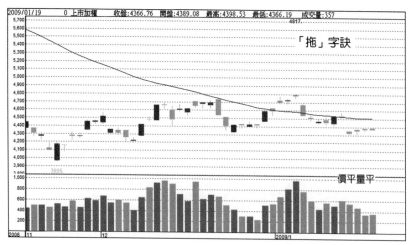

今天的K線幾乎跟昨天一模一樣，差別只在於今天有微增的補量，所以簡單看作「價平量平」。雖然一連三天都沒有再下跌，但由於下跌的趨勢並沒有改變，所以短線仍是空方勝出。另外指數也還在季線之下，因此季線攻防戰也是由空方勝出。而型態在兩段式下跌的中間休息，不管未來多方能否拖延成功，目前型態仍然搖搖欲墜，沒有脫離險境。

結論：短、中、長線都是空方勝出。

第二段下跌開始 2009/1/20

由今天的跳空下跌可以確認，這次的反彈型態是第二段下跌的開始，以兩段式下跌作為結束。兩段式下跌的運用在台股裡非常普遍，既然今天是下跌的開始，那究竟會跌到哪裡呢？原則上反彈已經結束，就算回測前低也是正常的，所以要有跌破前低的心理準備，而至於會不會發生，我還是抱持一貫的作風，不知道也不想猜。

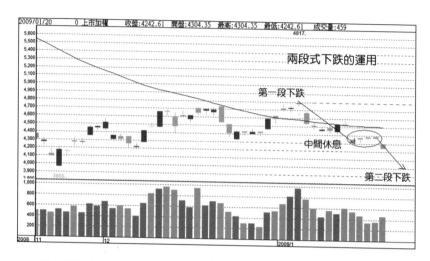

你可能會說,明明看得很準,怎麼老是說不知道呢?其實,今天不是我看得準,而是只要忠實的反應技術分析所做的現況解盤,通常準度都有七成以上,所以這是機率大小的問題,而不是準確度的問題。

那接下來應該要怎麼操作呢?很簡單,待止跌訊號出現再說。採用三分法操作策略的讀者,昨天我說睡覺,今天應該要醒醒了,因為有可能會跌破前低,所以我們要利用假日好好思考,到底要買哪些股票?怎麼買?

這不是止跌訊號 2009/1/21

　　我先簡單的分析一下盤勢，有多簡單呢？只有幾個字：「這不是止跌訊號」。至於過年後，台股會怎麼走呢？由於國際股市並沒有同步休市，我認為變數太大沒有預測的必要。

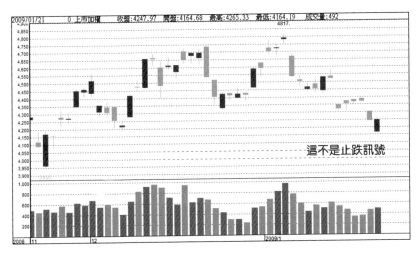

　　從事操作的這幾年，我對於「表象與真實」越來越有感覺。其實看得出來是不是吹牛、是不是光說不練，但你必須心無雜念才能看穿，如果心中充滿貪念，那就很容易被表象蒙蔽，無法看到最真實的一面。我們剛好可以利用過年期間，好好思考自己的技術分析與操作策略，究竟是花拳繡腿，還是足以上戰場殺敵的真功夫呢？

▰二、季線爭奪戰◀

沒有進展 2009/2/2

　　今天新春開紅盤小漲12點，觀盤的重點還是在判斷「止跌訊號」。既然沒有出現止跌訊號，就表示目前是「空方勝出」，這樣夠簡單了吧！

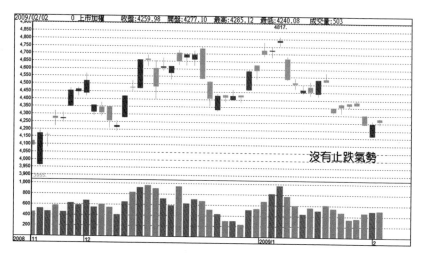

　　有人為了技術分析的優劣爭得面紅耳赤，如果真有所謂天下第一的技術分析或操作策略，那書局裡面只會剩下一本書，而絕對不會是滿滿兩大櫃的技術分析書籍。我說過，**技術分析不過是把一堆交易紀錄給具體化、形象化**，源頭都是交易紀錄，只是表達的方式不同而已，選擇適用、好用、實用的就好了，沒有必要

爭高下、分你我。「適用」就是適合你用,「好用」就是勝率不能太低,「實用」就是不要淪為「為分析而分析」,只要符合這三個條件,就是好的技術分析,沒有誰的一定最好。

等突破季線再操作 2009/2/3

今天的題目比較大膽,不是因為今天開高大漲,所以cola開始看多,而是季線緩慢下彎已經來到4500點了。如果連季線都站不上去,不就表示無法站上5000點?如果連5000點都站不上去,那還會有人氣嗎?沒有人氣,我們還操作什麼,所以今天的主題蘊含了我對目前操作策略的想法。

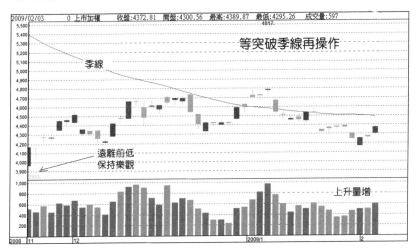

　　這個想法是繼提出〈台股的彩虹〉三分法操作策略理念之後，第二次提到的操作建議。當時的季線5700點與台股指數約4800點兩者相差快1000點，自然不能用季線作為操作的依據，但今天台股指數與季線的位置只差一百出頭，當然就可以將季線列為實際的操作標的。

　　今天的K線怎麼看呢？只要簡單看成「上升量增」短線多方勝出即可，雖然你可能會說，怎麼才一天的大漲就算多方勝出呢？但短線本來就是要見風轉舵，沒有什麼道理可言。目前的型態很曖昧必須要再等個一兩根K線才能確定多空，不過指數有逐漸遠離前低的跡象，這點值得高興。

　　既然短線多方勝出、型態多空曖昧，指數又離季線近在咫尺，乾脆就把觀盤重點擺在挑戰季線，一切等站上季線再說。

樂觀看待　2009/2/4

　　今天上升量增且越來越接近季線，這是多方一個相當好的機會，只要能出現連續兩根長紅就可以扭轉中、長空格局。在全球共同努力拯救經濟的同時，我的心也是站在多方的，這就是我樂觀看待的理由。至於是否能夠突破季線，那是市場的事，我不想

預測，基本上看法還是延續昨天的內容，一切等待季線突破。

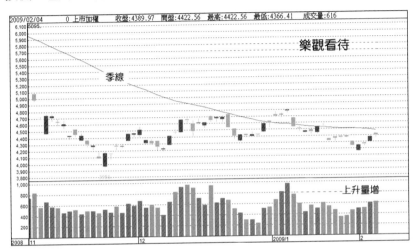

建議使用三分法操作的人不用在此時預測行情，按照我們原訂的計畫，跌破4000點或回升行情啟動後再來加碼，其餘都不關我們的事。

感覺還好 2009/2/5

今天上影小黑與昨天下影小黑形成小小的乾坤雙劍，有人說乾坤雙劍是變盤訊號（變盤多半是看跌的），意即反彈將到此為止。多方仍然可以延續我昨天的看法「樂觀看待」，不過今天台股收跌，所以我們稍微收斂一點，以「感覺還好」作為主題。

　　為什麼說是感覺還好呢？以K線來看，雖然有乾坤雙劍的變盤危機，但雙劍還小且下跌量微縮，沒有太大的敗象。型態還是很曖昧，一根長紅或是長黑都可以改變方向，多空都沒有勝算，加上指數距離季線很近，所以空方的衛冕者寶座隨時得接受挑戰，現況就是這樣。

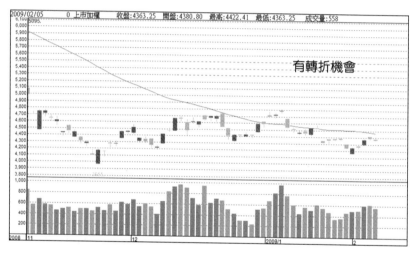

　　既然空方沒有絕對的勝算與優勢，身為三分法操作策略的始作俑者，於公於私當然會希望多方振作。於私，當然是不想讓網友手邊的1／3持股虧損太多，打擊信心；於公，股價下跌對於振興經濟不但沒有幫助反而會讓人失去信心，甚至還會迫使政府護盤把錢與精神花在不該花的地方，所以我寧願台股上漲。

季線爭奪戰 2009/2/6

今天大漲，多方終於硬起來了。連續幾天，我的主題都偏向於個人觀感與期待，幾乎都是幫多方說話比較多，但今天我反而要以客觀的立場希望多空雙方能好好的來一場君子之爭。

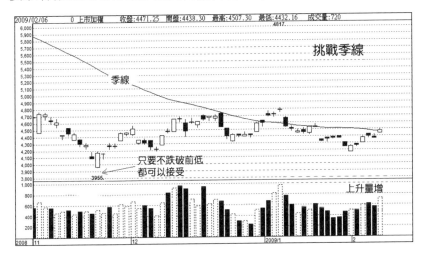

之前以期待、鼓勵的語氣希望多方加油，主要是因為多方確實比較弱勢，沒有實力與之抗衡。現在指數已經來到季線的位置，季線爭奪戰首部曲準備開始，但季線是長線走勢的指標，必須要有實力，不能光靠運氣拿下衛冕者寶座。在這麼差的景氣之下，多方想要挑戰季線成功有點像是天方夜譚，但危機就是轉機，越是逆境越不能放棄，這是多方要有的積極心態。

K線是上升量增大漲，短線多方勝出。型態方面，暫時遠離

前低的威脅，空方的優勢逐漸喪失。季線爭奪戰已經開打，多方
必須要有相當的氣勢，才能以挑戰者的姿態奪得衛冕者寶座（**這
裡的氣勢就是我們常講的兩根長紅突破季線**），這就是我對此次
爭奪戰的勝負界定。

獎落誰家 2009/2/9

　　今天雖然開高走低收小黑，但收盤還是上漲，不能算是敗
象。而型態逐漸往上，不但遠離前低甚至還有突破反彈型態的希
望。因此，從K線與型態來看，多方的表現雖然不夠積極但還算
是有守有為。

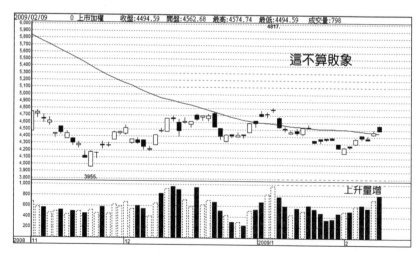

上週五我們說觀盤重點在季線爭奪戰，而今天確實有站上季線，但卻是開高走低的小黑，跟我們期待的兩根長紅差一萬八千里，因此不能算突破季線。到底最後誰能拿下季線的衛冕者寶座呢？cola要是知道就不用上班了，我的答案很簡單，市場的方向根本無法預測，任何的預測都是「半仙理論」聽聽就好，如果真能賺錢，那就不叫半仙，而是成仙了；也就是來世再說吧！

與其想方設法預測市場走勢，還不如根據技術分析擬定務實的操作策略，依據現況不斷調整做好資金管控，這樣就完美了。完美是指賺大錢嗎？不是的，完美是指符合你的預期，在你可以接受的損失範圍之下進行操作，至於王子與公主能不能從此過著幸福快樂的日子，那是安徒生的問題，不關我們的事。

你可能會說，技術分析回過頭檢討都可以說出一番道理，怎麼可能會無法預測呢？收盤後已經蓋棺論定，我們當然可以做到用技術分析來解盤，甚至畫線給大盤走，但當下的盤勢是隨時的，只有且戰且走，不斷調整操作策略才是正途。預測走勢多半都沒有好下場，就像所有贏家有共通的特質，但我們卻無法運用這些特質成功，因為這些特質是成功人士不斷克服困難，在奮鬥過程中渾然天成，我們不能倒果為因，認為只要擁有這樣的特質就能成功，**這中間有著理論與現實的落差，沒那麼簡單**。

不算敗象 2009/2/10

今天上漲量縮，終於出現量價背離的訊號，此波反彈結束了。真的是這樣嗎？其實這是空方的講法，那多方的看法又是如何呢？雖然上漲，但K線的位置並沒有超過昨天的高點，以K線的位置來做比較，下跌量縮其實很正常，今天多方算是有守。不過那是多方消極的看法，積極的看法很簡單，從「價為主，量為輔」的主從關係來看，上漲是個事實，所以是多方勝出，量縮並不是敗象，明天補量上漲就可以了，沒有大礙。

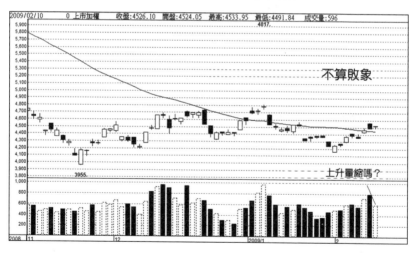

同樣的K線卻有不同的解讀，沒有誰對誰錯，全看操盤手的立場。但cola的解讀很簡單，直接用「價為主，量為輔」的觀念來看，只有四個字：「不算敗象」。

感覺還不錯2009/2/11

　　開低走高收中紅,看成上升量增多方勝出。雖然型態還沒有正式突破前高,沒有明顯的輸贏,但指數收越高多方的機會就越大,值得觀察(季線爭奪戰除非有兩根長紅站上季線,否則就不能說是多方贏)。

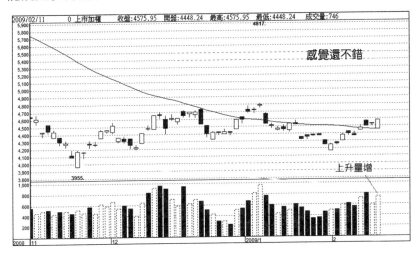

　　目前基本面是空方占足優勢,雖技術面多方有些機會,但還沒有扭轉中、長空格局的能力,也就是說,現況還是空頭市場,這是事實。

> **漲勢中斷，空方勝出** 2009/2/12

　　下跌量增收長黑，這時量價背離的破壞訊號有點像空方烏雲罩頂，此波漲勢宣告中斷。以上簡單幾句話說明今天的K線是空方贏了，型態原本有機會可以突破前高，現在涼了一半，空方勝算加大。而突破季線所需的兩根長紅遲遲不肯出現，反而來了一根大長黑，季線爭奪戰的衛冕者寶座，空方坐得穩穩的。

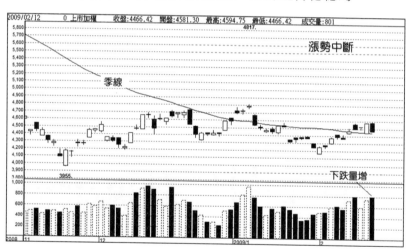

季線爭奪戰之延長賽2009/2/14

今天大漲收中長紅，昨天跌的不但漲回來，而且還幾乎收在此波最高，判定K線多方勝出。型態維持在此波反彈的相對高檔，因此多方隨時有突破前高的機會，狀況還不錯我們樂觀看待。那季線爭奪戰呢？這點就要從誰坐在衛冕者寶座來探討，這樣比較客觀，此波反彈是由下而上，當然就是多方要來挑戰季線，也就是說空方才是衛冕者。而衛冕者本來就有主場優勢，如果挑戰者沒有相當足夠的氣勢，絕對沒有勝算，這就是為什麼我們要以兩根長紅突破季線作為多方勝出的標準，若以這樣的標準來看，目前衛冕者寶座還是空方的。

雖然多方沒有登上衛冕者寶座，但指數站上季線也是事實，所以我稱為這是季線爭奪戰的延長賽，多空都必須全力以赴。

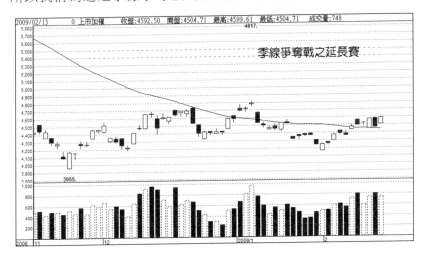

從下圖中，可以清楚的看出1／3持股的交易成本區與現在的指數位置比較起來，我們的持股成本並沒有虧損，這是值得高興的事。而我的看法很簡單，此時此刻不需要隨指數起舞，只要遵守第二次加碼的條件操作就可以了，也就是除非等到指數跌破4000點或回升行情確立之後的拉回買點出現，我們才進場做加碼動作，否則其餘時間我們都只看戲，不操作。

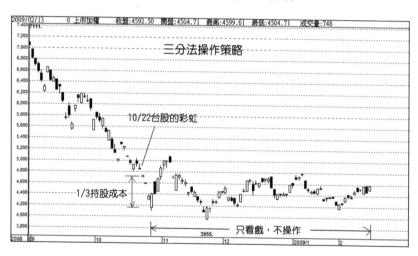

季線爭奪戰之黑色騙線 2009/2/17

　　今天大盤指數在平盤附近小幅震盪，算是延續上週五的長紅方向，雖然沒有續攻，但也沒有被空方占便宜，算是防守有成。尤其今天的成交量是我們所謂的「量縮三落潮」，多方有機會補量反彈，奠定突破季線的基礎；空方期待反彈補量收爛線，做出大反撲。如果依現況解讀，cola會站在多方，將今天的黑K視為「黑色騙線」，明天可以利用三落潮補量反彈。

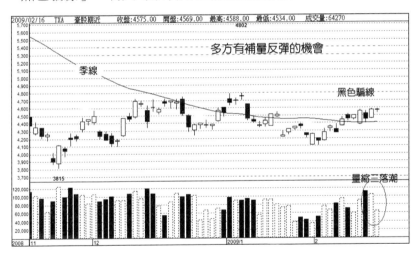

　　型態也是延續週五的結論：「多方樂觀」，雖然沒有出現兩根長紅突破季線，但空方似乎沉溺於衛冕者寶座，放任挑戰者不斷成長；倘若不積極一點可能會嚐到驕兵必敗的滋味。

多方還有機會 2009/2/17

　　今天的大跌中斷了多方原本有突破季線與型態的機會，但也僅止於此，無須完全絕望，由於指數沒有跌破季線仍處在型態的高檔，所以單純看作「季線爭奪戰」，多方還是有希望的。

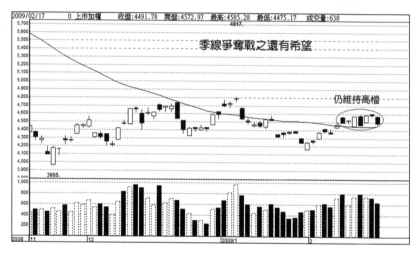

　　既然多方對型態與季線的爭奪並沒有完全絕望，表示中線的多空鹿死誰手還很難講。現在觀盤的重點又回到季線爭奪戰，除非出現兩根長紅（或長黑）跌破季線，否則其它短線上的漲跌都不是重點，只是跳梁小丑，無須理會。

季線爭奪戰之多方萬歲 2009/2/18

　　這個題目無關多空，只是想對台股多方表達敬意，在美股慘跌的狀況下，台股仍頑強抵抗，真的不簡單。今天的抵抗付出不少代價，因為成交量並沒有退潮，表示多方消耗不少銀彈，不管是不是為了拉高期指結算，這樣的抵抗對於季線爭奪戰而言，是具有正面意義的；否則今天應該會是跌破季線收長黑。今天開低走高收小紅且沒有跌破季線，使得季線爭奪戰得以繼續延燒。

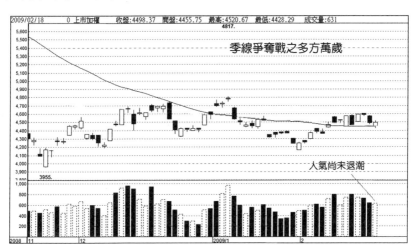

季線爭奪戰之多方多方我愛你 2009/2/19

又不是在拍偶像劇，主題搞什麼「多方多方我愛你」啊？只是為了博君一笑而已，目的希望大家能輕鬆一點看盤，不要太過嚴肅。昨天cola用讚賞的角度給予多方肯定，並將主題定為「季線爭奪戰之多方萬歲」，而今天多方也沒有令我們失望，即使在中、長空格局之下，依舊堅忍不拔，維持在季線之上不肯輕易屈服，因此對多方說句「我愛你」也不為過（cola對多方比老婆還好）。

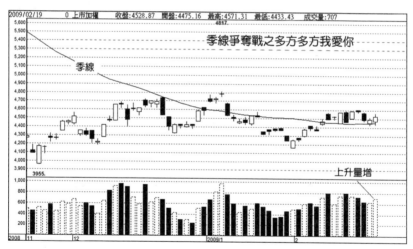

雖然是「我愛你」但我不見得要娶妳，兩根長紅距離突破季線八字還沒有一撇，中、長空格局仍然沒變，多方不過是取得挑戰者的資格罷了，連同燈同分都說不上。衛冕者寶座上面還是空方的人，套句國父孫中山先生說的：「革命尚未成功，多方仍須努力。」

　　今天上升量增收小中紅，K線多方勝出，短線無須看空。中、長線的重點還是在型態與季線之爭，cola仍是那句老話，除非兩根長紅突破季線或是長黑跌破季線，否則意義不大。

季線爭奪戰之你來我往 2009/2/21

　　連續十幾個交易日，台股多空都為季線爭奪戰使出渾身解數，多方以挑戰者身分來勢洶洶，但空方占盡主場優勢非等閒之輩，豈肯輕易讓出衛冕者寶座？因此，你來我往，就成為這十幾個交易日的常態。

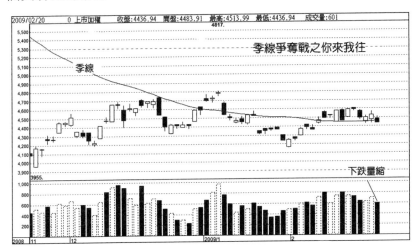

　　台股今天終於跌破季線，代表爭奪戰終結了嗎？當初我們的定義是兩根長紅突破季線為多方勝出，長黑跌破季線則為空方

贏，週五雖然跌破季線，但並非長黑摜破，所以還需要再補一腳才能將多方踢回鄉下與親友相擁而泣，坐上遊覽車離開攝影棚。

沒有絕望就還有希望，今天看到超馬媽媽回到馬拉松現場為昔日的同好加油，真令人佩服，這樣的毅力就是希望的証明、樂觀的表率。景氣差到不行，股市更是冷清，這時唯有希望、樂觀才能繼續走下去，讓我們為超馬媽媽加油，更為台股加油。

季線爭奪戰之靜待表態　2009/2/23

週五雖然跌破季線，但因非長黑摜破，所以還需要再補一腳。今天空方沒有如願的補上一腳，於是季線爭奪戰將繼續延燒。

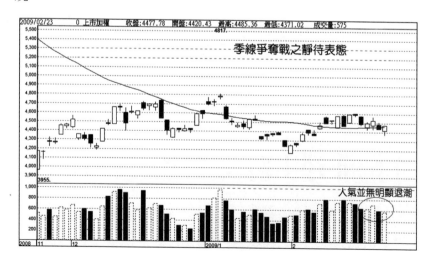

　　這幾天我都把「季線爭奪戰」放在主題的前面，主要是因為我認為目前的關鍵就是季線爭奪戰。除非有兩根長紅或長黑跌破季線，否則短線上的漲跌意義並不大，換句話說，現在的衛冕者只是暫時的，空方還不算坐得很穩，中、長線的走勢必須等待季線的真正衛冕者寶座人選敲定才算數。

季線爭奪戰之尚未終結　2009/2/24

　　昨天才說要靜待表態，今天K線就下跌了，而且還跌破季線，這樣是不是空方表態了？短線上型態跟季線的表態一樣都是空方略勝，但不符合我們的標準：**沒有出現長黑摜破季線，季線爭奪戰尚未終結。**

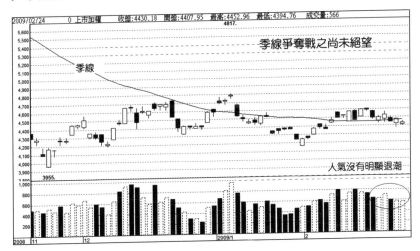

你可能會有疑問，為什麼cola要採取這麼嚴格的審驗標準，明明空方已經跌破季線勝出，還需要懷疑嗎？其實我不只對空方採取嚴格的標準，對於多方的標準更是嚴苛（需要兩根長紅突破季線才能算數）。cola說過，多方是挑戰者，需要足夠的氣勢才能壓制空方的主場優勢，而衛冕者雖然有主場優勢，但卻有輸不起的包袱。只贏一點點的王者遲早要交出冠軍腰帶，所以要贏就要以王者姿態勝出，絕對要KO挑戰者才行。

季線爭奪戰之多方振作 2009/2/25

今天上升量增，站回季線，多方還算振作，雖然沒有大漲但也表現不錯。

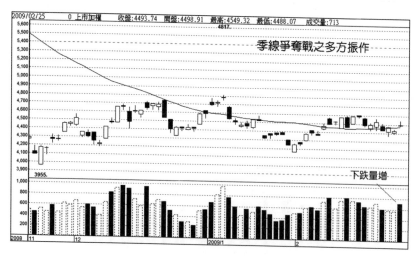

　　最近有些網友質疑cola忽多忽空，認為這樣看圖說故事對於趨勢的判斷沒有幫助，其實技術分析本就是用來解讀現況而非預測未來。現況是空，我就說空；現況翻多，我就看多，至於操作策略就歸操作策略，不能與技術分析混為一談。

　　就好像cola每天分析盤勢，但三分法操作策略卻從2008/10/22開始到現在未改變過，超過三個月都沒有任何動作，仍舊維持1／3持股與2／3現金，這樣的操作策略如果還算是忽多忽空，那我就不知道什麼叫做堅持，什麼才算原則了。

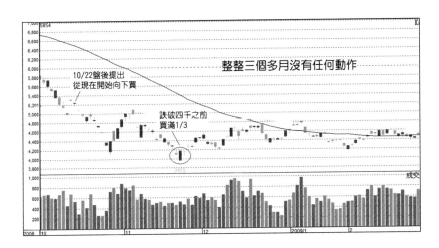

　　技術分析看圖說故事，有什麼錯誤嗎？有什麼問題嗎？技術分析本來就是交易紀錄所產生的指標，有必要無限延伸、想像、誇大嗎？雖然唯一客觀可信的只有收盤後已蓋棺論定的數據，但不是沿著過去的軌跡，市場就篤定照著走，這是早期cola喜歡做的蠢事，現在早已不會再做了。

現在我想做的，就是依照技術分析擬定操作策略，作多萬一跌了會賠多少、漲了會賺多少？作空萬一漲了會賠多少、跌了會賺多少？一旦擬定操作策略就要忠實操作，至於盤勢的多空，我無法掌控、主導，既然市場方向無法操之在我，我又何必堅持多空呢？堅持有何意義呢？

季線爭奪戰之沒完沒了　2009/2/26

今天上升量縮不正常，明天需要補量上漲，一般我們都喜歡上升量增，對於上升量縮不感興趣，甚至認為這是量價背離。我喜歡以「價為主，量為輔」的主從關係來判斷是否真的量價背離，今天雖然開高走低，但收盤還是上升，既然是上升就沒有理由看空，因此不算是量價背離。目前指數還站在季線之上，多方雖然無力攻擊，卻防守有餘；空方仍保有主場優勢，衛冕者寶座暫時沒有問題。

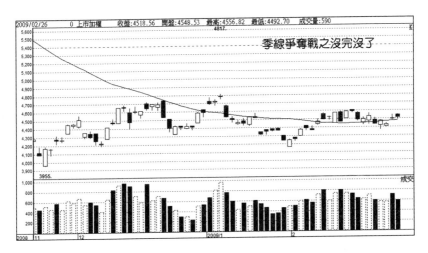

昨天說過，除非多方能以兩根長紅突破季線（或是空方以長黑跌破季線），否則短線上的漲跌不具太大意義。在這樣你來我往、死纏爛打、糾纏不清的情況下，最重要的是資金管控，盡可能的減少操作，靜待市場方向或許會是最佳的選擇。

季線爭奪戰之感覺不錯 2009/2/27

　　雖然今天多方續漲，也順利補量反彈，但想要坐上季線爭奪戰的衛冕者寶座卻沒有這麼簡單，離我們設定的標準還差得遠。既然沒有到達我們的勝負標準，只能繼續以同燈同分的狀況延續這場爭奪戰，但是同樣的戲碼拖太久觀眾會不耐煩，主辦單位為了不讓觀眾轉台，應該會找出適當時機讓比賽進入高潮分出勝負。

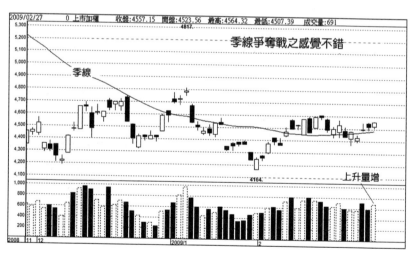

三、三分法的優勢

空方衛冕成功 2009/3/2

　　在道瓊指數持續破底的壓力下，台股終於撐不住了，開低走低收長黑，短線空方勝出。今天的長黑讓型態有右派下跌的危機，請讀者要有此波反彈結束的心理準備，中線已經偏空。

　　這一兩週我們的觀盤重點與台股的重頭戲，也就是長線走勢的依據「季線爭奪戰」到底獎落誰家呢？還記得我們的判別標準，多方必須兩根長紅突破季線才算勝出，空方必須要以長黑跌破季線才算贏。今天空方終於仗著主場優勢，以長黑摜破季線，符合空方勝出標準。連日來的季線爭奪戰算是空方衛冕成功，台股的技術面開始往基本面靠攏，短、中、長線通通看空。既然技術面與基本面都是空方優勢，操作上就要以保住資金為第一要務。

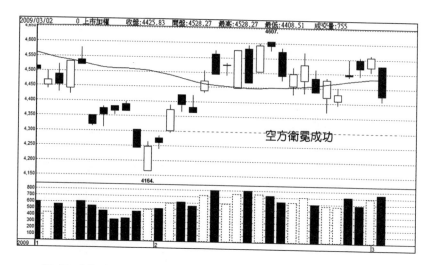

　　讀者可能會覺得很奇怪，三分法操作策略可以維持三個月的
2／3現金，不做任何加碼動作表示cola認為空頭市場應該保守因
應，為什麼就是不願意作空呢？關於這點，我的看法很簡單，由高
往下空才會有利潤，因此作空應該要在相對高檔處，至於這裡，我
認為看空的人只要維持空手就可以了，沒有必要追空。而像cola一
樣樂觀的人，照樣以三分法來操作，靜待第二次加碼時機。

仍是空方勝出 2009/3/3

　　今天開低走高收平，多方表現的不錯，台股真的很頑強，這就是cola沒有作空意願的主要原因。像這樣的中長紅能算是多方贏嗎？基本上是不行的，即使是短線，也沒有多方勝出的理由。充其量今天只能算是抗跌，不算止跌，即非標準的止跌訊號。

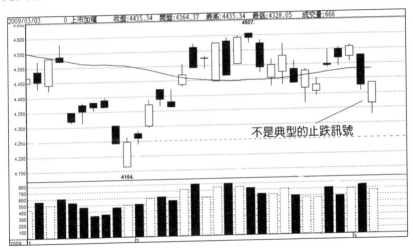

不是典型的止跌訊號

　　技術分析不能死板，不同的盤勢止跌訊號也會不同，這是cola這些年來寫操作日記領悟到的成果。既然這不是止跌訊號，那我們只好再等一根長紅確認止跌，在此之前還是延續昨天長黑的方向，仍是空方勝出。

　　在此我要強調，唯有現況才是真實、客觀的；**而解讀現況是技術分析存在的價值。**

季線爭奪戰之捲土重來 2009/3/4

　　今天中長紅大漲，這是標準的長紅反攻線，雖然多方想要反攻，但這裡是季線位置，空方這個衛冕者當然不會乖乖讓出寶座。今天多方充其量也不過是以挑戰者的身分，再度回到攝影棚進行季線爭奪戰罷了，我稱之為「季線爭奪戰之捲土重來」。

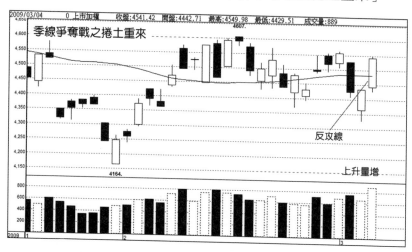

　　cola真是標準的看漲說漲，看跌說跌，昨天才說是空方勝出，今天馬上就改口，說什麼反攻線、短線多方勝出，這是什麼技術分析？而且「季線爭奪戰」這個老梗，到底還要用多久？現況是多，我當然說多；現況是空，我當然看空，季線爭奪戰這個主題要用多久，不是由我決定，而是由市場決定，我只能解讀與運用。

技術分析的結果與操作策略的運用是兩碼事，必須切割清楚，雖然cola最近的分析像是晴時多雲偶陣雨，一會兒多一會兒空，完全沒有立場，簡直是牆頭草，但既然你知道是晴時多雲偶陣雨，那就把傘準備好，至於會不會用到就不是重點了，實在沒有必要計較到底要不要帶傘？我們的三分法操作策略還是維持1／3持股與2／3現金，無須做其它改變（已經超過三個月沒有任何動作）。

季線爭奪戰之勝利在望　2009/3/5

今天上升量增，跳空續漲，短線多方勝出，但這不是重點，現在的重點在型態的轉折與季線爭奪戰的重要關鍵時刻。今天的跳空上漲，已經將型態帶入新的相對高點，只要再一根長紅，就能突破反彈型態，走出新的一波行情。也就是說，目前中線的走勢，有雨過天晴的可能，新的一波行情，將有機會啟動。而最讓我們關心的是這幾個星期的季線爭奪戰是否已經分出勝負了呢？我的看法是，還沒。但身為挑戰者的多方這次捲土重來氣勢非凡有大將之風，使的一向有恃無恐的空方衛冕者倍感威脅，開始繃緊神經，衛冕者寶座已經如坐針氈了。

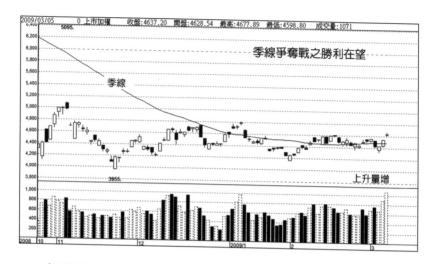

今天量價齊揚，想必讓許多人燃起希望，開始猶豫要不要進場，如果你問cola要不要在這個時候追價買進，我會老實跟你講：「我不知道」怎麼可能不知道，你分析假的嗎？我分析現況不是為了要短進短出，是為了要讓採用三分法操作策略的網友能夠進退有據，當初會有三分法操作策略，就是因為回升與反彈之間很難做出判斷，就像今天這樣的局面，究竟要不要進場呢？還是等待回升行情確立後再進場呢？還是根本是虛幻一招，漲假的呢？回升行情確立追價買進就一定妥當嗎？這些都必須要等待市場告訴我們結果，沒有所謂的正確答案。

1／3持股就是為了將心靜下來，不需要在這個地方做抉擇與掙扎。反正已經有基本持股，就算是回升行情確立，我們也樂觀其成。所以第二次的加碼買點，我不打算以追價買進的方式，而是採用拉回找買點的方式進行，這是我對這次的大空頭所擬定的

操作策略。

　　cola因為有自知之明，所以才能安分的用功學習，因為只有這點才是cola可以掌控的，而三分法操作策略其實也是「自知之明」的一種運用，用來解決「股價上漲手中無股，股價下跌卻持股滿檔」的遺憾。因為我「自知」無法準確的判斷止跌之後的買點，尤其是面對這種空頭年，買點的判斷難度更高，可能超出cola的功力，所以才延伸出這種「進可功，退可守」的策略，這樣的策略究竟好不好、對不對？關於這點，只有市場知道了。

季線爭奪戰之等待臨門一腳　2009/3/6

　　台股完全無視美股大跌破底的慘狀，照樣開低走高，令人不得不佩服。究竟是什麼力量，讓多方有用不完的查克拉，讓我們這些以買進為主的操盤者感動萬分，既然多方展現這樣大的誠意，我們短線當然繼續看多，給予多方正面回應。

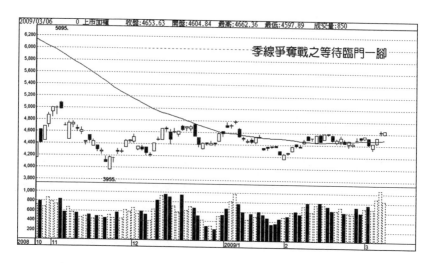

那中線要看多嗎？這就要回到型態是否有被多方突破來做判斷。我們昨天說，目前型態正面臨轉折，只要一根長紅就能走出新的一波行情。今天有沒有長紅呢？沒有就不能說是轉折成功了，沒有新的一波行情，中線當然還是靜待表態，沒有輸贏。

長線呢？季線是長線多空的指標，所以誰坐上衛冕者寶座，季線爭奪戰就歸誰掌控。雖然連續三天都是多方站上季線，但照我們兩根長紅突破季線的標準，目前還缺少一根長紅，所以季線爭奪戰究竟獎落誰家還不能確定。

季線爭奪戰之有機會表態 2009/3/9

　　今天台股開平走低收下影小黑，這樣的表現對於多方而言仍然僅止於防守，並沒有突破季線的能力與企圖。若是延續上一篇的主題「季線爭奪戰之靜待臨門一腳」，今天的量縮三落潮，明天多方可以利用三落潮來補量反彈，踢出黃金右腳（這是多方的版本）。

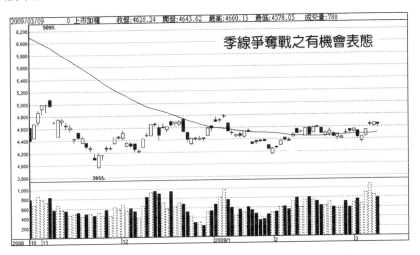

　　對於空方而言，目前的衛冕者寶座如坐針氈，多方在短線上雖然還是略勝一籌，但只要道瓊沒能做出「型態的止跌」，那麼台股的多方就必須努力把指數維持在高檔附近，這是相當吃力的工作，於是盤久必跌就成為目前空方有利的武器。

　　早上我在美股的分析中，談到我對美股與台股關聯性的看

法：我認為唯有道瓊早日完成「型態的止跌」，這樣台股多方才能順利突破季線登上衛冕者寶座。也就是說，**台股多方等的臨門一腳，就是道瓊「型態的止跌」。**

季線爭奪戰之越收越高 2009/3/10

昨天我們的結論是短線多方勝出，所以今天上漲沒有什麼好奇怪的，但這樣的上漲是我們要的嗎？季線被突破了嗎？台股雖然有利用昨天的三落潮補量反彈，只可惜這不是我們要的臨門一腳。這一腳只是將球帶到距離球門近一點，並不是真正的黃金右腳。

今天有網友說他怎麼看季線都已經突破了，為什麼cola老是說「季線尚未突破呢？」令他想不通。其實每個人對突破的定義都不相同，有人認為只要指數收的比季線高，站上季線就算是突破，這樣的定義也沒有錯，但我們的定義比較嚴苛，是所謂的「有效突破」而非一般人想得指數超過季線的突破。何謂有效呢？關鍵就在我講的氣勢，必須將指數遠遠的拉開季線，讓空方感到知難而退，這樣多方的衛冕者寶座才能坐穩，這就是「有效突破」的真正涵義與動機，如果只是在季線附近上下游走，這樣

的突破是沒有太大意義的。

　　今天的小紅，沒有我們要的氣勢，而且目前指數距離季線還是相當近，只要空方一根長黑，就足以粉碎多方這幾天的努力。若是再跳空下殺，就會形成島型反轉，這樣的多方能算贏嗎？雖然今天多方在中、長線還不算勝出，但今天上升量增，因此延續昨天上漲的方向，短線是多方勝出。

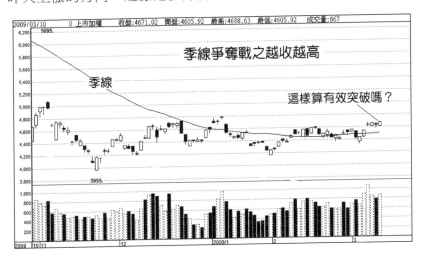

　　這陣子無論是對美股的止跌訊號或是台股的季線爭奪戰，我們都採取高規格的檢驗標準，即使這樣會被認為一事無成或過度消極都無所謂，只要能夠保護資金，這一切都算值得。

多方暫時登上衛冕者寶座 2009/3/11

今天雖然沒有大漲特漲，但至少是跳空上漲，收的也不差，如果單就台股的K線來看，今天是上升量增，多方勝出。這根黑K較偏向多方的「黑色騙線」而非空方的當頭棒喝，現在重點來了，今天的型態該怎麼看呢？算突破嗎？雖然不是長紅突破，但型態確實是多方勝出，所以中線走勢多方略勝一籌，我們樂觀看待。

而季線爭奪戰勉強可以算是多方略勝。原則上「略勝」跟「勝出」還是有差異的，因為這次的反彈並不是兩根長紅突破季線，而是靠著高空星雲越收越高，等到美股止跌才補上一腳，並不是標準的黃金右腳，所以才說多方「略勝」。

如果以拳擊來講，挑戰者是以分數取勝，並不是KO對方獲得壓倒性的勝利，這表示挑戰者的實力並沒有絕對的優勢，只是靠技巧與耐力贏得比賽，這樣的冠軍腰帶隨時有可能被空方要回去。雖然如此，就算空方有機會捲土重來，也必須要以挑戰者的身分來打這場仗。我們暫且不管多方是如何取得贏得勝利的，既然衛冕者寶座已經換人坐了，就表示季線爭奪戰可以暫告一段落，接下來我們技術分析的主角將回到被我們冷落一陣子的「K線」身上。

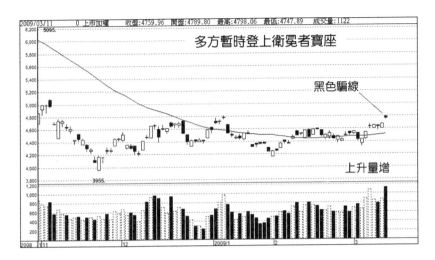

昨天有網友提到，很多人都在等回檔的拉回買點，但回檔的切入點不見得那麼容易抓，我想這位網友肯定是個老手，所以才能說到重點、搔到癢處。這是技術分析與實際操作矛盾的地方，也是為什麼cola會在去年10/22台股空前慘跌，傳出放無薪假，很多人都在擔心手中持股會變成壁紙的時候，說出：「從現在開始向下買」的驚人之語，並提出與技術分析背離的三分法操作策略，跌破專家眼鏡。

現在開始慢慢浮現「三分法操作策略」的優點與後勁，看看cola能不能讓它成為「務實的操作策略」。如果讀者當初有忠實照著三分法操作，你應該會在10月底前擁有1／3持股，然後四個月完全沒有動作（既不賣出，也不加碼），始終保有1／3持股與2／3現金，靜待第二次買點的出現。

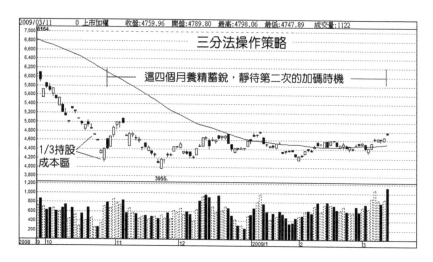

當初我們的規劃，第二次買點是在台股跌破4000點時，以買黑不買紅的方式，分批向下買直到跌破三千為止。然而台股只有在去年11/21開盤跌破4000點，當天開低走高收中長紅，自此就沒有跌破過了，我們根本就沒有機會執行。

另一個第二次買點的規劃是，如果台股反彈成功形成回升行情，我們的1／3持股就會呈現獲利，所以不用急於追價買進，反而可以在多頭行情確立之後，靜待拉回的買點。以上兩點規劃，我們只要按表操課，等待市場自己表態，無須預設立場。

尚未出現敗象 2009/3/12

　　開高走低收小黑，收小黑並不代表「差」，有時候還可以看成防守有成。今天我就認為守得不錯，無論是K線的位置與實體線的長短，都跟昨天差不多，表示多方沒有讓步，成交量方面也沒有異狀，可以看成下跌量縮，以K線來講，我認為「黑色騙線」的成分多過於「雙鴉躍空」。

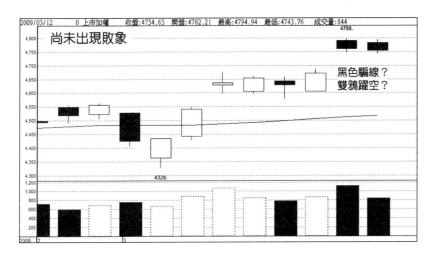

　　昨天我們說過，雖然多方是以分數取勝，而不是KO空方，所以冠軍腰帶隨時都會交回去。即便如此，冠軍畢竟還是冠軍。空方如果無法在短期之內遞出挑戰書重新回到季線爭奪戰，等多方坐穩衛冕者寶座，冠軍相逐漸養成之後，空方想要奪回這條冠軍腰帶恐怕就沒有那麼容易了。

中、長線走勢樂觀 2009/3/14

今天量價齊揚，皆大歡喜，短線不用看也知道是多方勝出。目前的台股指數，無論在型態與季線都已經具備突破的標準，與我們之前期待的兩根長紅有同等級的規格。原本以分數取勝的多方，現在已經具備冠軍相，人氣紅不讓。另外中、長線走勢趨於樂觀，無須看空。

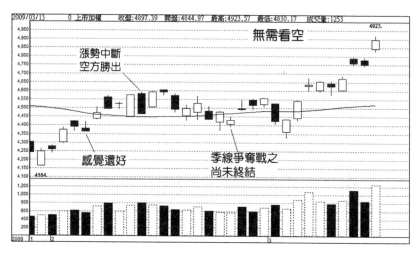

既然短、中、長線都偏向樂觀，那應該如何操作呢？現在到底該追，還是等待拉回再買，或是已經達到短中線的滿足點先賣、甚至乾脆放空？我必須強調，每一種操作策略都有他的動機，只要能坦然接受失敗結果就是成功的交易，並沒有絕對的標準答案。

　　目前三分法操作策略已經彰顯它的優勢，讀者毋須在此做任何動作，繼續睡你的、吃你的，反正已經擁有1／3的基本持股，管它是不是從此大漲不回頭；反正還有2／3的現金，管它會不會長黑大跌結束漲勢。這些都不關我們的事，繼續保持清醒與客觀，靜待第二次加碼時機的出現。

敗象出現之前無須看空　2009/3/16

　　今天的指數開高收高，價位的方向仍然朝上，多方依舊勝出，至於量縮，等待補量上漲即可，不算量價背離。對於這樣解釋量價關係，可能會有人有不同的看法，但cola的經驗是，上升量縮的背離與下跌量增相比較，就不值得注意了。下跌量增的背離才是我們需要關注的，我們對於上升量縮只要看價位的方向就可以了。

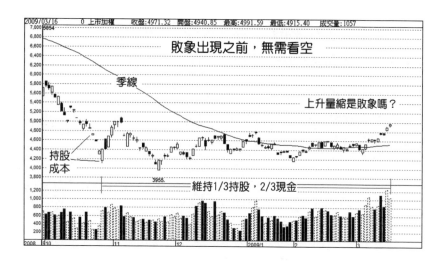

目前為止，我看不出有任何需要看空的理由，不但是短線，就連中、長線也沒有悲觀的道理。如果照cola講的，無論是短、中、長線都無看空的理由，那是不是應該要大膽進場呢？雖然技術分析告訴我們現況沒有看空的理由，但只要進場操作就必須面臨虧損的考驗，這是沒有辦法避免的事實，所以要不要在這裡進場，就看個人的風險承受度，我沒有意見。有關三分法操作策略，我們已經完成第一階段的任務（建立1／3持股），接下來的考驗是如何運用剩下的2／3資金。

總之，使用三分法操作策略的人，靜待台股站上5000點，人氣正式回籠之後，再來尋求建立第二批1／3持股的機會，現在換我們翹起二郎腿，看好戲了。

量價背離的警訊 2009/3/17

　　今天台股續漲，符合我們昨天說的「敗象出現之前，無須看空」，既然今天續漲，那我們就繼續看多，全力買進，真的可以這樣嗎？其實今天的K線出現了量價背離的警訊。cola是不是上班太累，連寫兩篇操作日記已經精神錯亂了？，明明昨天上升量縮，硬要用什麼「價為主，量為輔」解釋，叫我們看價位的方向就好了，沒有量價背離，今天的成交量明明比昨天大，應該算是反彈補量成功，理論上要看成上升量增，怎麼會是「量價背離」呢？對昨天而言，今天確實是上升量增，但如果將關愛的眼神投落在前天，那今天的成交量就稍嫌不足，因此我們視為警訊。

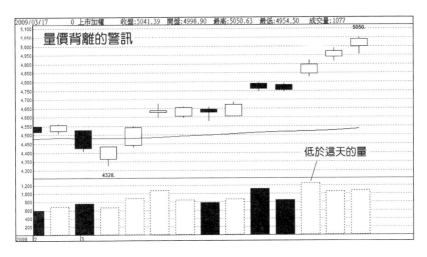

　　為什麼我在這裡要寫警訊，而不是寫「破壞訊號」呢？同樣

是量價背離，卻有程度上的不同，今天的背離只是成交量的背離，表示開始有人嫌貴了，所以沒有全力追價買進，雖然是沒有全力追價但還是想買，只是心態上不願意追高而已。而下跌量增的背離訊號是沒有人要買，所以只好降價求售，本質上是有很大的差別的。

不管今天是不是警訊，至少它不是破壞訊號，只是買氣稍微減少而已，無須緊張。

小黑創新高，問題不大 2009/3/18

昨天說台股出現量價背離的警訊，必須反彈補量才能化解，而今天不但彈了而且量也補了，這下cola應該沒話說了吧？欲加之罪，何患無辭，我必須承認今天的量價關係比昨天的情況好很多，但如果要雞蛋裡挑骨頭，今天的量還是稍嫌不足，比3/13的成交量還小，代表買方有所保留，認為不需要付出這麼高的價位購買，並沒有加足馬力往前衝，成交量自然有限。

若是上述理由成立，則今天的黑K就可以視為「當頭棒喝」，既然多方不願追價，空方當然會利用開高先賣，意即此波反彈的高點已近了。多方也可以說今天的黑K是轟動武林，驚動

萬教，看回不回的了「黑色騙線」，所以結果到底是空方的「當頭棒喝」還是多方的「黑色騙線」呢？

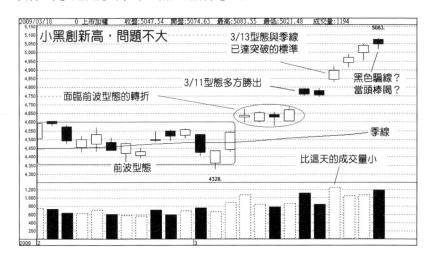

在3/14中明確指出，無論型態還是季線，都已經具備突破的標準，中、長線走勢趨於樂觀無須看空。目前的季線已經有微微上揚的現象，也就是長多格局慢慢有點樣子了。

基於上述，雖然短線爭執不下，但中、長線走勢已趨於樂觀，技術面確實是多方勝出。關於今天黑K的疑慮，我們簡單套用一句話：「小黑創新高，問題不大」，作為今天的結論。

短線空方略勝 2009/3/19

今天收小黑，多方看成黑色騙線的中間休息；連續兩天黑K
創新高，空方看成「雙鴉躍空」此波反彈宣告結束。雖然今天還
是公說公有理，婆說婆有理，但畢竟在相對高檔出現兩根黑K，
情況比昨天來得差，短線空方略勝。

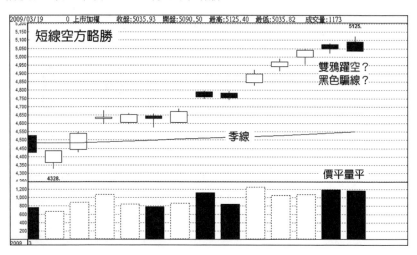

至於型態與季線沒有見到所謂的「破壞訊號」，既然中、長
線沒有破壞訊號，而短線上又是空方略勝，那應該怎麼操作呢？
三分法操作策略，還是維持原方案，靜待第二次加碼時機，就是
這麼簡單。

型態面臨轉折 2009/3/20

　　今天下跌，又該怎麼看呢？昨天高檔雙黑已經被我們定義成短線空方略勝，現在又收小中黑，你認為會是好事嗎？所以短線我們必須沿著K線的方向來看，自然是「空方勝出」。既然短線不樂觀，那中線呢？型態的走勢就是中線的方向，昨天我們說型態沒有破壞訊號表示方向是向上的，而今天的小中黑確實有點「高檔爛線」的感覺，雖然沒有很爛，卻影響到型態原本的方向，我們客觀一點，視為「型態的轉折」這樣多方還有轉圜的餘地。

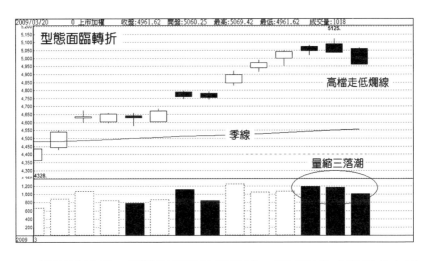

　　那麼長線呢？指數距離季線還很遠，尚不至於威脅到多方季線衛冕者的寶座。為什麼不直接講，長多格局呢？老實說，我也

在等待美股正式突破季線，這樣台股的長多格局才能走得理直氣壯。

短中線多方勝出 2009/3/23

今天的K線開高走高收大長紅，這是標準的反攻線，短線多方勝出。cola說過K線的終極任務是抓到型態的轉折，而週五的主題正是「型態面臨轉折」，因此今天的K線就非常重要，它不僅決定短線的方向，同時也影響型態的走勢，**這就是我們要的轉折K線。**

今天收反彈新高，型態的方向也是上升，中線算是多方勝出，美中不足的是成交量無法同步放大，形成指數創新高，成交量卻萎縮的背離現象。相對高檔處，成交量萎縮並不是好現象，空方可以解讀成人氣退潮，這是一種警訊，不過cola還是習慣以「價為主，量為輔」的順序，來解讀K線的量價關係，也就是說明天補量上升即可，不算敗象。

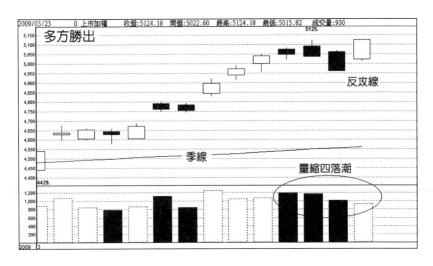

　　那麼，長線多方勝出嗎？長線必須等到那斯達克順利突破季線，台股才能真正的凝聚人氣，帶動買氣，形成有行有市的回升行情，沒有回升行情，哪能說是長多格局呢？

靜待回升行情的確認 2009/3/24

　　今天那斯達克大漲，我們期待已久的兩根長紅突破季線，已經有譜了。台股跳空大漲，量價齊揚，靜待最後回升行情的確認，要是明天那斯達克真的踢出黃金右腳，我們就正式宣佈台股回升行情啟動。

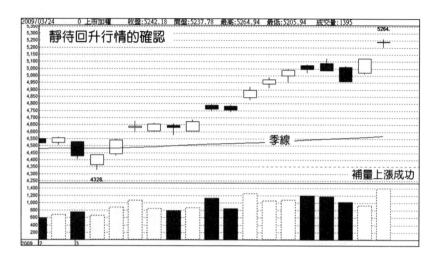

目前技術面已經逐漸嶄露頭角，但基本面還是慘不忍睹，失業率並沒有降低，外面的景氣還是很冷，與現在的回升行情，簡直天壤之別。這就是技術面與基本面的矛盾之處，到底要聽技術面的回升行情？還是基本面的迴光返照呢？**我的經驗是；先相信技術面，當技術分析不準的時候，就用停損來解決。**

 回升行情呼之欲出　2009/3/25

此波從4328點開始反彈，幾乎在一片不看好的無基之彈與空軍不斷的轟炸之下，跌破專家眼鏡。3/20型態面臨轉折，3/23出現長紅反攻線，讓短中線再度回到多方勝出的局面，

3/24跳空大漲，cola提到：「是技術面的回升行情？還是基本面的迴光返照呢？我的經驗是；先相信技術面，當技術分析不準的時候，就用停損來解決。」

　　早上的美股雖然不算大跌，但跌幅不至於小到台股可以大刺刺的開平盤。顯然昨天量價齊揚的跳空大漲，讓多方信心十足決定展現氣勢，才敢如此大聲。今天收盤仍然大漲，量價結構相當健全沒有任何敗象，讓我們不得不承認回升行情呼之欲出。

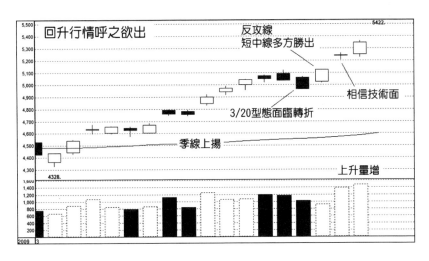

　　如果讀者完全沒有學過技術分析，面對這樣的情況肯定會覺得不可思議，外面景氣冷到不行，失業潮有增無減，憑什麼台股站上5000點，還搞得像真的一樣，回升行情即將啟動簡直是莫名奇妙。之前財經專家的唱衰論，現在好像沒那麼大聲了，不是說三五年景氣回不來嗎？我們到底要聽誰的呢？老實講，cola也不知道，但我知道這樣的矛盾絕對會發生，因此才會在

去年10/22在眾人質疑之下，硬著頭皮建議：「從現在開始向下買」，這樣的操作策略完全與cola努力推廣技術分析的理念背道而馳，讓許多網友感到訝異。

cola一直在實驗，如何才能真正的將技術分析與操作策略結合，落實我所謂的「務實操作理論」，而不是看得到吃不到的數字遊戲。現在終於展現三分法的優勢，我們可以安心的以旁觀者的角度，按部就班，靜待第二次加碼時機。而第二次的加碼時機，我的定義是回升行情啟動之後的拉回買點，但好不好切入呢？到底回升行情怎麼判斷呢？拉回到哪裡才是買進時機呢？這些都在考驗著我們，操作沒有想像中那麼簡單，我也相信這些問題根本沒有標準答案，唯有坦然接受挑戰，見招拆招、且戰且走，沒有其它方法。

敗象出現之前，無須看空 2009/3/26

今天還是開高走高，收盤雖然沒有大漲，但無論是K線、型態、季線的方向都是朝上的，在這種狀況之下實在沒有看空的理由，因此我們化繁為簡，在敗象尚未出現之前，無須看空。那敗象是什麼呢？就是指下跌量增的中長黑，除此之外就沒有什麼好擔心的了。

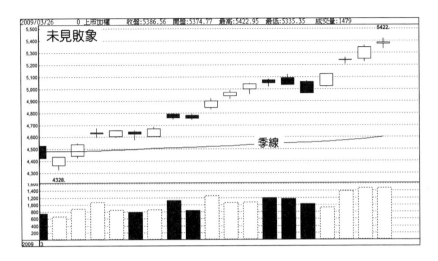

　　盤勢走到這裡，手中無股的人肯定會開始緊張，到底這個盤會不會真的「不見長黑不回頭」，難道回升行情真的啟動了嗎？早知道當初就該狠狠的跟著cola的三分法買進，至少現在還有1／3的持股，不會有「股價上漲手中無股」的遺憾。

　　千金難買早知道，就連cola都不會知道這一波的漲勢會是如此順利，如果早知道我也不會只買1／3了。其實這次的三分法操作策略之所以能夠成功，就是因為我們謹守1／3持股與2／3現金的比例，做了嚴格的資金管控，才能無怨無悔的照著證據辦事，按部就班、不疾不徐，完成了基本持股的佈局。這就是cola這些年的技術分析與操作經驗逐漸開花結果的成效，但在尚未出場之前，所有的獲利都只是紙上富貴，如何快快樂樂的出門，平平安安的回家，才是我們接下來的考驗。

　　我還是建議，使用三分法操作策略的讀者不要在這個地方進場擠熱鬧，好好的看住手中持股，靜靜的等待第二次加碼時機，其它的不要想太多。讓市場自己決定該往何處與該得的利潤，這樣才能真正的做到大波段行情。

　　我們當初為什麼會踏進股市呢？理由大概相同，因為我們都被灌輸了「股市獲利很簡單」的觀念，所以才會進來投資。但事實真的是如此嗎？不用我講，各位應該都心知肚明，要獲利很難，想要守住獲利更難。早期cola開網站的時候，甚至還有人說獲利就像呼吸一樣簡單，經過cola這幾年來的親身經驗，我得到的答案是：呼吸是人類與天俱來的本能，而獲利卻不是，甚至相反；**我的領悟是：好聽的話不見的好用，凡事務實一點才是正途。**

尚未達到敗象的標準　2009/3/27

　　今天K線的方向還是向上的，因此不能算是敗象，多方看成「黑色騙線」。空方簡單看成「當頭棒喝」，此波反彈高點已近，可以開始逢高獲利出場了。

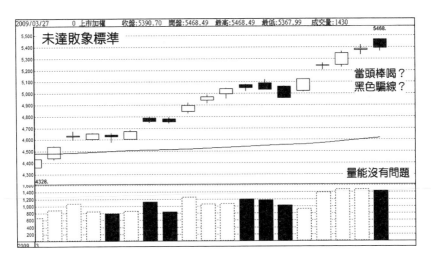

目前的重點在於敗象的判斷，與型態尚無直接關係，只要敗象未出，就不用看空。季線也不用看，因為目前距離季線已經非常遙遠，對於季線而言，只要多方不下跌，季線只能上揚沒有其它方向可走。

若活用技術分析，那麼每個時期的觀盤重點都不會相同，目前的重點就是要化繁為簡：「敗象不出，無須看空」。唯有如此，你才不會去猜高點，甚至去作空，也唯有如此，才能做到大波段行情。至於等到敗象出來之後，可能就沒辦法賣在最高點，雖然這是兩難，但魚與熊掌不可兼得，我的經驗是**唯有傻傻的等待敗象出現再說，才是真正大波段獲利的唯一方式**。

敗象已出，短線偏空 2009/3/30

今天台股大跌收長黑，短線我們就尊重空方，不要跟它對作，現在的型態應該可以套用波段理論的第二波拉回，做定頸的動作，暫時不要放空，靜待止跌訊號就可以了。從4328點上漲以來，也有1000點了，稍微拉回是正常的，除非遇到「尖頭反轉」型態，否則還是可以期待定頸之後的第三波攻主峰行情，這就是型態學的波段理論。

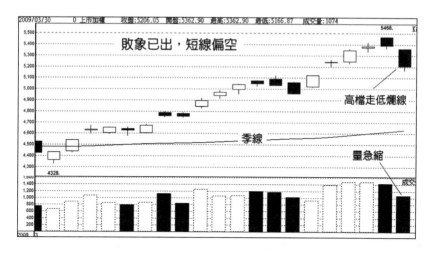

現在要怎麼操作呢？我只能對自己當初提出的三分法操作策略負責，其它的我就沒有辦法顧到了。如果讀者是用三分法，請照舊保持1／3持股與2／3現金，沒有必要做任何動作。

　　為什麼此波反彈行情，cola始終不輕易動用剩下的資金做加碼的動作呢？美股無法突破季線是原因之一，但真正的原因是我認為必須等到那1／3基本持股已經篤定獲利，才可以做加碼的動作。如何才能篤定獲利呢？就是等待真正的回升行情啟動，並將指數再往上拉抬，此時才算是篤定獲利。若是在無法篤定獲利之下，輕易進場，萬一遇到尖頭反轉，不但之前的獲利會被吃掉，反而會因為股價下跌，持股部位太大，而落到進退兩難的地步，到時候就不好處理了。

尚未見到止跌訊號 2009/3/31

　　今天只是十字黑K，沒有什麼特別，但如果配合昨天的人長黑，我們就可以運用「下降三法」的方式規劃K線的走勢。昨天大長黑稱為左黑神，今天就是第一顆星星，下降三法標準是三顆星，最多可以拖到八顆星，再繼續長黑下跌，因此今天K線的方向還是向下，短線空方勝出。

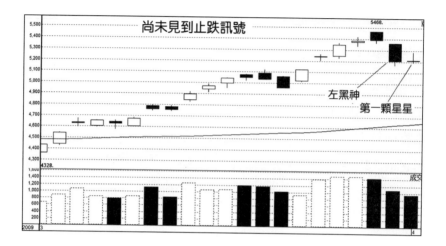

昨天說，以型態的波段理論來看是第二波拉回定頸，目前尚未出現止跌訊號，看成定頸殺波進行中。

今天的盤勢，其實很簡單，不用搞得太複雜，簡單一句話：「尚未見到止跌訊號」。三分法操作策略仍然維持原本的配置，沒有必要改變。

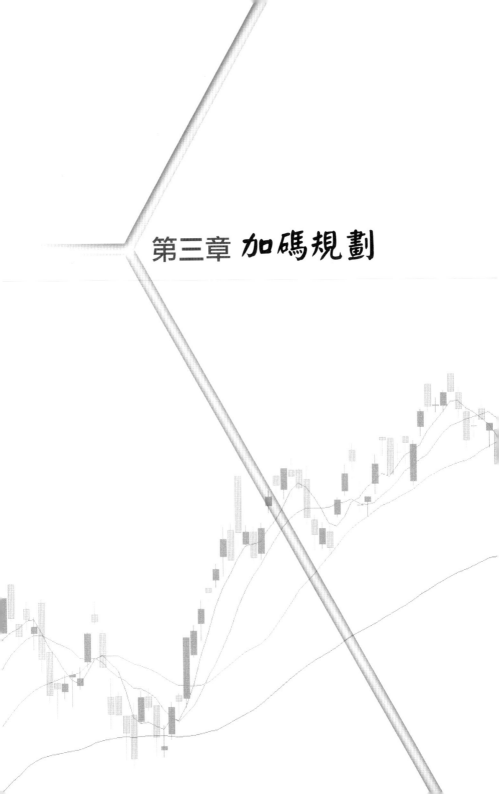

第三章 加碼規劃

◤一、年線之上找賣點◢

下降三法之第二星 2009/4/1

　　雖然今天多方不能算是已經扭轉乾坤，但上升量增是個事實，多方機會還滿大的，可以期待「置換右紅神」。只可惜，上漲的幅度不夠高，沒有完全脫離左黑神的範圍，只能看成是左黑神旁的第二顆星，空方繼續期待右黑神大跌。以上就是「下降三法」的運用。

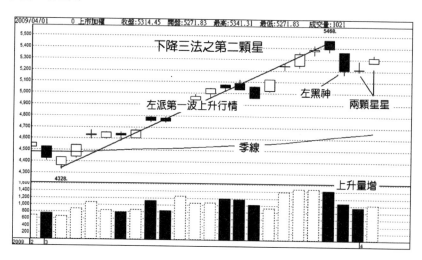

　　由於目前指數還是位於此波反彈的相對高檔處，若說型態很差那是說不過去的，所以我們對於型態的看法並沒有很悲觀。通常我們習慣搭配波段理論來操作，這樣會比較具體，不至於太

過籠統。以波段理論來看的話，從4328反彈到5468算是「第一波」，而如果把型態也納進來的話，型態的左邊便稱為左派，故綜合波段理論與型態學，我們統稱此波反彈為「左派第一波回升行情」。

一般而言，型態的左邊都會比較安全，因為主力還在買，所以問題不大。**cola有句名言，就是「左派不思空」，這是化繁為簡的操作最高境界**。很多人在第一波回升行情沒有賺到錢，都是因為預測高度所造成的遺憾。預測高度並不難，以前cola剛學技術分析的時候也常用，但現在反而不用了，因為預測高度之後，很難真正賺到波段的錢，弊大於利；沒有賺到也就算了，很多人還會去空它，結果前面賺的反而還不夠賠，這就是左派亂空的下場。**cola認為最簡單的操作就是最佳的操作；而左派不思空就是最簡單的操作。**

那第二波拉回要空嗎？我認為沒有必要，除非直接出現破壞三兄弟，否則寧可等待止跌之後再來操作攻主峰的行情，這樣勝率會比較高。若第二波放空只能短空，敗象出現之後當然能空，但如果沒有如你所願的下跌，則回補的動作要快，因為情況可能沒有想像中嚴重，不要看得太空。

為什麼第二波不用看太空？如果你認為會是「尖頭反轉」型態，才能空，但尖頭反轉的機會不高，因為主力要賣股票需要時

間，直接尖頭反轉連主力都會被套，根本來不及出貨，除非行情弱到連主力都不敢再拖，能出多少算多少，虧損也在所不惜，這樣才會出現「尖頭反轉」型態。既然尖頭反轉的機會不高，我們當然不建議在第二波放空，如果你真的想空，我建議等到第三波之後的敗象再空，這樣頭部型態比較完整，下跌的機率較高，主力出貨的時間較充裕，跌得也會比較深。除此之外，寧願空手觀望，也不要輕舉妄動。以上就是我對於目前盤勢的看法。

下降三法之置換右紅神 2009/4/2

今天跳空大漲，空方想要的「右黑神」沒來，反而來了「置換右紅神」大漲，「下降三法」破空了。以K線來論盤，上升量增，短線多方勝出。型態呢？第二波定頸結束，頸線暫定5166，定義為「第三波攻主峰」進行中，中線多方勝出。

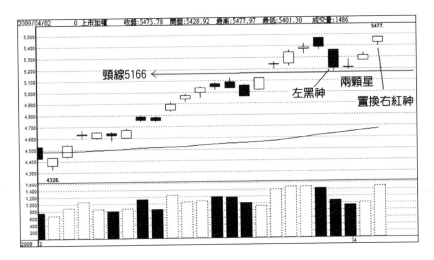

綜合K線與型態得到一個結論——短中線多方勝出。至於是否能走長多格局，我們還是等待美股順利突破季線再下定論，現在說什麼都還太早。

長線走勢之關鍵時刻 2009/4/3

今天台股開高，但收盤既沒有走高也沒有走低，其高度與開盤差不多，收了一根十字黑K。無論是K線的方向或是成交量都偏向上升量增，短線多方勝出。多方黑色騙線的機率比空方的當頭棒喝高出許多。

型態面臨關鍵時刻，也就是「新的一波」與「第三波攻主

峰」的區別。這兩種型態有什麼差異？新的一波是指新的行情，也就是型態重新回到「左派」的回升行情，長多格局確認；若只是第三波攻主峰，則高度不會太高，接下來就要防止第四波下殺的回測頸線了。

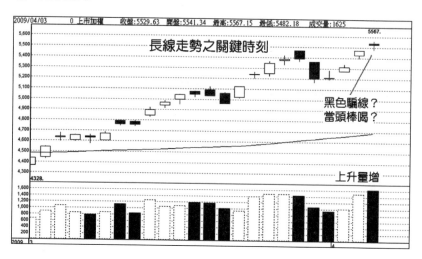

先不管之後會怎樣，如果就目前的盤勢來看，短中線還是多方勝出，而長多格局就有賴型態關鍵時刻之後的表態。以上是純粹以技術分析的角度來看盤，非常輕鬆愉快。但諷刺的是，此波反彈，如果你是用技術分析來操作，不見得好做，甚至可能賺不到錢。因為一旦技術分析的多空確立，就可能被迫追價買進或是追空，若漲勢或跌勢沒有辦法持續，就會被迫停損；要是這種情形過度頻繁，就表示那個時期的技術分析「中看不中用」，拿來分析盤勢可以，實際用於操作則沒有想像中好用，這就是技術分析的盲點。

　　我們剛學習技術分析的時候，絕對不會知道有這樣的盲點，教學者不會老實的告訴你，否則你就不學了。當時你以為學會技術分析就可以操作賺錢，等到學成之後，真正在市場走過一遭，才會發現事實並非如此，很多人到最後都淪為「很會看盤卻不會操作」的窘況；這也是我在這次大空頭選擇「三分法操作策略」的主要原因。

　　現在三分法操作策略的優勢逐漸展現出來，讓我們可以按部就班、從容不迫的靜待第二次進場時機，免於追高殺低的窘境。但三分法策略也必須具備相當的技術分析功力，才能在正確的時機做出大膽的操作——唯有當你學會如何克服技術分析的盲點時，才能真正的活用技術分析。

關鍵時刻 2009/4/6

　　前半場的上漲是順著短中線多方勝出的方向前進，而尾盤下殺，告訴我們型態的關鍵時刻還沒有答案，也就是還在等待美股季線攻防戰的有效突破；既然還在等待美股的結果，那我們就延續昨天的看法，無須改變。

　　今天終於有這樣的盤勢，當作我們「龜苓膏戰術」的教學

版，廢話不多說，直接切入主題，我們以圖說為主：

（圖一）表示今天收盤進場操作龜苓膏：

1. 如果你看多，就買5800call（收盤價24.5），漲到6000賣出，不管它幾倍——當然十倍獲利就可以提前賣出。

2. 如果你看空，就買5200put（收盤價27.5），跌到5000賣出，不管它幾倍——當然十倍獲利就可以提前賣出。

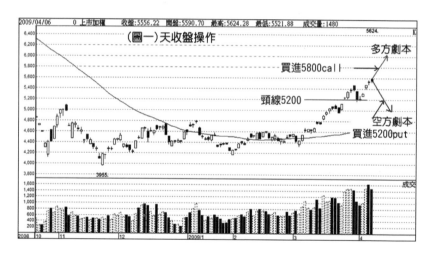

（圖二）是假跌破頸線的龜苓膏操盤法：

也就是第三波攻主峰之後的下殺，我們賭它假跌破真誘空，所以可在跌破頸線的當天買進5400call，等突破5600賣出，不管它幾倍——當然十倍獲利就可以提前賣出。

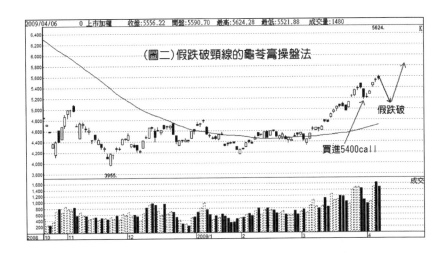

（圖二）假跌破頸線的龜苓膏操盤法

（圖三）龜苓膏戰術之空單意外險：

延續（圖二）的方式，萬一沒有如想像中突破5600，則可能盤勢有作頭的疑慮，可以在5400附近放空一口小台，這樣之前買進的5400call就變成此口空單的保險，不用再設停損了，才不會被洗出場。

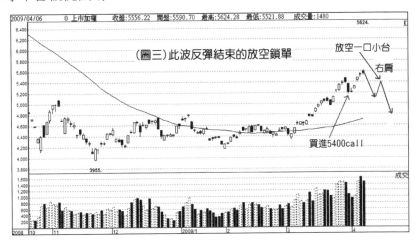

（圖三）此波反彈結束的放空鎖單

　　以上就是運用型態學所規劃的龜苓膏戰術。因為這是預設立場，所以歸零的機率很高，一定要等待時機成熟才能出手；也就是說，要等買進的標的夠便宜，自己輸得起，才能放手一搏，置之死地而後生。

　　真正聰明的人是謙虛的，因為他知道有人比他更聰明，而且還不少。我經營網站這幾年見過不少聰明人，但大部分都只有小聰明，沒有大智慧，因此相當自大；反而是有本事獲利的人比較謙虛。其實在市場之下，我們都是平凡人，只有了解並承認自己的平凡，才能學會謙虛、順服市場，與市場共存、共舞。

　　依照cola的經驗，通常過度自大或是績效太扯的人，絕對都沒有他所說的那麼有本事。cola曾經說過，別人沒有你想像中強，你也沒有自己想像中差，包含cola也是一樣，絕對不會比你強到哪裡去。在市場這位老師之下，所有的投資人都只有當學生的份，如果硬要做個區分，我認為沒有強弱之別，只有聞道先後而已；如果沒有學會謙虛，那麼股市忠烈祠就是他們遲早要去報到的地方。每個人都有自己的特質，只要不斷檢討每次失敗的經驗，慢慢修正，早晚都會思考出一套屬於自己的操作模式。

第三波攻主峰之尚未出現敗象 2009/4/7

今天收小中紅，以收盤來看是上漲的，理論上是「上升量縮」人氣退潮的背離訊號，第三波攻主峰高點已過，這是空方的解讀。而多方怎麼看呢？以K線的位置來看，今天並沒有創新高且略低於昨天的K線，應該是「下跌量縮」三落潮，明天有機會補量反彈，開創新的一波行情。

退後一步以型態來論多空，昨天的型態是關鍵時刻，今天並沒有揭曉，我們延續昨天的第三波攻主峰。既然是第三波攻主峰，那在沒有敗象出現之前，實在沒有理由看空，更沒有理由去預設立場，認為不會有新的一波出現。所以就技術分析來說，短中線仍然是偏多的，這就是現況。

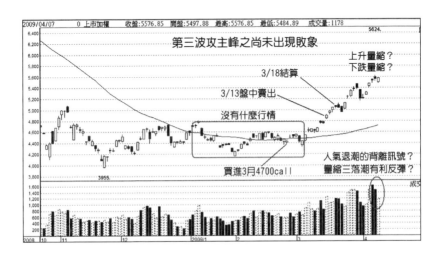

第三波攻主峰之尚未出現敗象

第四波下殺開始 2009/4/8

　　昨天多方的版本是想利用三落潮補量反彈，做出新的一波行情，結果量是補了，卻收中黑，不但沒有啟動新的一波行情，反而變成第四波下殺開始，短中線已經偏空。既然型態是第四波下殺，空方的目標就是回測頸線5200。

　　那該怎麼操作呢？使用三分法操作策略的人，不要擔心，我們只要維持原來的配置——1／3持股與2／3資金，等待第二次加碼時機，這裡沒有我們的事。

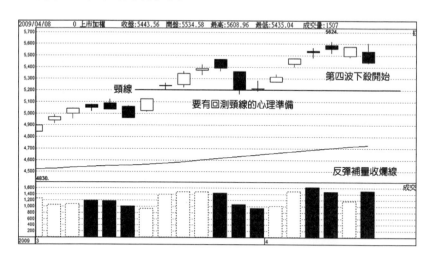

型態有回到左派第一波的機會 2009/4/9

　　早上依照美股的盤勢，我判斷台股應該會用拖延戰術，等待美股突破季線再發動攻擊；沒想到居然直接開高，一路上漲連頭也不回，完全在我的預料之外——這就是技術分析無法預測未來的典型例子。讀者可能會說，這會不會是功力的問題？cola必須告訴你，如果技術分析真的可以預測神準，就沒有人要去上班了。技術分析不準是正常的，正因如此才需要良好的操作策略，所以千萬不要因而灰心喪志。

　　昨天的K線是反彈補量收爛線，我們看成第四波下殺開始。理論上，這是多單的停損點，有多單的人，昨天收盤應該要停損。今天開高走高大漲，是非常漂亮的反攻線，型態有啟動新一波的可能，昨天空單留倉的人，應該要停損。

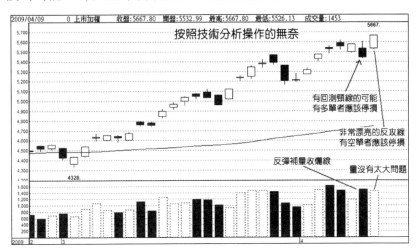

如果這兩天是照著技術分析的結果來操作的話，就會被修理得很慘，以後再也不會相信技術分析了——這也是照著技術分析操作的無奈。技術分析本來就有盲點，所以我們必須有足以搭配的操作策略才能上戰場，不能光靠技術分析的訊號操作。

cola這些年已經體會到，光靠技術分析是無法真正獲利賺大錢的，而且在止跌反彈之後，會有所謂的操作渾沌期，讓你買也不是，不買也不是，所以才決定使用看似與技術分析相矛盾的三分法操作策略，現在終於逐漸展現三分法的優勢了。使用三分法操作策略的人，沒有必要隨著市場起舞，除非你的1／3持股已經有倍數獲利，否則我還是建議續抱，這樣才能獲取真正的波段利潤。

雙線法之年線之上找賣點 2009/4/10

今天美股大漲，那斯達克突破季線，長多格局啟動，於是台股趁勝追擊，型態回到左派第一波的行情。還記得我們說過「左派不思空」的最高指導原則嗎？所以操作上儘量以拉回找買點來代替放空。既然型態回到第一波，那麼只要K線不是中長黑，我們都不用太在意，因為K線暫時不是觀盤重點。那重點在哪裡呢？在於敗象的認定；簡單的說，就是以「破壞三兄弟」作為敗

象的標準。另外我認為也該把觀盤重點擺在長線的賣點，為我們的「三分法操作策略」尋找停利點，作為這次務實操作的第一階段結束。建立1／3的基本持股為的就是避免股價上漲時手中無股的遺憾，而截至目前為止，這1／3持股的階段性任務算是達到了，故也該思考停利的問題。

技術分析有個非常實用的長線操盤法，就是所謂的「雙線法」，在這裡指的是「季線與年線」。一旦站穩季線之後，接下來就會往年線出發，這就是多方的劇本；而這次季線與年線的距離足足有千點以上，等到攻上年線就可以開始尋找賣點。多方的階段性任務達成之後，可能會休息一段時間後才會再出發，所以我們可以先讓這1／3持股變成現金，落袋為安，慰勞投資人這五個月來的辛苦，也算是第一階段的操作告一段落。

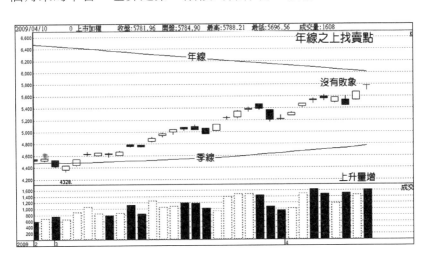

所謂的務實操作就是有進有出、於法有據、按表操作，如此才能將技術分析真正落實在操作上面。讀者會說，這個很難嗎？如果盤勢是死的就不難，只可惜盤勢是活的，所以在運用技術分析的時候，並沒有想像中順利，因此只能且戰且走，慢慢尋找機會以落實操作。

若多方真的展開年線爭奪戰，我們就可以將賣點放在年線之上的一根長紅到兩根長紅之間，分批賣出，而看到兩根長紅突破時就出清持股——這就是我們目前的規劃。

讀者可能會覺得很奇怪，不是說兩根長紅突破之後才能看多，為什麼要選在這個時候賣出呢？主要原因是這些基本持股已經陪我們很久了，真的漲到年線之上也該讓它們喘口氣，要接等拉回再接，我認為這樣的安排應該可行。

雙線法之未見敗象 2009/4/13

今天上升量微縮，K線的方向還是向上，並沒有敗象；而型態是左派第一波的回升行情，操作指導原則是「左派不思空」，直到敗象出現為止（敗象就是下跌量增中長黑，遇到這種量價背離的破壞訊號，先賣再說）。

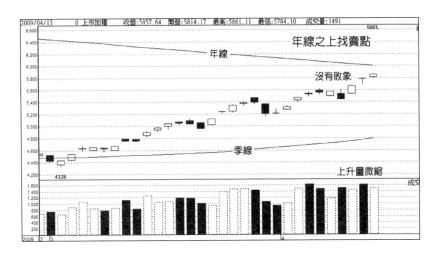

延續上週五「年線之上找賣點」的主題，今天的看法並沒有改變，仍是將賣點設在年線之上的第一根長紅與第二根長紅之間，分批賣出。這是我對於這次三分法操作策略所規劃的第一階段任務，接下來我們靜待第二次的大規模拉回再尋找買點。cola如何確定會有大規模的拉回呢？我當然無法確定，這只是規劃，只能且戰且走，且走且改，直到有機會再度進場為止，而這就是三分法的第二次階段任務。

雙線法之等待年線之上的賣點 2009/4/14

　　這幾天我們都是圍繞著雙線法的主題，沒有針對K線學著墨太多，原因是觀盤重點已經移到兩條長期均線的身上了。而這次的雙線法運用就是站穩季線之後，多方就會挑戰年線，等突破年線之後，就是我們第一階段的賣點，也是「三分法」第一階段操作結束。

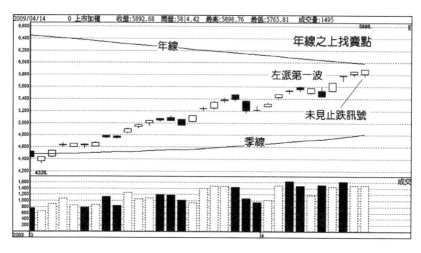

　　目前K線要注意下跌量增的破壞三兄弟的大哥，只要大哥不出現，K線就沒有敗象，短線就是多方勝出；型態也很容易判斷，現在是左派第一波回升行情，只要沒有出現中長黑創新高，我們就繼續看多。

　　到底能不能順利站上年線，讓我們有機會結束「三分法」第一階段操作呢？這點我也沒有把握，反正目前沒有加碼的必要，依舊維持1／3持股與2／3現金，但萬一盤勢提早拉回，我們就必須思考第二批資金是否進場加碼；若真的如此，那我們的加碼點要設在哪裡呢？這點我目前並沒有譜，到時候且戰且走，再適時調整操作策略應該還來得及，現在沒有必要擔心。

雙線法之策略不變　2009/4/15

　　今天收十字黑K，多方說是「十字騙線」，突破年線前的休息兼洗盤；空方看成「當頭棒喝」，年線的壓力沒有那麼容易過關，此波反彈高點已近。短線是公說公有理、婆說婆有理，我們該怎麼分辨呢？如果我們看得太近的話，很容易變成「見樹不見林」，退一步才會發現海闊天空。至於退到哪裡呢？退回型態來看多空。以今天的K線而言，答案就非常清楚了，還是左派第一波進行中，中線看多，這就是技術分析告訴我們的盤勢現況。

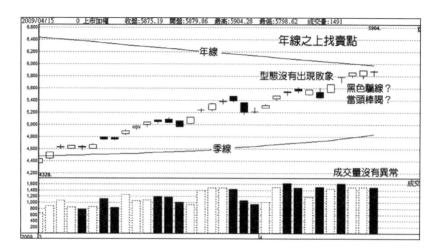

既然中線走勢向上，雙線法的操作策略就無須改變，還是年線之上找賣點，從容的結束「三分法」的第一階段任務。至於到底會不會這麼順利？這點只有天知道，我們只能邊做邊調整策略，沒有其它方法。如果真的突破年線，那我們賣出基本持股到底對不對呢？萬一沒有拉回怎麼辦呢？其實這個問題我也想過，但我認為就此波反彈而言，三分法的基本持股從跌破四千熬到年線之上，熬了兩千多點，已經完成股價上漲、手中無股的階段性任務，也該休息了，接下來會進入短兵相接、且戰且走的戰國時代，到時候再來想辦法操作。

為什麼要先走一趟？因為這樣可以用勝利者的姿態面對接下來的盤勢，無論是資金、信心，都佔優勢。俗話說：「好的開始，就是成功的一半。」我相信接下來還是能夠找到不錯的操作時機，無須過於擔心。

雙線法之開始尋找賣點 2009/4/16

今天的跳空大漲也是沿著昨天的軌跡行進，型態還是第一波進行中，短、中線都是看多，沒有敗象可言。長線呢？長線更簡單了，完全遵照雙線法的走勢，意外的順利，改都不用改。

既然如此順利，就維持原本的操作建議，年線之上找賣點，而賣點設在第一根長紅與第二根長紅之間，分批賣出；第二根長紅突破年線，全部出清持股，為三分法畫下第一階段的休止符。

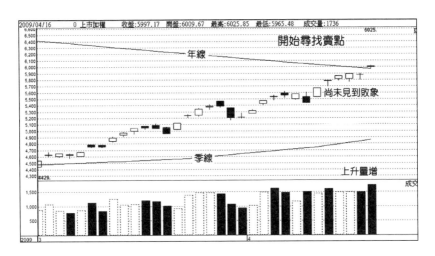

三分法操作策略是cola為了這次大空頭所研發出來的，目的是避免「股價上漲手中無股」的遺憾，有經驗的老手都知道，這是務實操作非常重要的一環，也是最難的部分。技術分析看起來理所當然的事，但真正要落實在操作上，卻沒有那麼容易。

cola當初大膽提出三分法策略，從去年10/22開始，一路貫徹到底，期間整整有五個多月；而這中間從備受質疑，到有點小小的成就，除了運氣之外，多少也包含了cola這幾年來的體悟。cola將技術分析的理論慢慢轉成實務操作的功力已經有所提升，逐漸有開花結果的味道了。

　　這些年來，我最後的感覺是，操作並沒有所謂的好做與不好做，因為每一次交易都必須面臨虧損的考驗，所以每一步都很難，都需要成熟的技術與心態才能順利完成。所謂的順利完成不是指獲利，而是指正確的交易，即交易前審慎評估，做好風險管控；交易後，無論結果如何，都不要後悔。要做到這點並不容易，必須有相當程度的領悟，非常幸運的，cola已經能夠做到這一點，對於交易的結果已經不會感到後悔，表示我的股市心理學已經修滿畢業了，而現在要修的是如何落實真正操作，然後在這個市場把錢賺到口袋，滿足cola到股市來的目的。

巨量長黑定肩，第二波定頸殺波開始

2009/4/17

　　開高走低收大長黑，成交量大的驚人，江湖中傳說的「巨量長黑定肩」終於現身了。以K線而言，這是下跌量增的破壞訊號，可愛又迷人的破壞三兄弟的大哥就這樣大搖大擺的走出來，短線空方勝出，不用懷疑。

　　這幾天型態只要注意一件事情，就是「中長黑創新高」的敗象，如果出現這樣的敗象，先賣再說。今天就是非常典型的「長黑創新高」，連成交量都爆增，這種K線還有一個專有名詞，就是「巨量長黑定肩」；既然是定肩，接下來當然就是第二波「定頸殺波」開始，中線也是空方勝出，準備拉回了。

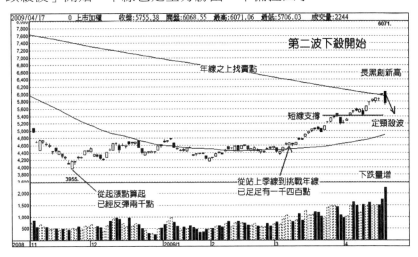

　　覺得今天大跌很奇怪的人就是不明白cola為何要在年線之上找賣點，好端端的三分法，又為什麼一定要在年線之上結束第一階段任務，落袋為安呢？其實，這就是雙線法的奧妙所在。此波反彈已經超過兩千點，加上季線到年線足足有一千多點以上的距離，主力會把年線視為第一階段的反彈目標也是合情合理，就像cola在年線之上會想找賣點先出一趟的理由一樣，沒有什麼好奇怪的。

　　拉回並不意外，可惜的是沒有稍微再拉高一點點，好讓我們先出一趟。雖然我們是以年線之上找賣點，但賣點的定義是在一根長紅與兩根長紅之間，而今天的高度並不符合我們當初的定義，三分法第一階段的賣點並沒有出現。既然沒有賣成功，三分法的階段性任務只好再往後延，等待第三波攻主峰，照樣年線之上找賣點，這就是三分法修改後的操作策略。

　　今天大哥已經出現了——而且是非常典型的大哥，如果接下來出現二哥與三弟，且都是典型的破壞訊號的話，那我們也不排除會走「尖頭反轉」型態，回測季線，這是空方大反撲的劇本。「尖頭反轉」型態目前看來可能性不高，但股市沒有所謂的不可能，所以心裡要有這樣的模型，但不用過於緊張。

　　這次的回升行情其實已經打下長多格局的地基，接下來第二次最佳長線買點應該可以定在季線附近，也就是說，如果我們有

機會先結束三分法的第一階段任務，則第二階段任務就是等拉回季線附近再接回來，照樣只買進三分之一。

如果手中有空單的人該怎麼回補呢？cola給三個簡單的參考：

1. 靜待止跌訊號出現再回補，這是正統的技術分析。

2. 定頸殺波最常見的是殺三天，今天是第一天，所以下週二收盤回補，這是以時間作為回補的參考。

3. 5400～5500之間回補，這是以型態的支撐作為回補的參考。

你會問cola，究竟哪一種比較好？以我的經驗值，我會建議前面兩種。那前面兩種哪一種比較好呢？這就不是問我，而是問你，因為你才是真正操作的人。我們都是市場老師的學生，只有自己才最清楚自己的情況，cola所擬定的操作策略是依照自己的現況所思考出來的，不見得適合每一位讀者；我只提供方法與方向，讓讀者不至於走偏，而你必須自己微調，調整到適合自己的操作模式。

這不是止跌訊號 2009/4/20

　　止跌訊號最起碼也要漲個一、兩百點的中長紅，或是至少收個含玉線才有止跌味道，而今天只是長下影小紅，當然不能算是止跌訊號，短線還是空方勝出。既然沒有止跌，「定頸殺波」當然也不能看成結束，只好繼續看成第二波下殺進行中，中線也是偏空。

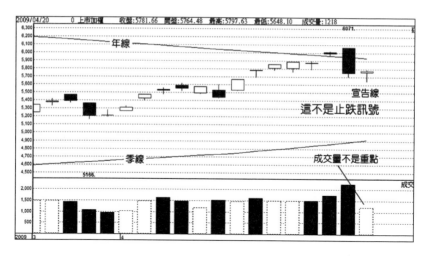

　　如果短中線都是偏空，那豈不是沒有救了？這點不用太過擔心，因為季線上揚是之前突破季線的成果，所以長線看多。你可能會說，年線下跌，還可以說是長線看多嗎？年線下跌是正常的，因為那是整年的平均，落後性很大，所以操作上我們以季線作為長線指標，會比較務實，落後性還可以接受。因為季線上

揚，長線我們不看空，這也是規劃第三波「攻主峰」行情的原因。

總結今天的盤勢：短中線偏空，長線等待第三波攻主峰行情。三分法操作策略，不動如山，照樣等待年線之上找賣點。也就是配合第三波上漲的時候，逢高賣出，結束三分法的第一階段任務。

讀者可能會想，等來等去沒有進場，萬一大漲或是大跌，那我們不是少賺了嗎？千萬不要這麼想，沒有進場就沒有風險，那些看起來像是少賺的利潤，其實是用相當大的風險換來的，並沒有想像中那麼幸福美滿。股市比的是氣長而非氣盛，雖然獲利可以增加信心，但這樣的信心也會隨著虧損同步流失，不堪一擊，唯有正確的方法與心態，才會讓你的信心與日俱增，累積能量，走得更長更遠。

你可能會說，如果不趕快趁年輕賺飽，老了該怎麼辦？「老」這個字在股市是不存在的，股市中不分年齡、身分，只憑本事，不會有人逼你退休的。

cola非常喜歡《一個投機者的告白》，除了作者那種多采多姿的經驗外，他的智慧與幽默更是一絕。我最喜歡作者常說「如果讓他回到七十歲，他可以……」，居然有人把七十歲當成好像是二十幾歲般，這種活力與樂觀才是我們最該學習與羨慕

的。作者安德烈‧科斯托蘭尼先生說：「我曾經寫過，生活從七十歲開始，在後來的書裡我把它改為七十五甚至八十歲。今天我收回一切；對我們股票人來說，生活從八十五歲才開始。」

期待第三波攻主峰 2009/4/21

美股大跌，台股開低走高收中長紅，這算不算是止跌訊號呢？我的看法是：「算！」為什麼？我們先看K線，長紅實體線有兩百多點，收盤也漲了一百點，表現不錯。對於短線而言，多方勝出，這點沒有太大疑慮。

這兩天，盤中下殺就是短中線偏空的証明，但收盤都還收得不錯，這就是長多格局下「長線保護短線」的趨勢，也是為什麼我們要以期待第三波攻主峰的行情來代替「尖頭反轉」型態的下殺。

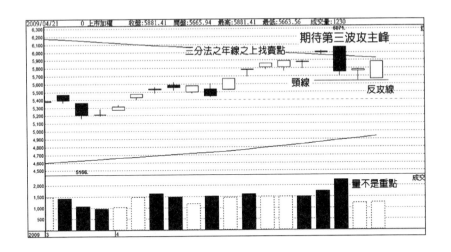

期待第三波攻主峰

三分法之年線之上找賣點

頸線

反攻線

量不是重點

期待第三波攻主峰 2009/4/22

今天收十字線，上升量增，多方看成十字騙線，空方可以運用「下降三法」的右黑神，進行兩段式下跌。到底會是哪一方勝出呢？以今天的K線而言，上升量增，我們無須看空，但市場就是這樣變化莫測，否則我們早就賺大錢了。對於型態而言，還是希望這是第三波攻主峰，這樣三分法操作策略才能在年線之上完成第一階段任務。

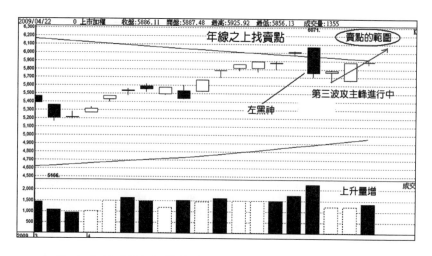

年線之上的賣點應該設在哪裡呢？在第一波上升行情的時候，我們是設在第一根長紅與第二根長紅之間，所以大約在6200～6400之間。現在由於年線下彎的關係，同樣是兩根長紅之間，指數卻已經往下修正到6100～6300之間。所以這次的第三波攻主峰行情，我們的賣點就是6100～6300結束三分法的第一階段。

三分法之終極操作 2009/4/22

前天我在早上的美股分析「那斯達克之第三波攻主峰」中提到，這次的前低很可能會是未來幾年的低點，不會再破了。這個大膽假設，我認為很有思考的價值。如果這個假設是真的，那就

是說，我們這次的三分法的基本持股成本，有可能會是未來幾年都看不到的低成本。基於這個思維，我們應該重新規劃這1／3持股的賣點。

為什麼當初要設定在年線之上找賣點呢？理由是此波反彈太過順利，因此我認為如果直接攻上年線，那麼我們可以先退出，等到大盤稍微冷卻之後再進場，而第二個進場點就是季線——這是當初的規劃，但行情沒有想像中順利，隨著年線的下彎與季線的上揚，賣點與買點之間的距離逐漸縮短，三分法第一階段任務的意義越來越淡，甚至變得沒有意義，所以我認為有必要重新思考這得來不易的成功。

我有個大膽的提議，這樣的提議跟去年10/22的〈台股的彩虹〉中提出「從現在開始向下買」的言論一樣瘋狂與大膽——從現在開始，這三分之一持股不賣了！

我的想法很簡單：既然這有可能會是歷史的低成本，就表示我們已經立於不敗之地，若是如此，為什麼不能放到股市上萬點才賣呢？真正的操作就是要務實，而低買高賣就是最務實的方法。三分法操作策略讓我們在歷史低檔區建立基本持股，為什麼不能大膽的放任到市場奔上萬點再來賣呢？因為唯有如此，才能真正賺上五千點以上的行情。

問題是，你能放嗎？你敢放嗎？當初冒著股票變成壁紙的風

險買進，就是因為我們用的是閒錢、買的是現股，才能如此大膽
做別人不敢做的事；那現在又為什麼不能再大膽一次，賭它股市
上萬點呢？這個想法有點瘋狂，但我認為可行，也是非常務實的
操作，未來我會慢慢分享我的看法。

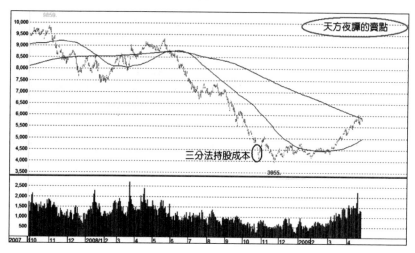

今天的K線其實是價平量平，跟昨天差不多，收長下影小
黑。空方看成「乾坤雙劍」的變盤訊號，明天要出現右黑神大
跌；多方就單純多了，只要不出現敗象，就看成第三波攻主峰進
行中，就是這麼簡單。

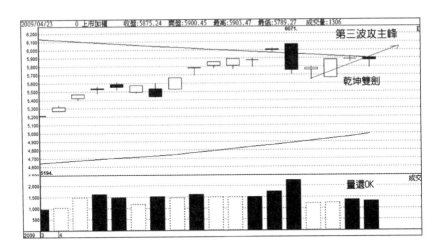

　　究竟會是多方勝出，還是空方贏呢？其實這不是重點，重點是，空方勝出的話，你該如何操作？多方贏的話，你又如何是好？股市的方向永遠是個謎，雖然我們無法掌握，但能規劃自己的操作策略，這樣就已經足夠了。

　　三分法操作策略分成兩種：第一種，延續之前的年線之上找賣點，也就是在6100～6300之間賣出，結束第一階段任務。第二種是今天才提出來的瘋狂想法，放任它、不管它，等到萬點再賣出。

乾坤三把劍之轉折訊號 2009/4/25

　　原則上週五算是十字黑K，加上週四的乾坤雙劍，就形成乾坤三把劍。既然出現乾坤三把劍，則短線面臨轉折，究竟會向上還是向下呢？如果我們不預設立場，以目前的型態來看，並沒有出現敗象，既然沒有出現敗象，就繼續看成第三波攻主峰；而如果型態是第三波攻主峰，那轉折就有利於多方，這就是現況。

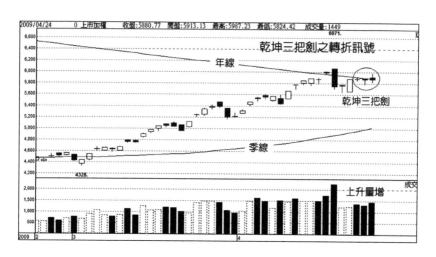

　　當然，多空本來就是並存，儘管長線利於多方，但短中線的走勢其實是允許拉回的，並非長多格局就一定要漲。即使你知道方向，但實際操作也不見得能一帆風順，這是操作與分析的現實落差；但分析的結果就是為了操作，沒有操作，哪來的利潤呢？所以我們要勇於操作，但前提是必須嚴格管控資金，且必要時要買保險。

下降三法之右黑神 2009/4/27

　　今天出現大長黑，該怎麼解盤呢？長黑有兩種，一種是開很高，然後收平盤或是小跌，這種長黑的破壞力有限，但今天這根大長黑是大跌，是貨真價實的長黑，既然是貨真價實，短線就要尊重空方。

　　以上是單用一根長黑來論盤，如果你把這幾天的K線集合起來，這就是「下降三法」的複合式K線運用，即中線也是偏空，操作上先保守一點，等待止跌訊號出現再說。

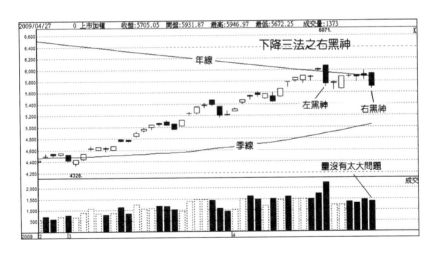

　　昨天說，只要沒有出現敗象就是看成第三波攻主峰。今天是敗象嗎？今天雖然不是破壞三兄弟，但在「價為主、量為輔」的原則下，仍然看成敗象，第三波攻主峰結束。

要有回測季線的心理準備 2009/4/28

　　昨天的標題是「下降三法之右黑神」，如果你有複習下降三法的話，就不會對今天的長黑續跌感到意外。右黑神之後不見得會跌，但跌的機率很高，因為這是空方慣用的兩段式下跌法，所以短中線還是偏空。如果看稍微長一點的話，我們可以運用雙線法；跌破年線之後，就是回測季線。跟當初突破季線會來挑戰年線是一樣的道理，這是目前整個盤勢的綜合現況，也就是短中線看空，要小心回測季線。

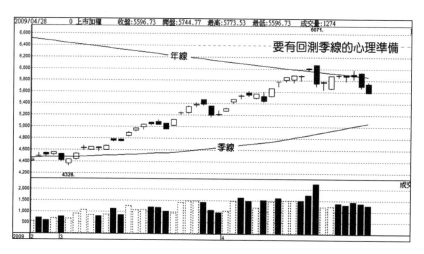

　　操作時除了操盤手本身的能耐之外，運勢也是相當重要的，所以才會有「勝敗乃兵家常事」這句名言。但只要留得青山在，就不怕沒柴燒，這是操盤手最重要的股市心理學必修課程，只要

做好資金管控，就不用害怕失敗。舉凡操作不可能都是賺錢的，否則我們就不用趕著九點鐘上班打卡了，所以學習如何面對失敗與虧損，也是非常重要的課題。

另外，cola分析盤勢只是照著技術分析的現況忠實呈現。如果解讀的方向跟你不一樣，你不用太過緊張，不要以為cola的讀者這麼多，一定是分析非常準確。其實我說過很多次，市場是多空並存的，只要有人看多，就會有人看空，而最後的方向取決於哪一方比較有「力量」，沒有所謂的對與錯。cola也是人，在操作策略上一定會選邊站，不可能完全客觀，所以當你的操作方向跟我不同時，無須害怕，也無須過於在意cola的看法，只要嚴格管控你的資金，就可以大膽操作。

尚未見到止跌訊號 2009/4/29

開高走低收小黑，這不是止跌訊號。

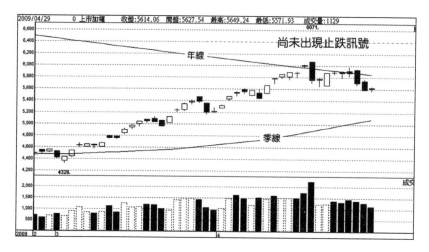

你可能會問，cola這幾天怎麼都沒有談到成交量，難道成交量真的可以不用看嗎？cola一再強調，成交量只是輔助參考，是K線學中的配角，不是主角，很多人非常在乎「量價關係」，甚至把「量」看成跟「價」一樣的地位，這就不對了。以前我也非常在意成交量，對於「價才是王道」的說法感到可笑，但幾年的實戰經驗告訴我，可笑的不是「價才是王道」，而是成天把量價關係掛在嘴邊、搞得跟真的一樣的人。

你可能會說，為什麼在收盤之後，量價關係還是可以講出一套冠冕堂皇的大道理呢？因為技術分析就是交易紀錄，你要什麼

道理，我都可以編給你，但實際操作的時候根本就用不到。之前我做過一個比喻，如果我們不看成交量，有沒有辦法操作呢？答案是可以的，很多程式交易的人都是如此，只看價位操作，照樣嚇嚇叫；但如果不看價位，只看成交量，我就不相信你能交易。另一個例子是我每天上班前分析的美股，沒有使用成交量，照樣不會影響分析的穩定度。所以「量是配角」這件事情我認為是對的。

學習技術分析必須有清楚的頭腦，不能過分相信既有的學問，認為那是不可推翻的；沒有什麼是不可推翻的，也沒有什麼是不可侵犯的，對於錯的事情，我們就要承認，這樣才會有進步空間。

不過成交量的資料取得容易，如果我們可以善加運用，未嘗不是一種參考的指標，**這就是cola獨創的「價為主，量為輔」的主從關係。**自從我發現這樣的順序之後，K線學就變得簡易許多，不會被搞得昏頭轉向，也較能活用，幫助我更有效的抓住重點，這是我學習過程中的一大進步。

我認為這幾天的成交量並沒有需要特別注意的地方，乾脆直接忽略，只要把重心放在止跌訊號的判斷就可以了。

龜苓膏戰術實錄 2009/4/30

今天台股實在沒什麼好分析的，氣勢如虹，無論是短中長線都沒有看空的理由。

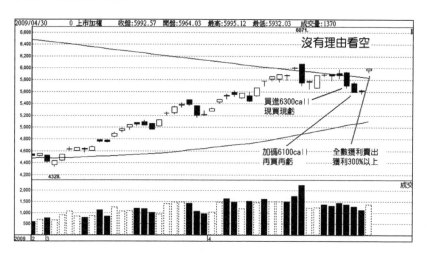

既然技術面沒什麼好談的，那我們就來談談這次的龜苓膏操作，看看績效如何。昨天還虧得一塌糊塗的龜苓膏，今天居然變黃金，實在太扯了。「cola真的太神了，跟著cola操作準沒錯」──如果你這麼想，那就大錯特錯了，這次純屬巧合，我要是那麼神，就不用上班了。我說過很多次，市場的行情不是我們這些凡夫俗仔可以改變的，但我們可以調整手中持股，這樣就夠了。

這次的龜苓膏戰術，運氣算是不錯，短短幾天就有數倍獲利，如果你的心臟不夠強，可以出場，落袋為安，十倍獲利的操作策略是個目標、想法，不一定要這麼死板。這次的龜苓膏，本

來的目標是用在第三波攻主峰結束，作為放空期指的意外險，沒想到行情進展如此突然、如此美滿，所以算是意外之財，可以見好就收，等待下次的龜苓膏再戰。

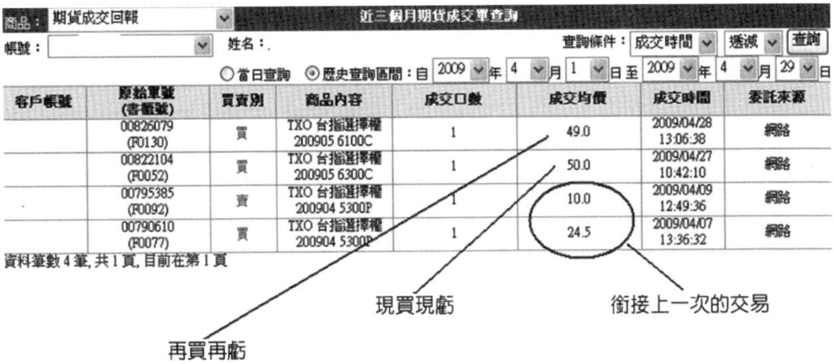

商品：期貨成交回報　近三個月期貨成交單查詢

帳號：　姓名：.　查詢條件：成交時間　遞減　查詢

○當日查詢　◉歷史查詢區間：自 2009 年 4 月 1 日至 2009 年 4 月 29 日

客戶帳號	原始單號 (書籤號)	買賣別	商品內容	成交口數	成交均價	成交時間	委託來源
	00826079 (F0130)	買	TXO 台指選擇權 200905 6100C	1	49.0	2009/04/28 13:06:38	網路
	00822104 (F0052)	買	TXO 台指選擇權 200905 6300C	1	50.0	2009/04/27 10:42:10	網路
	00795385 (F0092)	賣	TXO 台指選擇權 200904 5300P	1	10.0	2009/04/09 12:49:36	網路
	00790610 (F0077)	買	TXO 台指選擇權 200904 5300P	1	24.5	2009/04/07 13:36:32	網路

資料筆數 4 筆, 共 1 頁, 目前在第 1 頁

現買現虧
銜接上一次的交易
再買再虧

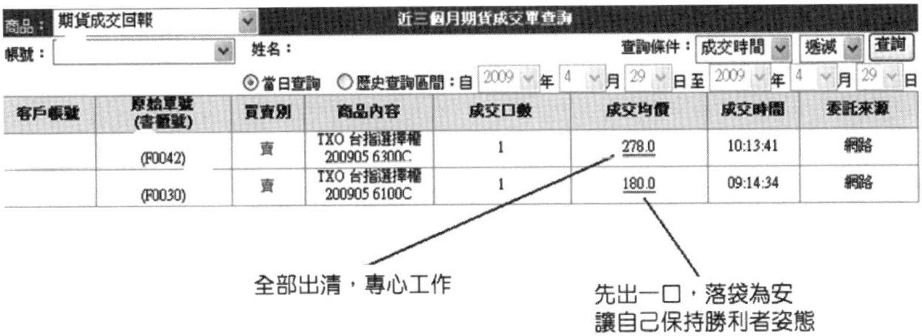

商品：期貨成交回報　近三個月期貨成交單查詢

帳號：　姓名：　查詢條件：成交時間　遞減　查詢

◉當日查詢　○歷史查詢區間：自 2009 年 4 月 29 日至 2009 年 4 月 29 日

客戶帳號	原始單號 (書籤號)	買賣別	商品內容	成交口數	成交均價	成交時間	委託來源
	(F0042)	賣	TXO 台指選擇權 200905 6300C	1	278.0	10:13:41	網路
	(F0030)	賣	TXO 台指選擇權 200905 6100C	1	180.0	09:14:34	網路

全部出清，專心工作
先出一口，落袋為安
讓自己保持勝利者姿態

PS：本書的重點在於技術分析的教學與三分法操作策略的講解，有關龜苓膏戰術書中只呈現部分實例與內容，其餘請參考「cola的秘密花園」blog。

二、三分法之終極操作

天上掉下來的禮物2009/5/4

連續兩天跳空大漲，期指漲停板，我用「天上掉下來的禮物」形容這次的回升行情。型態已經確定為第一波回升行情，不見長黑不回頭，年線也正式被突破，長多格局宣告啟動，無須懷疑。

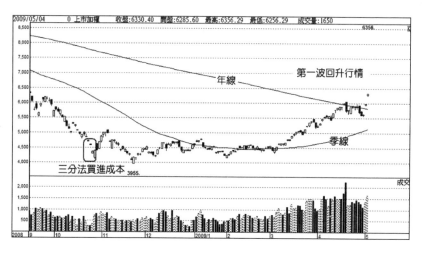

盤勢相當強也相當意外，前幾天還在說專家看衰論都還溫溫的，但這一、兩天所有的專家都反空為多，到底是怎麼回事呢？眼鏡行門口大排長龍，全是專家等著配眼鏡，因為又跌破了。我在此建議這些專家，直接做準分子雷射手術就不用怕跌破眼鏡了。

　　如果當初沒有用三分法買進的人，到目前為止很可能都是空手的狀態，更糟的是還進行放空——這就是市場的無常，或者該說這是市場的常態。如果這波漲上來，你既沒有多單沒有獲利，則應該好好的檢討，因為表示下次可能還是會重演「股價上漲手中無股」的遺憾。

　　我們學習技術分析的過程，有很大的篇幅，根本都是虛的、是多餘的。技術分析有一大半都是在做學問，對於真實操作可能毫無用處；我稱之為「中看不中用」。如何判別哪些是屬於「中看不中用」的技術分析呢？這就必須擁有相當程度操盤經驗。這些年的實戰經驗讓cola越來越覺得，**操作有可能是非常單純的，沒有想像中複雜**，而「價為主，量為輔」的量價關係就是我化繁為簡的典型例子，左派不思空的最高操作指導則、龜苓膏戰術、三分法操作策略也是都是。

　　既然走的是務實操作，cola就會盡一切可能的去蕪存菁，把有限的精力集中在真正需要關心與學習的地方，專心做好「操作」這件事情。上週五說過，三分法建議採用「終極操作理念」抱到股市上萬點再出，總之無須焦急，只要穩穩的照著自己的方式運作，我會證實**「時間就是我們最好的朋友」**。

中黑創新高，保守因應 2009/5/5

　　連續兩天大漲，氣勢如虹。今天居然趁美股大漲，開高調節，有夠奸詐，這樣的情形其實是正常的，當專家開始反空為多的時候，就是主力做調節的時候。什麼是調節呢？就是俗稱的換手，也就是第一波上車的人，見好就收，把股票移交給對未來深具信心的人，所以才會出量，俗稱換手量。

　　以上是多方的劇本，多方有沒有道理？當然有道理，道理是什麼呢？就是今天收漲。收漲的意義，就是昨天以前買的人，今天收盤並沒有虧本，解釋成和平交接的換手量，也是站得住腳。雖然昨天之前買的人並沒有虧本，但今天買的人卻通通虧錢，這也是事實。所以空方可以將今天看成是「巨量中黑定肩」，第一波回升行情結束，準備第二波「定頸殺波」開始；這就是空方的如意算盤。

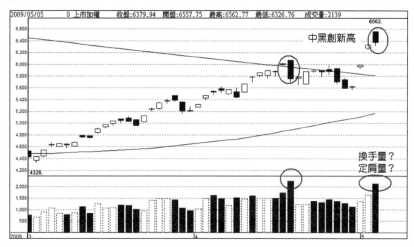

市場本來就是多空並存，各懷鬼胎，所以兩者都有道理，也都有可能。姑且不管今天有沒有收漲，但出現中黑創新高，總給人有高處不勝寒的感覺，暫時解讀成追價買進意願薄弱，建議保守因應，看看明天的發展再說。

漂亮的回馬槍 2009/5/6

今天台股這根回馬槍實在漂亮，上升量增，再創新高，表示昨天多方說的「換手量」確實有些道理，型態還是第一波回升行情，沒有理由看空。

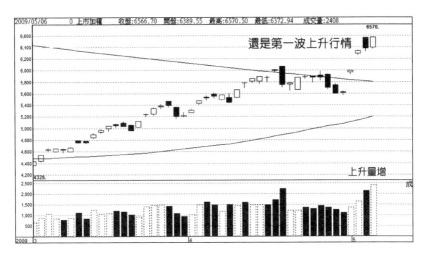

255

向新手學習 2009/5/7

今天的K線沒有什麼特別意義，型態還是看成第一波回升行情，不見長黑不回頭，但空方另有劇本，就是俗稱的「一紅一黑，震盪出貨」。

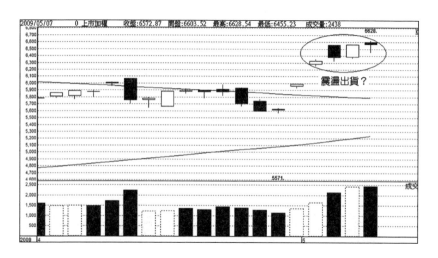

如果我們將鏡頭拉開，將眼光放遠，你會發現多方已經開始進入去年7、8月份的下跌腰部支撐，即目前的超級壓力區，台股指數會開始震盪整理；而這次的三分法的基本持股，我們就抱到明年第一季的頭部形成再賣，到時候cola自然會負責結束三分法操作策略，這樣就是有頭有尾、十分完整的操作策略。如果這次三分法操作策略成功，未來我們將用同樣的方式來操作現貨，**朝向一年操作一次的方向進行，試圖從頭吃到尾，這是我們三分法操作策略的終極操作理念。**

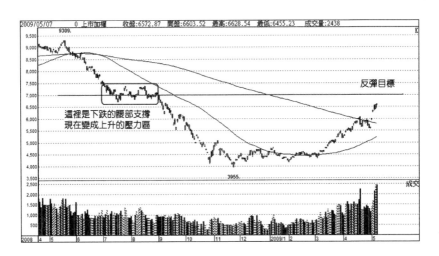

讀者可能會想，這樣也不過是做到1／3的持股，不是太浪費資源了嗎？你無須在意持股滿檔這件事情，我認為只要能夠做滿整整的年度行情，即使只有1／3的持股，獲利也不會亞於所謂持股滿檔，但卻早早下車的人。而抱住整個大行情的最佳方式，就是讓自己成為「輸得起」的投資人。所以1／3的基本持股，我認為是最恰當的比例，稱之為「黃金比例」。

黃金比例該如何分配？1／3的基本持股是要克服「股價上漲手中無股」的遺憾所必備的；留下的1／3現金作為未來加碼或是翻身使用，沒有加碼的時機就不進場，嚴格做好資金管控，讓自己無後顧之憂；最後1／3用來操作龜苓膏或是線股的短線操作，但龜苓膏因為有「十賭九輸」的疑慮，所以需要將資金做切割，至少切成十份，如果你只有十萬的資金可以操作龜苓膏，那你最多一次只能動用一萬來下注，這樣才能保證資金不會斷炊。

黃金比例是以「輸得起」的觀念來做規劃，唯有將自己提升到不怕輸的境界，才能真正擁有贏家的氣魄，也才會勇於操作。

勇於操作非常重要，也是所有老手必須修練的課程。為什麼是針對老手呢？因為老手絕大部分都是輸錢的經驗居多，往往無法克服空頭市場那種輸錢的恐懼，沒有辦法在多頭市場抱住股票，甚至連進場的勇氣都沒有，這是老手的通病。

如何克服老手的通病呢？有兩個方法：一文一武。什麼是「武」？就是藝高人膽大，努力學習技術分析，讓自己有能力逃過「股價下跌卻持股滿檔」的宿命，有了這樣的能力，自然就會想操作。而「文」是指什麼呢？就是心態歸零，回歸到新手的心態。因為新手是最敢買的人，他們沒有受過市場的洗禮，所以在多頭市場的上升行情，新手往往是獲利最多的人，而之所以獲利，正是因為他們單純，認為買進股票就會賺錢，當然會毫無顧忌的進場操作、持股滿檔；但新手因為不懂技術分析，往往在空頭市場來臨時缺乏危機意識，最後股票通通套牢，但在套牢之前，他們可以說是市場的大贏家，有多少錢就全數買進，所以上升行情的時候，賺錢如流水。如果我們有能力判斷這裡就是上升行情，為什麼不能像新手一樣勇敢進場呢？

面對多頭市場，最簡單的方式就是跟著新手操作，這樣就對了。老手跟著新手操作，有沒有搞錯？因為老手自己不敢動手，乾脆就向新手學習，跟著新手動作，說不定會賺得比自己所做的

判斷還多；等到敗象出現，老手就可以發揮所長，將股票賣出，落袋為安。

震盪出貨嗎？ 2009/5/8

今天收小紅，空方延續昨天「一紅一黑」震盪出貨的版本，符合盤久必跌的股市俗語；多方則是很單純的一句話：「敗象未出之前，無須看空。」而敗象就是破壞三兄弟或長黑創新高。

以上的多空劇本，各有道理，但這只是短中線的劇本，長線到目前為止，確定是長多格局，無須懷疑，如果真的有大幅度的拉回修正，季線附近就是長線的加碼點。

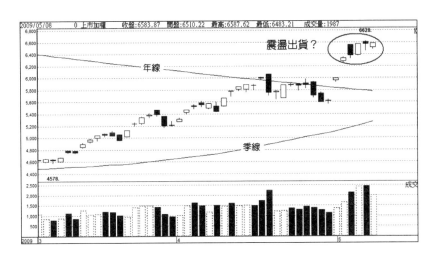

這是警訊，不是敗象 2009/5/10

　　上升量縮，從這幾天的量價關係來看，有點量價背離。價格
持續攀升，但成交量卻跟不上來，表示買方開始嫌貴，不願意追
價買進，這是警訊；但站在「價為主，量為輔」的順序來解讀，
真正的敗象必須等到出現長黑才算數。

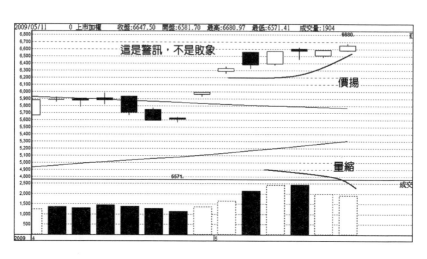

高檔震盪 2009/5/12

　　開低走低大跌，跌了兩百多點，如果還不算敗象，這就有點說不過去了，所以短線偏空。目前的型態比較像是「高檔震盪」而非第二波定頸殺波，主要是這幾天的K線是以震盪向上的方式將指數越墊越高，雖然今天大跌，卻沒有完全脫離高檔震盪的範圍。既然將型態定位在高檔震盪，就表示中線是橫著走，多空都有可能伺機表態，但高檔震盪終究還是需要銀彈作為支撐，否則如何消化賣壓？而接手的人有兩種，一種是主力，另一種是散戶，如果是散戶佔多數，向下的機率就高出許多了。

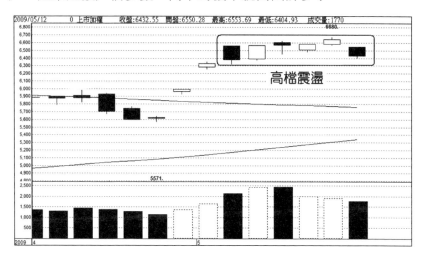

　　震盪之後的走勢究竟是多還是空呢？這點很難預測，但我認為這不是關鍵，真正的關鍵是表態之後，我能賺多少？或是賠多少？也就是說，口袋的錢有沒有增加才是真的。

我們將眼光放遠一點,將向下與向上表態之後的指數做個規劃:向上目標7000點,向下目標6000點。不是說不要預設立場嗎?操作策略當然要有目標,這是正常的,但技術分析必須保持客觀,不要隨著操作策略搖擺,這樣才是正確的用法。

堅持撿便宜 2009/5/13

今天上升量縮,我認為目前只需先看價位,不用看成交量。K線的位置還是「高檔震盪範圍」靜待表態,但這幾天的成交量越來越縮,表態的時機越來越近,這是成交量給我們的啟示。

既然表態的時機越來越近,那我們就回過頭來檢討,面對目

前的盤勢，到底該怎麼操作呢？三分法操作策略還是一樣，基本持股無須賣出，也無須加碼，照樣維持1／3現股，1／3現金，另外1／3拿來當成龜苓膏戰術或是短線操作的資金。

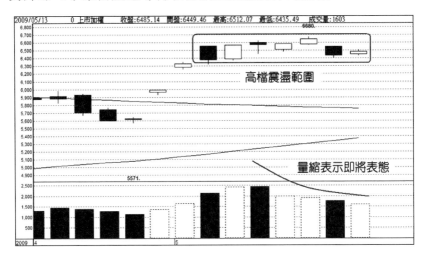

向下的機率比較高，向上的賠率比較大
2009/5/14

昨天說量能越來越縮，表態的時機越來越近。今天下跌量微增，以型態來看，確實有點脫離高檔震盪的範圍，短線偏空，中線走勢出現危機。

我們在5/12〈高檔震盪〉中提到：「高檔震盪終究還是需

要銀彈作為支撐，否則如何消化賣壓？而接手的人有兩種，一種
是主力，另一種是散戶，如果是散戶占大多數，向下的機率就高
出許多了。」由這幾天融資快速增加，與法人大量賣出的情況之
下，屬於後者的機率比較高。

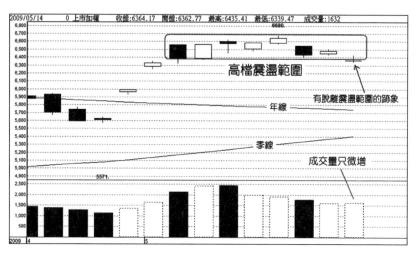

回歸高檔震盪 2009/5/15

今天開高大漲，算是止跌訊號，無須看空。而今天的K線與前天的K線，無論是位置與形狀，幾乎完全相同，多方收復失土，型態重回「高檔震盪」。

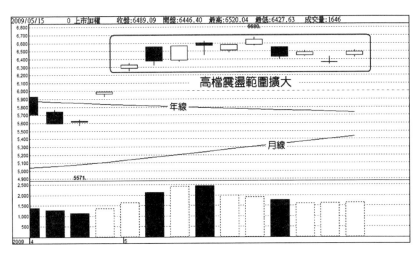

多空之干點行情 2009/5/18

今天我特地將K線圖稍微放遠一點，這樣可以好好觀察台股從站上季線之後的整體發展。目前仍然屬於高檔震盪型態，多空都有機會，但也都沒把握。

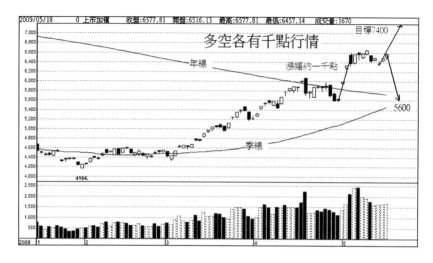

多方有什麼機會呢？高檔震盪，卻又不見敗象，有「做頭不成，慶幸成腰」的機會，而這樣的機會將有多大的行情呢？我們可以用兩段式上漲來預估多方的目標。從上圖可以看出，第一段上漲是從5600到6600，所以第二段我們可以約略抓個一千點漲幅，看到7400。

空方又有什麼利基呢？有盤久必跌的利基，雖然不是什麼驚人的武器，但卻是非常務實的理論。想要撐在高檔，必須不斷消化賣壓，多方需要足夠的銀彈，否則還是得拉回修正，而拉回到哪裡才是合理的呢？我認為有可能會回到季線，目前季線仍在上揚當中，所以修正可能會有千點行情，下看5600。

高檔震盪之第三波攻主峰 2009/5/19

　　台股開高走高，尾盤小拉回，氣勢不夠，不能算是突破；既然沒有突破，等於維持「高檔震盪」的型態。高檔震盪還是有點籠統，如果我們將目前的型態用波段理論來看的話，今天確實有第三波攻主峰的味道。第三波攻主峰的重點在哪裡呢？在於第四波下殺的轉折。你可能覺得很奇怪，為什麼cola不說攻主峰成功之後，形成另一波新的行情呢？這當然有可能，但這樣的結果，我們只能跟隨，無法操作，所以我認為這不是重點。

　　相反的，如果是等待第四波的破壞訊號，那就比較容易操作了，也就是等機會作空或許是比較容易的事情，但我認為目前的長線應該是屬於長多格局，所以即使有大幅度的拉回，也應該以尋找長線買點的心態來操作，這樣會比較健康。因為cola是看長多格局，因此建議使用三分法之終極操作理念，將當初買進的基本持股抱到明年第一季再賣。

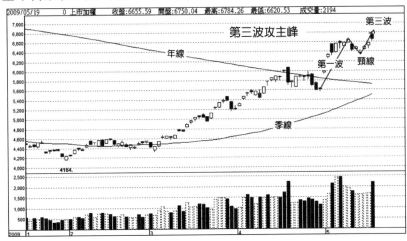

遠親量價背離 2009/5/20

　　今天收下影十字黑K，型態上還是第三波攻主峰，但成交量有遠親量價背離的疑慮。何謂遠親量價背離呢？就是「價」創新高，「量」卻沒有創新高，代表開始有人嫌貴，所以追價意願受到質疑；但並不表示這裡就是第三波高點，這點是需要釐清的。也就是說，我們還是遵循「價為主，量為輔」的主從關係，要提高警覺，但卻不能說是敗象。

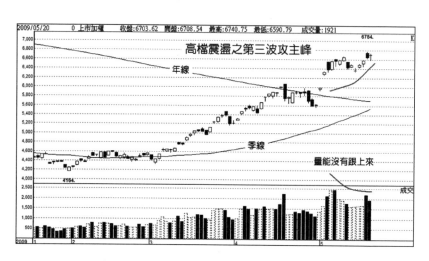

量縮三落潮 2009/5/21

今天台股小漲，就指數而言，盤勢沒有改變，我們維持原來的規劃，無須調整，但成交量是所謂的量縮三落潮，距離表態的日子越來越近了；這是今天唯一的線索。

這幾天指數維持在高檔處，漸漸有散戶蠢蠢欲動，所以我認為應該反其道而行，不要湊熱鬧。所謂的反其道而行並不是鼓勵讀者作空，而是希望讀者冷靜，不要急著搶進。

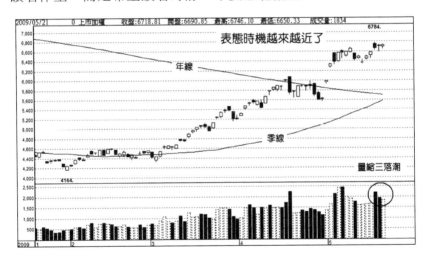

靜待表態 2009/5/23

　　今天開低走高，量微增。人氣沒有進一步退潮，表示多方具有相當的實力。由於沒有進一步的突破，也證明此處追高意願不大。以目前的盤勢，cola對表態之後的方向實在沒有把握，所以只能化繁為簡，「靜待表態」。

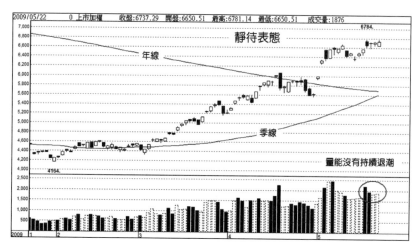

　　你可能會說，靜待表態是技術分析的結論，但我們真正需要知道的是如何操作，如果只是靜待表態，那就是停留在技術分析的階段，而沒有務實的操作策略作為搭配的話，到最後終究只能停留在高手階段，無法進入贏家的層次。

　　cola走的是務實操作風格，目標正是要將技術分析實務化，化成有用的操作策略。將所學的東西轉換成金錢，放入口

袋，這才是我們操作的真正目標，也是我們接觸股市的初衷。而對於現貨的操作，我們還是以三分法做為標準，1／3的基本持股續抱，以超級長線的操作方式，一路抱到明年第一季再說；這就是我的建議。

小黑創新高，問題不大 2009/5/25

開高走低，形成小中黑創新高。但今天的黑K不夠黑，不能算是敗象。我們有一句話專門用來形容今天這種型態，稱為「小中黑創新高，問題不大」。

目前為止，指數還是續創新高，多方看成第三波攻主峰進行中。而空方可以將今天的小中黑創新高，視為高檔量價背離的破壞訊號。也就是說，這裡是第四波下殺的開始。

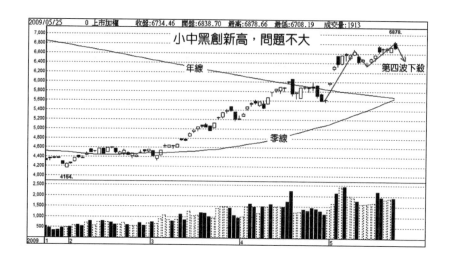

三分法操作策略的完整版 2009/5/26

開高走低收小黑，如果跟昨天的小中黑湊在一起，剛好形成高檔雙黑，俗稱「雙鴉躍空」，型態偏向於第四波下殺。簡單的說，就是短中線偏空；只不過這兩根黑K不夠黑，下殺的幅度可能有限。

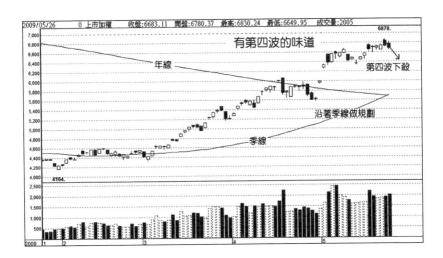

雖然如此，在長多格局之下，即使向下拉回修正，也是以尋找長線買點的心態來操作。我們規劃的長線加碼點就是「季線之下找買點」，等到跌破季線之後的止跌訊號，就是我們的長線加碼點。之前規劃的是1／3基本持股，1／3用來操作歸零膏，另外1／3等待加碼。而如果真的回到季線之下，我們就等止跌訊號出現立即加碼，一次買齊，這樣就會有2／3持股了；這就是cola規劃的三分法操作策略的完整版。

震盪向上 2009/5/27

上升量增，續創新高，多方勝出，就是這麼簡單。型態原本有第四波下殺的味道，現在重新回到第三波攻主峰進行中。

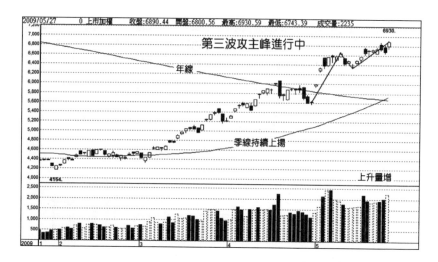

因為這裡已經不是追價的地方了，所以我將鏡頭往後拉。去年的7、8月份已經形成目前最大的超級壓力區，所以會採取震盪向上的走勢，如果真的是這樣，那就不好操作了。

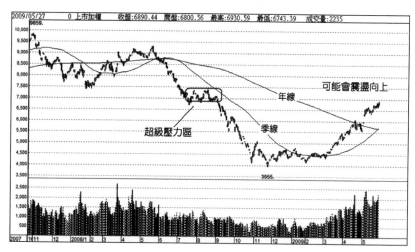

目前盤勢上漲，之前空手的人很難切入，而使用三分法操作策略的人，因為有了基本持股，可以非常優雅的等待加碼買點，無須在這裡做出到底要不要追價的痛苦抉擇，這就是當初我們在適當時機咬著牙、含著淚，不顧一切懷疑的眼光，向下尋找買點的三分法操作策略。現在終於佔盡優勢，也見到了成效。這就是cola所說的「如何避免股價上漲，手中無股的遺憾」，而今年我們做到了，這就是進步。如果你仍然停留在我所說的「股價上漲，手中無股」的階段，表示你還沒有能力解決這個問題，當下次出現同樣情況的時候，會有九成的機率仍舊空手──這是我的經驗談。

如何將技術分析化為實際操作而不被它牽著鼻子走，就是我們要思考的問題，如果想通了、做到了，那你就進步了；若還沒想通也還沒做到，也不用灰心，因為cola也是直到去年底才真正有了「躍進式」的進步，**從高手的階段，步入贏家的領域**。我認為這只是一線之隔，一旦你有了相當的領悟，也可能在一夜之間頓悟，不過這只是觀念的頓悟，至於實際操作還是需要時間慢慢磨練，才有辦法隨心所欲的操作。

◢ 三、回測季線 ◣

◢ 不見長黑不回頭 2009/6/1

今天收小黑，但這個黑不是真的黑，而是開高走低，收盤小漲的黑K。這種黑K並不能視為敗象，且指數續創新高，已經超出第三波攻主峰該有的表現，所以我們重新定義目前的型態。到底要怎麼定義呢？一句話：「不見長黑不回頭。」管它是什麼型態，只要沒有出現足以中斷漲勢的敗象，就視為第一波回升行情，就是這麼簡單。

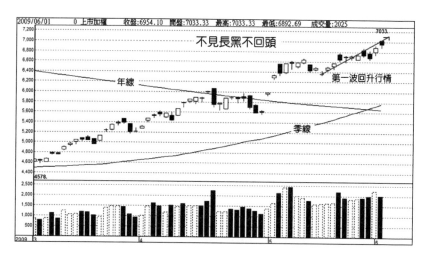

如果沒有出現敗象，那會怎麼漲呢？我建議直接採取5/27〈震盪向上〉的版本就好了，目前並不需要調整。

小黑創新高，問題不大 2009/6/2

今天台股開高走低，尾盤小跌，定義成下跌量增。這算是敗象嗎？討論這個問題之前，我們先複習昨天的主題「不見長黑不回頭」。請問今天是長黑嗎？我將K線圖標示出典型的長黑與中黑，這樣你就會知道今天只是小黑，不能算是敗象。

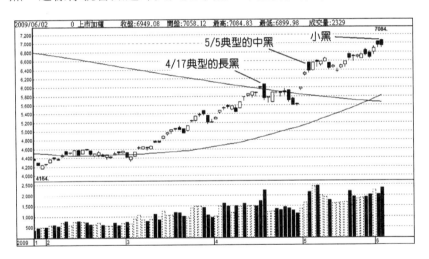

所以cola還是看「震盪向上」，也就是會漲，但不會痛快的漲；這就是震盪向上的特色。如果真是如此，那空手的人將很難切入，因為隨時都有可能拉回，這種盤並不好操作。而震盪向上的原因，是因為去年7～8月的下跌腰部支撐，現在反而形成中線的超級壓力區，必須慢慢的化解，採取震盪向上就是化解壓力的最佳方式。

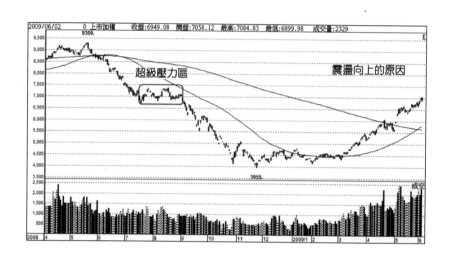

今天的重點是「量急縮」2009/6/3

　　cola不是提倡「價為主，量為輔」？感覺很不重視成交量，怎麼今天的主角突然變成「量急縮」呢？今天之所以特別強調成交量，是因為今天的量縮得很嚴重，我們稱這種現象為「量急縮」。這是好還是壞呢？就要回到「價為主，量為輔」的角色來討論了。

　　以今天的K線而言，算是下跌量縮，一般的解讀是有利多方。這樣的解釋通常是沒有錯的，因為下跌，大家惜售，所以成交量萎縮，這是多方的解釋；但對於指數在相對高檔處的時候，

下跌量急縮，有時候會被解讀成「高檔走低，量急縮」，這是破壞三兄弟的二哥，也就是降價求售也乏人問津。同樣是「量急縮」卻有如此極端的解釋，到底是誰對呢？這必須由今天的K線來解讀。今天算是小黑，當然不能說好，但小跌55點，也不是什麼罪過，所以不能說它是爛線——這下糟糕了，既然沒有所謂的好壞，那不是白講了？

　　量急縮有什麼重點？讀者還記得我們常用「量縮三落潮，有利反彈」來解釋隔天有補量的機會嗎？而量急縮與三落潮的意義是一樣的，所以明天會有補量反彈的機會，這是多方的契機。不過只要有陽光的地方就會有陰影，多方正在高興明天補量反彈之際，空方也盤算著反彈補量收爛線的機會，所以cola才會將K線圖的重點放在補量之後的中線方向。簡單的說，就是明天有好戲看了！

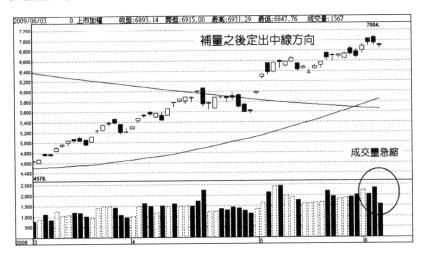

定頸殺波 2009/6/4

今天果然演出好戲，但我們只猜對一半，原本的規劃是今天會補量訂出方向，現在有方向了，但卻沒有補量，所以不算是「反彈補量收爛線」的破壞訊號。

雖然沒有補量，但按照「價為主，量為輔」的觀念，今天確實是空方勝出，這點沒有疑慮，因此短中線的方向先規劃為「第二波定頸殺波」，除非跌勢擴大，否則先不看成「尖頭反轉型態」。

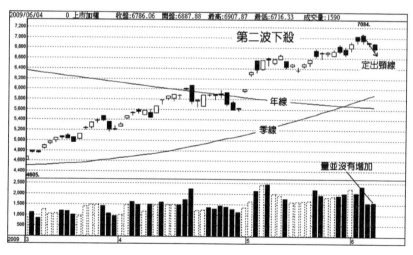

讀者如果不熟悉型態學，可能會問兩者有什麼差別？第二波下殺，主要是為了訂出頸線，找出主力可以忍受的成本區，將來一旦跌破頸線，表示主力有退守的跡象，要保守操作。

因為第二波只是定頸，將來還會有第三波攻主峰，因此止跌訊號出現，積極的人可以買進，然後期待第三波攻主峰的行情，但如果是「尖頭反轉型態」，那就是空頭型態，此波回升行情宣告結束。

這不是止跌訊號 2009/6/5

今天下跌量縮，該怎麼解讀呢？你可能會問，前天「量急縮」是重點，今天量縮得更厲害，為什麼就不是重點了呢？我們還是回到「價為主，量為輔」的順序來看這個問題。成交量本來就是配角，除非在某些時候會有所謂的特殊意義之外，其它時候建議直接忽略；前天是因為在正常的成交量之下，突然量縮得很厲害，所以我認為當天的「量急縮」是重點，但今天的量縮只是延續這兩天成交量的方向而已，沒有特別的意義。

那今天的K線怎麼解讀呢？是上升還是下跌呢？如果以收盤來看，它是跌的，但如果與昨天相比，並沒有破昨天低點，所以不算跌。糟糕，照cola這樣分析，成交量可以忽略，K線又看不出多空，那該怎麼辦呢？

其實並不是每天的盤勢都會有明顯的多空，很多時候本來就

是曖昧不明，否則誰不會操作呢？照cola這麼說，難道今天就沒有重點了嗎？當然有，就是「今天不是止跌訊號」。

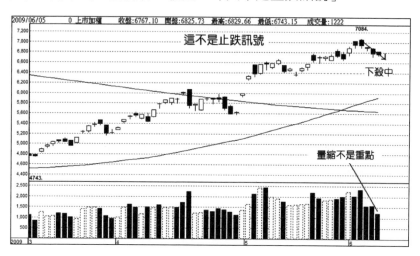

 等補量訂出方向 2009/6/7

　　上升量縮收小中紅，這是止跌訊號嗎？如果以平常的止跌標準，這不算止跌訊號；但如果以第二波定頸殺波的標準而言，這有可能是第三波攻主峰的開始，因此我認為中線的方向尚未訂出，而什麼時候訂出呢？等補量之後，就會訂出。

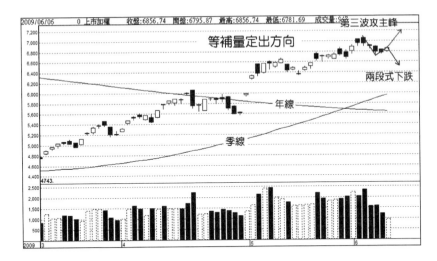

　　中線方向有兩種版本：多方的第三波攻主峰，與空方的兩段式下跌。目前哪一種版本比較有可能呢？我的看法是，如果大部分的人看多，就會出現兩段式下跌；如果看空者眾，則第三波攻主峰的版本就會勝出。也就是盤勢會與眾人的看法相反──這就是我的結論。

定頸殺波之兩段式下跌 2009/6/8

　　今天反彈補量收爛線，空方勝出。定頸殺波是以「兩段式下跌」的方式進行，結論是：短中線偏空。

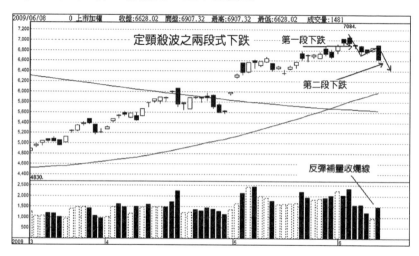

　　今天收大長黑，會不會有「尖頭反轉」的危機呢？我認為可能性不大，應該還是「第二波定頸」的機會比較大，只是這次的定頸會比較深，將來啟動的第三波不是攻主峰，而是攻右峰。

　　這牽涉到型態學，攻主峰主要用以形容三尊頭的中間最高峰，而攻右峰就是普通的M型頭部（俗稱麥當勞）。至於到底是三尊頭還是麥當勞？我的判斷標準是第二波定頸的深度，如果很深，就有可能是麥當勞；如果明天就出現止跌訊號，那就是第三波攻主峰，也就是三尊頭型態。

等待跌勢末端有量 2009/6/9

　　昨天的結論是第二波定頸之兩段式下跌，而今天續跌，方向不變。既然盤勢與昨天的劇本沒有太大的改變，那我們就繼續沿用第二波下殺進行中，靜待止跌。

　　除了止跌訊號之外，我們還可以注意什麼呢？那就是「跌勢末端有量」，這是止跌的前兆。但前兆並不表示可以止跌，只是告訴有空單者可以考慮獲利出場，說白一點，就是跌深有人進場撿便宜，所以成交量放大，可以視為止跌前兆。

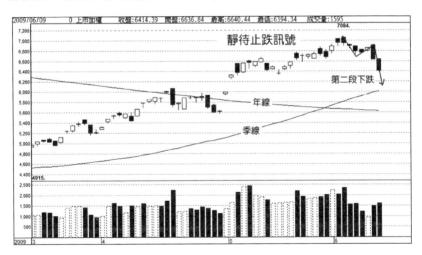

　　我們經常可以在討論區看到有些人在預測行情之後突然消失，等幾個星期甚至更久之後，行情與他的預測方向相同時，他就出現說：「本人早在某某時候就說過，信不信由你。」這種情

形在cola經營網站的時候已經見怪不怪了。cola今天就是要告訴各位不要過度迷信行情預測，因為時空因素不同，不能混為一談，就算是真的預測成功，那又如何？如果沒有適當的操作策略，看對行情，口袋會滿出來嗎？看對行情只能成為高手，做對行情才能成為贏家。股市中的高手多到不行，但贏家卻少的可憐，所以**規劃行情的同時，必須搭配可行的操作策略**，這樣當所規劃的走勢真的出現時，你的荷包才會有所增加，這樣才有意義。

這不是止跌訊號 2009/6/10

今天收十字黑K，是止跌訊號嗎？當然不是。既然不是止跌訊號，那我們應該如何操作呢？三分法操作策略照樣維持原來配置，沒有必要改變，至於接下來的盤勢規劃，cola決定等待止跌訊號出現再說，現在做規劃的話，穩定度不高，不值得浪費精神。

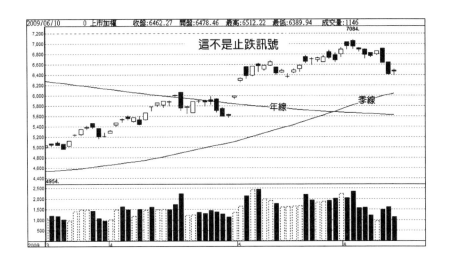

止跌氣勢不明顯 2009/6/11

　　依這標題，cola的意思是今天漲了一百多點是漲假的嗎？我可沒那麼說，只是cola心目中的止跌訊號是跑步帶殺聲，非常明確的告訴大家說：「不用怕，有我在！」要有這樣的氣勢才足以止跌，如果今天的紅K是昨天出現，那就是含玉線，可以看成止跌訊號，但今天不能算是含玉線，必須以反攻線作為止跌訊號，但反攻氣勢不足，所以我才下「止跌氣勢不明顯」的主題。

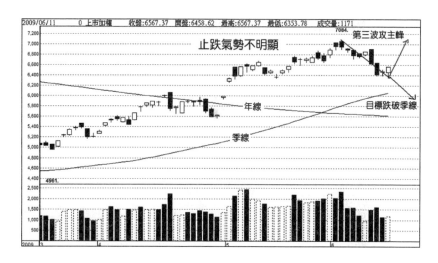

但今天畢竟還是漲了一百點，我們也不能說多方沒有作為，因此cola建議再給多方一天的時間，作為確認止跌，如果明天沒有順利上漲，則今天就不算止跌訊號，中線走勢還是空方勝出，繼續下探季線。

如果讀者這陣子操作不順利，千萬不要灰心，股市本來就是如此，否則cola也不會到現在還在上班。我的看法是，股市除了比技術、比膽識、比運勢，更比「氣長」，比誰撐得久，雖然撐得久不代表領得多，但只要撐得夠久，就有機會出現自己擅長的操作盤勢，也就有機會翻身。

要怎麼收成，先那麼栽，播種之後，需要給它時間，還得耐性照顧，果實才能長得好、長得健康；操作也是一樣，買進之後，除非進場的理由消失，否則你必須給它時間，你必須要有耐

性，交易才算成功，才算完整。不過有時候就算我們給它時間，付出耐性，還是敵不過刮風下雨，最後收成沒了；操作也是如此，即使我們付出努力，不斷學習，有時候還是敵不過市場的無情，最後獲利沒了。

沒買怕漲，買了怕跌；沒賣怕跌，賣了怕漲。上漲時為什麼沒多買？下跌時為什麼買那麼多？股市這條路幾乎無時無刻在考驗著我們，而這種考驗是沒完沒了的，**熬得過，它就是你的；熬不過，你就是它的**。

生意難做 2009/6/12

今天K線的實體線與昨天幾乎一模一樣，昨天漲的，今天毫不客氣的跌回來，符合昨天的主題「止跌氣勢不明顯」。你可能會覺得cola真的滿準的，其實我只是照著技術分析來解讀，要是真的那麼準，我還需要上班嗎？接下來的走勢會如何呢？cola必須坦白說，我看不出來，我只知道目前沒有見到止跌訊號，既然沒有止跌訊號，中線走勢還是偏空，就這麼簡單。

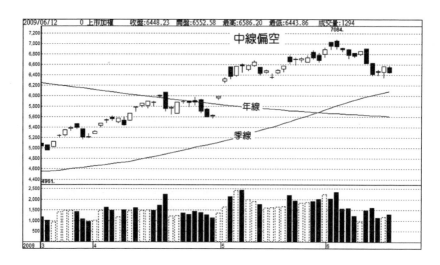

　　既然盤勢沒有啥好講，那我們就來談談股市心理學，今天我要談的是「生意難做」。股票的買賣，其實就是做生意。「買在低點，賣在高點」是所有進場交易者唯一且共同的目標，但總要有善心人士願意買在高點、賣在低點，否則這筆生意如何成交呢？試問，有誰願意當善心人士？不用問也知道答案。既然沒有人願意當善心人士，一翻廝殺想必是跑不掉的；既然需要廝殺，那我們憑什麼認為自己會勝出？如果不認為自己會勝出，那為什麼要進到股市呢？而我廝殺了幾年，還是認為，**股市這條路，真的很像「情字這條路」般難走，甚至難如上青天。**

　　「cola你不要亂講，為什麼我在各大討論區或是各種教學課程的menu上，看到的都是績效相當迷人，每月穩定獲利，賺錢像呼吸、流水般自然，就好像是股市一開，鈔票就源源不斷湧入戶頭，真是美麗人生……」這些話都是別人說的，cola可不

這麼認為。我自己的操作之路可是非常的艱辛，而且這樣的情況似乎沒有改變多少。雖然無論是技術分析或操作策略的層面，cola都有非常大的進步，就連股市心理也算穩定成熟，但還是走得相當辛苦，絕對不像外面看到的賺錢如流水，預測如半仙那麼神準。

這是cola功力不如人嗎？如果是以前，我可能會這麼想，但現在我不會這麼認為。就是因為我的功力不錯，才能看出「股市這條路」本來就非常難走，這是千真萬確的事實。股市這條路絕對不會比做生意簡單，那些你認為可能會是績效迷人與過著美麗人生的操盤手，真正操作起來的績效恐怕不見得比你強多少，所以不用羨慕別人，更無須看扁自己（以上言論純屬虛構，如有雷同純屬巧合）。

靜待止跌訊號 2009/6/15

　　今天跳空下跌收長黑，符合我們昨天「生意難做」的結論。既然沒有止跌訊號，中線走勢還是偏空，就是這麼簡單。那照cola的看法，到底會跌到哪裡？我如果知道，早就發了。我的結論還是跟昨天一樣，中線走勢偏空，只能靜待止跌訊號。

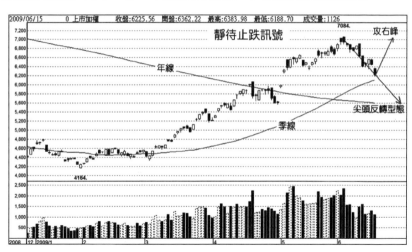

這不是止跌訊號 2009/6/16

在眾人認為台股會跌的情況下，台股通常都會抗跌或是不跌；另外一個原因是，台股已經跌很多天了，所以今天不跌也是正常的。

那該怎麼看呢？止跌了嗎？答案很簡單，就以我們認定的止跌訊號來定義止跌，而我們的止跌訊號是「中長紅」。今天是嗎？當然不是。既然不是我們要的止跌訊號，就不能說它止跌，所以中線還是偏空。

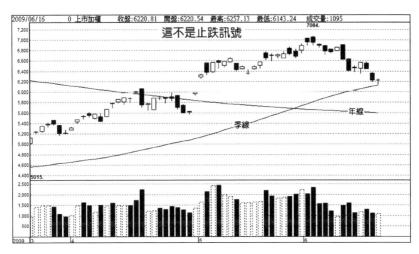

尚未見到止跌訊號 2009/6/17

今天收小黑,這是止跌訊號嗎?我的看法很簡單,還是以「中長紅」為止跌標準。如果多方連中長紅都做不出來,那還漲個屁。既然這不是止跌訊號,中線的方向還是偏空,這就是「化繁為簡」的觀盤法。

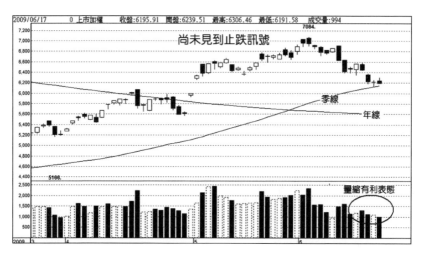

成交量逐漸萎縮,有利於表態,但表態的方向就不得而知了。我們將鏡頭拉遠一點,可以看出這次挑戰超級壓力區失敗——還好往下有季線與年線作為支撐,這是長多格局所建立的優勢。

你可能會想知道cola對於接下來的走勢有什麼看法?目前我所能想像、比較合乎邏輯的走勢,可能會是三角收斂。為什麼

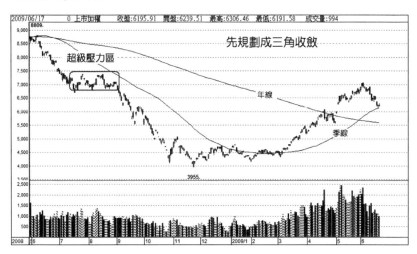

呢？因為這裡已經有很多散戶開始介入，這次的拉回就是要做洗盤，否則那麼早就讓散戶上轎，主力還有什麼搞頭？但這樣的洗盤無法阻止散戶上轎的念頭，所以會上上下下，讓散戶的持股抱上抱下。

為什麼要這麼做呢？因為沒有人喜歡看到煮熟的鴨子飛來飛去，一定會先賣一趟，等待拉回再接，但等他們賣出之後，行情開始噴出，此時散戶絕對不會追，因為他們才剛賣出，不可能馬上買回來，所以就這樣將手中的持股讓出，這就是「三角收斂」型態的主要用意。

但這些都只是cola的胡思亂想，一切先等待止跌訊號出現，再做比較嚴謹的走勢規劃，這樣才有意義，否則都是空談，因為我們要的是操作，如果沒有擬定操作策略，只是停留在畫線給大盤走的階段，對於實質的收入並沒有任何幫助。

cola把這幾年的領悟做個總結：

1. 技術分析絕對是必學的，否則你無法即時判讀你的股票是處於多還是空？不懂技術分析就是住套房的最主要原因。

2. 操作策略不能太過死板，要隨著技術分析做調整，因為操作策略是由技術分析而來，當然也要跟著技術分析走。

3. 資金管控要嚴謹。技術高超不是獲利的保證，唯有做好資金管控才是股市生存之道。

4. 要對自己有信心。解鈴還須繫鈴人，而那個人就是你。

中線還是偏空 2009/6/18

收盤下跌量縮，收小黑，還是沒有止跌訊號，中線的方向向下不變。你可能會問，一定要有止跌訊號才能算止跌嗎？不一定，但我還是那句老話，如果連個中長紅都做不出來，就表示時機尚未成熟，我們也不用急著進場，靜待止跌訊號即可。

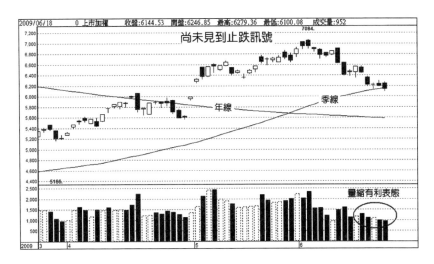

「學習面對跌倒」是非常重要的，如果跌倒之後爬不起來，那麼你再怎麼會跑都沒有用。在未到達終點之前，輸贏都很難講，因為誰也不知道自己會在哪裡跌倒。

當你的操作模式面臨考驗時，該怎麼處理呢？開始躲，不敢按表操課，這是絕大多數的投資人會選擇的方式。這是對的嗎？除非你能找到「不跌倒」的操盤法，否則學會面對失敗與虧損，才是正確選擇。

我們必須在擬定下一次操作策略之前，先把心態歸零，這樣下一次的交易才不會受到影響，否則到了該進場的時候，可能會猶豫不決，甚至更改自己定下的規則，造成操作模式搖擺不定，最後功敗垂成。

氣勢不足 2009/6/19

　　今天台股漲了86點，這樣算止跌嗎？我們的止跌訊號為什麼要中長紅呢？其實是不是中長紅並非重點，我們要的是止跌的氣勢。今天有氣勢嗎？我好像感覺不到，而既然沒有氣勢，就不看成止跌訊號，中線的方向還是偏空。

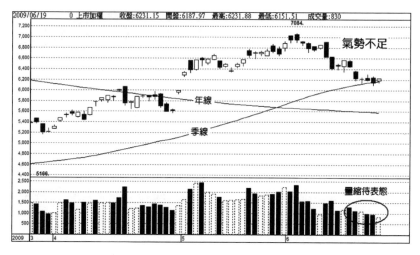

　　沒有出現止跌訊號，這幾天怎麼沒有繼續跌呢？這裡所謂的止跌訊號是指中線的止跌標準，而不是短線的止跌，短線上只要有遇到支撐與關卡就可以形成止跌。什麼是支撐？什麼又是關卡？支撐有兩種，分成均線與型態。季線就是重要支撐，目前就是靠著季線來止跌。而這種由支撐所形成的止跌，不像中長紅止跌訊號那麼鮮明，所以必須等反彈一段漲幅才能確認止跌。至於

型態的止跌運用，等我們遇到再談，現在講太多，既抽象也不好記。關卡比較簡單，就是整點關卡，一百點、兩百點都是短線關卡，而五百點、一千點的關卡對心理影響比較大，止跌效果當然比較好。但我認為整點關卡看看就好，沒有太大意義，建議直接忽略。

目前要注意的是成交量的萎縮，這有兩種意義：一種是沒有人要賣，所以這裡就是長線的買點，這是多方的想法；另一種就是沒有人要買，講專業一點就是「人氣退潮」，所以還會再跌；這也是目前中線偏空的主要原因。究竟會是哪一種？這就不得而知了。

讀者可能會說，難道無法從技術分析看出來嗎？技術分析只不過是交易紀錄，只能解讀現況，無法涵蓋未來，而現況就是止跌氣勢不足，中線繼續偏空；至於季線的止跌效應能不能發揮，就有待多方來證實了。

使用三分法操作策略買現股的讀者一定相當關心接下來的走勢，究竟會不會抱上抱下，到頭來白忙一場呢？我必須說，沒有一種操盤法是完美的，如果有，那全世界就會只剩下一種操盤法，然而有沒有只剩下一種呢？不但沒有，而且種類還多到不行，這就非常明確的告訴我們，因為沒有完美的操盤法，所以才會有那麼多人不斷的追求完美，只是始終做不到。我們有必要追

求完美嗎？其實沒有必要，只要能夠坦然接受操盤法所帶來的缺點或是副作用，然後大膽發揮它的優點，就相當接近完美了，**我將之稱為「務實的完美」，而這種務實的完美，遠比毫無瑕疵的完美來得真實。**

三分法操作策略有兩大缺點，抱上抱下，就是其中之一；關於這點我認為還可以接受，頂多就是白忙一場，但另外一個缺點，就是抱到最後變成壁紙，這就真的虧大了——不過這並不是三分法的專利，而是所有長期持股者所共同面對的最大難題。以上兩點就是三分法的兩大缺點，如果你可以接受，那就可以大膽啟用三分法操作策略。

講完三分法的缺點，現在來講優點。三分法的優點就是利用技術分析，配合台股的季節特性，找出歷史相對低點，勇敢切入；一旦成功，由於持股成本低廉，長抱的心理壓力就比較小，耐得住洗盤與震盪，最終享受長線賣點的大行情，成為人人羨慕的超級大贏家。三分法還有一個大優點，那就是進出的次數非常少，一年幾乎只有一次，光是省下的交易成本與耗費的精力，就已經夠本了，我認為這是三分法操作策略的最大優點。但要成就這樣的優勢，必須有足夠的技術分析功力，才有辦法在歷史的相對低點切入，降低持股成本，否則一切都是空談。

短線止跌 2009/6/22

上週五我們說過：目前就是靠著季線來止跌，而這種由支撐所形成的止跌，不像中長紅止跌訊號那麼鮮明，所以必須等反彈一段漲幅才能確認止跌。今天上升量增，多方表現不錯，雖然不是我們要的中長紅，但足以確認短線止跌，多方記嘉獎乙次。

接下來到底會怎麼走呢？我總覺得，這次的台股很有可能會以三角收斂的方式進行，所以我決定等一陣子看看台股的中線方向究竟怎麼走，再來尋找進場的機會。

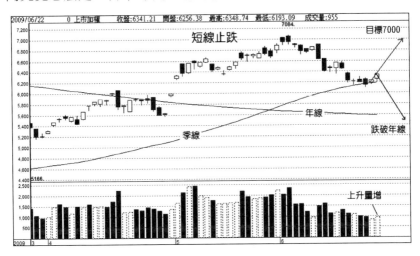

cola一直強調「屬於自己的操作模式」的重要性，這是為什麼呢？因為每個人的個性、環境、資金、年齡等各種條件都不同，很難用同樣的操作策略來涵蓋。比方說，我有個同事是一根

腸子通到底的人，每天操作融資，都是當沖，你要他用「三分法操作策略」根本就不可能，因為對他而言，三天就好像是一年那麼難熬，怎麼可能用三分法呢？

你可能會說，那改變個性不就得了，但是江山易改，本性難移，要改，我看是比登天還難，所以我認為除非你能找到屬於自己的操作模式，否則都做不久。一定要自己開發嗎？不見得，只要能找到一位跟你志同道合、磁場相近的操盤手，他的方法你可能適用，那麼就可以撿現成的，然後改良成自己的。比方說龜苓膏戰術，我都是用50點買進，你就可以修改成自己可以接受的價位；畢竟cola曾經輸過四百萬，所以比較保守，如果你沒有這樣的負擔且資金還算充裕，就可以自行擬定買賣價位，無須跟我一樣。將操盤法改成你自己可以接受的買賣價位，這樣反而比較能夠忠實的按表操課，這才是對的。

有時候看到別人績效迷人，你會很慌、很怕、很急，然後對自己的操作模式感到質疑，開始不遵守自己所定下來的規矩，並且嘗試去模仿別人的操作模式，試圖達到迷人的績效。但其實別人說自己的績效迷人，你怎知真假？即使真的，你又怎麼知道它能持續多久？有長達三到五年的績效可以考核嗎？有其他人可以證實嗎？證實的人數很多嗎？為什麼要很多人證實呢？一套務實可用的方法，只要經過努力學習，成功率應該要超過五成以上，這才算是有效的方法，如果只有少數人成功，那你怎麼證明他們

的成功與運氣無關呢？講白一點，再爛的方法都還是會有運氣好的人可以獲利，所以成功的人數太少，其操作模式的有效性便有待證實。

不管別人的績效如何，你都不能受到影響，因為這樣不但對你的操作沒有幫助，反而會讓你不快樂，結果是負面的。你要知道，市面上最起碼有九成以上的迷人績效是純理論的，只是非常單純的在指數上面加加減減，於是就成為一套程式交易系統，號稱可以賺多少錢。雖然很難在字面上挑出毛病，但當你實際操作的時候，這些所謂的迷人績效卻完成沒有發生在你的身上。

cola怎麼那麼肯定呢？難道有用過？雖然我沒用過，但用想的也知道，如果那些東西可以用來賺錢，那曾經用過的人肯定賺大錢，絕對會推薦給自己的親朋好友。你也許會說，問題是別人不會相信。但如果你的兄弟姐妹用了一套操作系統，每天賺錢，你會不跟進嗎？人是很現實的，只要別人比你成功，你就會很快跟進；而如果他是虧錢的，那即使再怎麼推薦也不會有人跟進。

如果真的有麼好用的東西，那我們身邊的親朋好友就算沒有一套，也有十套，賺得不亦樂乎，但奇怪的是，cola的親朋好友甚至是同事，沒有一個人是靠這樣的操作系統賺大錢，也沒有一個是靠名師的不敗操盤法賺大錢，難道他們都偷偷的賺，沒有

人願意分享給我知道嗎？cola自認做人應該不至於如此失敗，但為何沒有一個人願意推薦他賺大錢的交易系統呢？還是他們的親朋好友也是偷偷的賺，沒有告訴他們有這樣好用的東西呢？我想事實的真相應該是：用的人也賺不到錢，當然不敢推薦。即使推薦，也沒有人要用，因為用的人根本就沒有賺錢。

我昨天在〈尋找自己的定位〉中提到的股市亂象，對於這種亂象，我以前很討厭，但現在很喜歡。因為亂象越亂，表示迷失的人越多。有一個笑話剛好可以用來形容cola現在的感受：有兩個獵人上山打獵，剛好遇到熊。甲問乙說：「你跑得贏熊嗎？」乙說：「我只要跑得過你就好了。」所以我們不用贏過主力，也不需勝過大戶，只要跑得過這些迷失方向的投資人就好了。

靜待止跌 2009/6/23

美股展開第二段下跌，使原本有機會止跌的台股也無法倖免，目前還是以季線為支撐。前幾天一直在談支撐與關卡的止跌是短線上的止跌，而我們要的「中長紅」才是真正的中線方向的止跌訊號。昨天台股雖然上漲，表現得不錯，但仍不是我們心目

中理想的止跌訊號，只能看成短線止跌，而由今天的下跌來看，止跌訊號還是以「中長紅」作為標準，這樣的止跌效果會比較好，這就是之前一直強調的，多方如果連一根跑步帶殺聲的中長紅都做不出來，那還漲個屁——這話雖然不夠文雅，卻非常傳神的表達了「止跌訊號」的氣勢。既然又跌回季線支撐，那我們當然只能靜待止跌訊號，其餘先不動作。

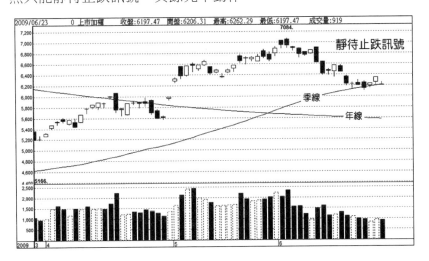

　　cola一直強調市場不可預期，你只能解讀現況，無法預測未來。用一句很簡單的話來區分技術分析與操作策略，就是**「把現況交給技術分析，把未來還給操作策略」**。學好技術分析就可以解讀現況，擬定操作策略，而擬定操作策略之後，必須依照技術分析的變化，不斷調整。無論何種操作策略都沒有所謂的穩賺不賠，每一筆交易都是充滿挑戰與未知，無論盈虧，你都得接受。

這樣的真相實在太令人失望了，與當初進入股市的理想簡直是天壤之別——很抱歉，cola不應該戳破讀者的美夢，但這樣的美夢只會讓我們成為輸家，住進總統套房。只有知道事情的真相，你才會戰戰兢兢，認真的面對每一筆交易，然後做好資金管控，看好荷包，這樣才是一個挑戰者該有的精神與態度。

成為股市贏家並沒有想像中容易，這點是所有讀者必須有的心理準備。cola將花錢學來的技術分析毫不保留的分享給讀者，也將自己多年實戰經驗所領悟到的操作策略公開，讀者可以藉由我的每日盤勢分析，開始邊學邊做。以cola的功力，應該可以協助讀者躲過重大虧損，但並無法保證各位能賺大錢——不但無法保證各位賺大錢，就連我自己都沒有把握能賺大錢——只能說，我盡我該盡的責任，在實際的操作過程當中，不斷的修正操作策略，直到成功為止。

三分法操作策略之等待的藝術 2009/6/24

今天大漲，這是為什麼呢？理由很簡單，因為看空的人一堆。最近討論區看空的言論越來越多，所以止跌的機率也越來越高，而今天收了大長紅，是非常明確的止跌訊號，告訴我們這裡的的確確是長多格局，無須看空。

　　我的看法很簡單，今天就看成上升量增，不要想太多。以氣勢而言，盤中氣勢確實不錯，期指還一度漲停板，如果說止跌訊號要的就是氣勢，那今天的確符合止跌訊號的精神，而且也是中長紅，沒有理由改變我們的止跌標準，也就是說，中線方向止跌了。

　　今天的止跌訊號非常漂亮，我們稱為「反攻線」，此波反彈開始了。這麼漂亮的反攻線就是要修理這陣子看空的人，只要散戶看空的越多，行情就會走得越強，且越走越好。

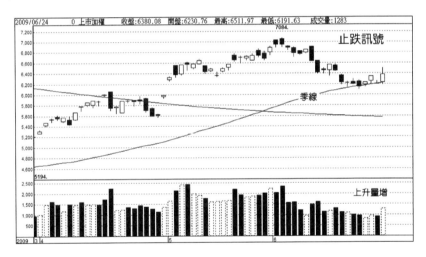

　　我們有一陣子沒有講到三分法操作策略，今天該是好好聊聊三分法的時候了。如果你有使用三分法建立1／3持股的話，那你應該要牢牢記得〈三分法策略之終極操作〉與〈三分法操作策略的完整版〉這兩篇文章，因為這是cola對於三分法操作策略的

整個完整規劃。

其實三分法操作策略除了技術分析之外，還牽涉到一個非常重要的股市心理學——「等待的藝術」，除非做到這一點，否則是無法忠實的執行三分法的。

為什麼有些生意人老是能佔盡便宜呢？因為他們能「等」——這個字就是做生意的秘訣，我稱之為「等待的藝術」；但要知道為何而等，否則就只是傻等。那到底在等什麼？等待便宜的價位，等待適當的時機，這就是等待的精髓。

什麼價位才算便宜？這就不一定了，因為便宜的價位是相對的，而非絕對的；也就是說，要依照你想操作的長短來界定，沒有標準答案。比方說我們這次三分法操作策略的買進成本是落在台股指數的4730～4000之間，這是台股歷史相對低點，也是近幾年的絕對低點——這就是三分法的優勢，也因為這樣的優勢，讓我們立於不敗之地，所以我才會在4/23〈三分法策略之終極操作〉中，決定抱到股市上萬點才賣。

我認為〈三分法策略之終極操作〉是唯一可以賺到真正的超級大行情的方式；後來我又在5/26補充了〈三分法操作策略的完整版〉，將資金做出最後的分配：1／3基本持股抱到明年第一季或是股市上萬點再賣，1／3資金用來操作龜苓膏戰術，最後1／3資金用來加碼，而加碼點就是跌破季線之後再來找買點。

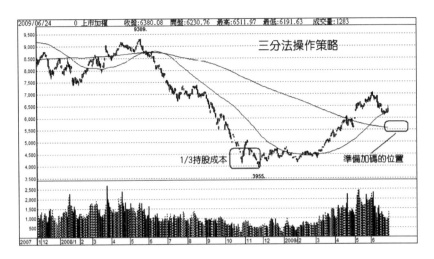

三分法操作策略走的是務實操作路線，目的是避免「股價上漲手中無股」與「股價下跌持股滿檔」的兩大遺憾，而我們的1／3基本持股已經克服了前者，剩下如何在股價下跌的時候出清持股，這樣就功德圓滿了。這個任務並不簡單，因為牽涉到我們到底要作多長，是要小賺一波，還是賺一個超級大行情呢？我偏向於超級大行情來規劃這次的三分法操作策略。

為了達到三分法的終極操作，讀者必須有股票抱上抱下的心理準備，這是無可避免的，但卻是投資人最不喜歡見到的，因為不喜歡煮熟的鴨子飛掉的感覺，所以通常都會先賣一趟，等待拉回再買。這樣是對還是錯呢？落袋為安是對的，因為這才表示這筆交易算是成功，你真的賺錢了。但接下來，你如何尋找長線的買點再度切入，就是個大考驗了；如果你能通過考驗，那就非常完美，沒有的話，就無法享受大行情，這就是先賣一趟的人必須

有的心理準備。只要你能接受這些結局，就沒有所謂的對或錯，而如果是我，我會寧願選擇讓股票抱上抱下也不要先賣一趟，因為我沒有把握能夠買回來。

萬一從此展開回升行情，沒有跌破季線的話，難道我們那1／3資金就不加碼了嗎？沒錯，這就是我要給讀者的答案：如果沒有優秀買點，那麼寧缺勿濫。唯有做到這一點，這筆交易才能在較有利於我們的情況下進行，讓三分法操作策略成功的機率大大增加。

整個三分法從買進到加碼，再到股市上萬點，都必須長時間的等待，否則無法成立，但等待卻是投資人最不願意做的事情，所以我今天特別強調這個非常重要的股市心理學，希望讀者能夠明白其中的道理。**投資人越不願意做的事情，我們越要學習面對，這樣才能成為少數贏家之一，為自己賺到可觀的財富。**

未見敗象 2009/6/25

我們說昨天的中長紅是止跌訊號，無須看空；今天續漲，沒有太大意外。我的看法很簡單，只要不出現敗象，就無須看空，不用去理會其它的技術指標，這樣才不會被技術分析牽著鼻子走。

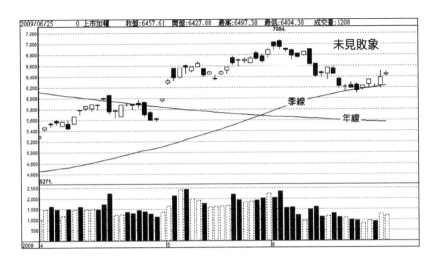

操作越簡單越好，往下只要沒有止跌訊號都不能樂觀；往上只要不出現敗象就沒有理由看空。你可能會說，其它的技術指標都不用看了嗎？你可以參考，但不能喧賓奪主，**畢竟價格是市場決定出來的，就算其它的指標出現背離，只要價格沒有出現敗象，就要以價格為主。**

需要成交量的測試 2009/6/26

今天開高走低收小黑，這是敗象嗎？坦白講，我的感覺還好，只是有一個地方需要注意：這三天的K線位置是往上升，但成交量卻是三落潮，以量價關係來看的話，確實有點量價背離，

但如果以「價為主，量為輔」的順序來看，這只能說是警訊而非敗象。

　　追價的意願開始退燒，才會呈現價格不跌、成交量卻萎縮，這種警訊所代表這裡的價位需要成交量來測試，如果成交量放大的結果是補量上漲，那就是惜售；如果是下跌量增，就表示人氣退潮。至於是哪一種呢？我們沒有必要太過執著。

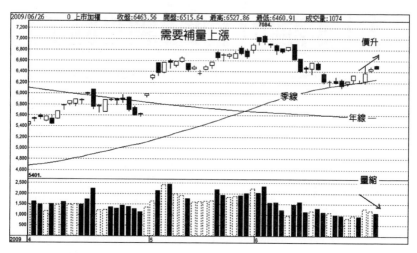

　　繼續來談股市心理學，今天要談的是技術分析的亂象「無限上綱」。明明只是普通的交易紀錄卻被不斷誇大，鐵口直斷接下來一定會怎樣怎樣，好像自己有一套非常了不起的工具，可以決定大盤的走勢，如果真的有這樣的東西，那華爾街的操盤手豈不是個個賺翻天──也確實是賺翻天，賺的是客戶的佣金，賠的卻是客戶的血汗錢。

我的操作經驗告訴我，**唯一的秘訣，就是承認自己沒有秘訣**，這樣你才會尊重市場，好好管控資金，嚴設停損，不至於發生重大虧損事件，這就是祕訣；也只有在我們虛懷若谷的時候，才能看清市場走向，幸運的話還能賺上一筆，這就是真相。

他們有時候可能也很準，這是當然的，氣象預報員也是畫線給颱風走，五天前就可以畫線了，如果颱風不鬧脾氣，四周的環境與氣候也沒有什麼變化，則颱風的走向的確可以很準，但這種準，你認為有必要嗎？因為我們有的是機會可以隨時調整，實在沒必要將身家性命賭在五天前的颱風預報，萬一颱風不按牌理出牌，那豈不是毀了？所以沒有一個預報員因自己的預測準確而沾沾自喜，更不是以準不準作為人氣指標。既然沒有人會期望氣象預報員能在三天前就鐵口直斷，那為什麼會認為有人可以面對複雜程度不會亞於氣象的金融市場預測神準呢？

面對技術分析的無限上綱，我們要以正面樂觀的角度來看待，越多這樣的人，表示我們越有希望。cola之前講過，股市的亂象越亂，對我們這些努力學習的人越有利，因為我們只要跑得過這些人就好了。

空方不夠狠 2009/6/29

　　週五說，台股必須要成交量來測試，但今天下跌量縮，並沒有出現我們要的「成交量」；雖然沒有經過成交量的測試，但表示多方沒有急著想表態，所以有點小小拉回。今天的下殺不夠狠，不算敗象，那就回到今天的重點「量縮四落潮」，繼續等待成交量的測試。

　　接下來應該怎麼走呢？我的看法還是跟之前一樣，必須再等幾根K線才有辦法規劃出來。現在中線的型態還沒有很明顯，胡亂預測也不是辦法，乾脆承認自己還看不出來，等到有辦法看出眉目之後，就可以擬定更進一步的操作策略，現在沒有必要躁進。

觀察中線型態 2009/6/30

昨天我說空方不夠狠，今天早盤開高，確認昨天的空方確實沒有表態的意思。今天雖然開高走低，但昨天跌70幾點都不是敗象了，今天當然也不算；今天成交量微增，我認為沒有太大意義。現在的觀盤重點應該放在中線型態，我們講過，如果是三角收斂，多方勝出的機會就會增加；如果是震盪三小波，則要小心空頭市場悄悄來臨。

等到中線型態慢慢定型，我們就可以擬定進一步的操作策略，看看有沒有機會賺一波。

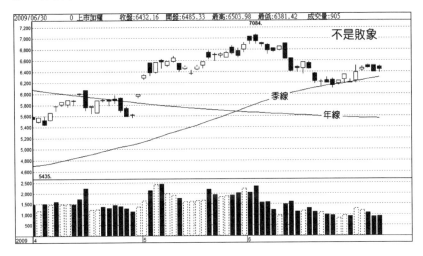

第四章　圓滿落幕

一、多單續抱

感覺不錯 2009/7/1

　　這兩天我們都強調沒有敗象，也灌輸讀者一個化繁為簡的觀念：「下跌就跌到止跌訊號為止，上漲就漲到敗象出現為止」。讀者可能會說，這實在太容易了。真的是這樣嗎？其實cola覺得這才是最難的，尤其是學過技術分析的老手，通常是最不甘寂寞的，因為不甘寂寞，所以處心積慮想要預測盤勢，或是鑽牛角尖的想從量價關係當中得到解答，殊不知，答案其實沒有想像中的複雜，只怕你不相信而已。

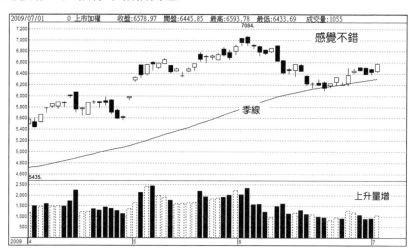

　　技術分析用來解讀現況，操作策略用來涵蓋未來，兩者的差

異必須區隔開來，否則你會搞不清楚現在與未來。無論是三分法操作策略，或是龜苓膏戰術，我們都是以技術分析來規劃，所以必須學會技術分析；但學會技術分析不是要我們預測行情，而是要讓我們知道自己的規劃是否偏離當初所擬定的方向，如果有，可能就要做調整，這就是技術分析的終極用法。

擁有務實的操作策略可以彌補技術分析的不足，所以技術分析沒有必要斤斤計較。這一陣子，我們除了沒有敗象之外，技術分析其實看不出真正的中線型態，且到今天我還是看不出來。

雖然技術分析無法告訴我們中線的走勢，但操作策略卻毫不受影響的繼續使用，這就是務實操作的概念。

沿著季線作反彈 2009/7/2

昨天我們的主題是「感覺不錯」，今天繼續上漲，上升量增，沒有敗象。目前的觀盤重點在於中線型態究竟是三角收斂，還是震盪三小波？以目前的走勢而言，可能會是「沿著季線作反彈」，也就是偏向於震盪反彈格局，而非三角收斂。

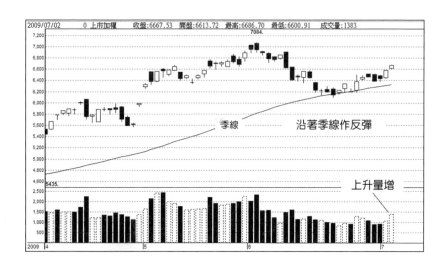

開始保守因應 2009/7/3

　　今天的主題怪怪的，難道cola已經開始看空了嗎？我們強調：「上漲要漲到敗象出現為止」，今天不是中長黑，應該不符合敗象資格，cola為什麼要我們保守因應呢？

　　這裡所謂的保守因應並不是看空，而是基於做生意的原則——「買低賣高」的風險管控，不建議追高。cola這樣不是與「順勢而為」唱反調嗎？請不要誤會我的意思，對於三分法而言，基本持股還是續抱，對於買進成本低的人，才有本錢順勢而為，如果你不是擁有低成本的股票，那我就不建議你在這裡追價買進了。

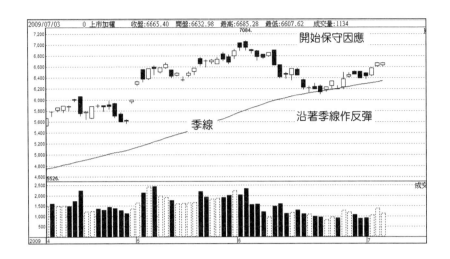

 不畏戰，不求戰 2009/7/6

今天下跌量縮收小黑，是敗象嗎？只要不是中長黑，我們都
不看成敗象。今天的量縮是所謂的「量縮三落潮」，有利多方反
彈補量，目標7000點，但空方也蠢蠢欲動的企圖策反，欲將反
彈補量搞成收爛線，好接近季線，然後趁勝追擊，一舉跌破季
線，讓長多格局瓦解。

以上是多空兩套劇本，但以中線型態而言，目前還是沿著季
線作反彈，既然是反彈，就要小心彈完之後的空方回測季線。目
前多方乍看前程似錦，實際上卻有頭部型態的隱憂。

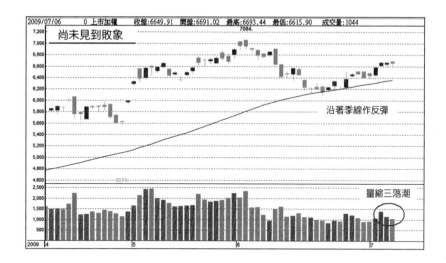

但這些都只是技術分析的推測,對與錯都沒有太大意義,除
非你採取行動,否則就算猜對又如何?所以一切與操作無關的
技術分析,我們都不講,也不想浪費時間在這種做學問與做研究
的技術分析。很多東西是屬於理論派的,對於實際運用幫助並不
大,而這樣的學問,我們不知道也就算了,既然知道了,就沒有
必要將時間耗在這種地方,除非讀者的目的是想成為高手,而非
贏家。

高手不見得是贏家,只要你在股市混的時間夠長,自然慢慢
會變成高手,但如果你沒有方法,也沒有悟性,不管你在股市中
混多久,都不可能成為贏家的。我常常講,股市當中最不缺的就
是高手——尤其是討論區,高手多到不行;但真正的贏家卻沒有
幾個。讀者是想成為贏家,還是高手呢?

　　想成為贏家，就必須務實、務實、再務實，技術分析要務實，操作策略也要務實，資金管控更要務實。你要把自己當成生意人，將不夠務實的想法通通去掉，然後一步一腳印，慢慢累積資金。設定一個可以築夢踏實的目標，而不是好高騖遠的追求不敗之術、不傳之秘。

　　cola的股市心理學就是不斷自我反省的產物，這些自我反省，就是為了找出cola心中的答案，為了跨越這條看不見的鴻溝，從高手蛻變成贏家，這就是股市心理學的終極用意。讀者要怎麼看待cola的股市心理學呢？很簡單，就把它當成是cola的內心自我對話，而不是在講你，這樣你就比較能接受；而事實也是如此，因為我就是靠著不斷的自己反省與檢討才慢慢進步到現在這種程度。

　　cola是個資質平庸的人，如果說我有什麼過人之處，那就是「自知之明」，因為知道自己的平庸，只能靠勤能補拙。這種過人之處誰都有，就看要不要做而已。cola原是一個虧損四百萬的散戶，靠著這幾年不斷的努力學習，超過千篇的操作日記，讓一個平凡無奇的小散戶，寫出一片天。今年4月成功轉型成付費部落格，11月份新書就會出版，一切好像在作夢；但這個夢得來不易。

　　或許對於少數天才、奇才（在各大討論區中，天才、奇才反而是多數），這根本沒什麼，但對於cola而言，這樣的小小成

就，證明了有志者事竟成，再普通、再平凡的人，也能靠著努力，一步一腳印的築夢踏實，這種感覺真好。

技術面多方勝出 2009/7/7

　　今天上升量增續漲，多方還是沿著季線反彈，並沒有強勢突破。雖然如此，在沒有見到敗象之前，技術面就是多方勝出，非常簡單。但我們不能光靠技術分析填飽肚子，因為你我不是講師，也不是投顧，是貨真價實的交易者本尊，技術分析的多與空、漲與跌、成與敗，跟我們都沒有直接的關係，因為技術分析只能解釋現況，而我們要操作的卻是未來，所以必須有務實的操作策略才行。

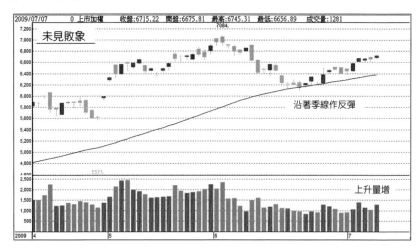

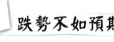

跌勢不如預期 2009/7/8

今天收小黑，沿著季線反彈的趨勢沒有改變；既然趨勢不變，我們只能坦然接受操作策略的結果。這也沒辦法，因為績效必須靠市場來決定，不是我說了算。

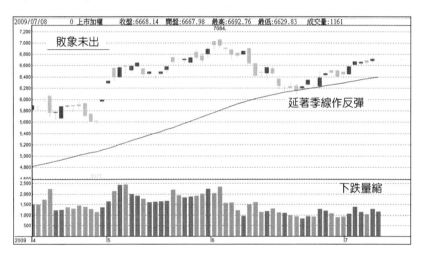

真的沒有其它捷徑？沒有穩賺不賠的方法嗎？如果讀者有發現穩賺不賠的方法，麻煩你也好心告訴我一聲，因為我也很想知道，但我更想知道的是，你為什麼會知道有這樣好康的方法？理論上，這種方法應該是比祖傳秘方還要寶貴，不該外傳，更不可能流落市面，否則人手一本，大家一起買低賣高，還會有輸家嗎？

其實事情的真相有可能就是那麼平凡、普通，根本就沒有所

謂的穩定獲利這種事，也不會有迷死人的績效，但這樣的真相沒有人會相信，也沒有人會接受，更沒有人想接受。正因為沒有人想要這樣的事實，才會有說好話、做好夢這種善意的謊言存在，但讓讀者整天沉溺於春秋大夢的幻覺之中，真的是一件好事嗎？我的看法比較偏向據實以告，這樣讀者才會將資金好好的管控，不至於賭太大，造成重大虧損。唯有管控好資金，才能長存於股市，才有機會找到屬於自己的務實操作模式。

當獲利不如預期的時候該怎麼辦呢？我的答案很簡單，你必須誠實的反省，到底是方法出了問題，還是機率問題。如果是方法本來就有問題，那你就不能太過執著，必須面對現實，調整並改善你的方法，直到正確為止。怎麼知道方法正確與否呢？經過長期使用之後，確實有獲利產生而不是虧損連連，那這個方法就是正確的。一旦確認方法正確，那你可能需要熬一陣子，才有機會出頭天。如果你認為一個人不用熬就能成功，那我也無話可說；但如果必須熬才能出頭，為什麼操作策略就可以例外呢？難道操作策略就不需要坐冷板凳嗎？

每當我們虧損或是沒有賺到錢的時候，看到別人賺錢都會很心動，甚至認為是自己的操作策略不如人，但你有沒有想過，情況也有可能相反？其實這是非常普遍的現象，沒有一種操作策略能夠涵蓋所有盤勢，所以要習慣坐冷板凳，只要熬得過，就是你的。

漲勢超乎預期 2009/7/9

昨天的主題是「跌勢不如預期」，因為我將這次的上漲視為「沿著季線做反彈」，既然是反彈，則彈完還是要跌，所以我是預期會跌的，結果只是收小黑，這才有了「跌勢不如預期」的主題。

原本cola預估中線走勢會以三角收斂或是震盪三小波的方式進行，結果是以「沿著季線做反彈」的方式，而且還是與季線保持一段距離，而不是以貼著季線走的方式進行，所以今天的主題是「漲勢超乎預期」。

昨天小黑，我們都說不是敗象了，今天上漲，而且還是上升量增，當然是多方勝出，這點沒有問題。既然是多方勝出，我們就不能去預估高點，一切等待敗象出現再說。

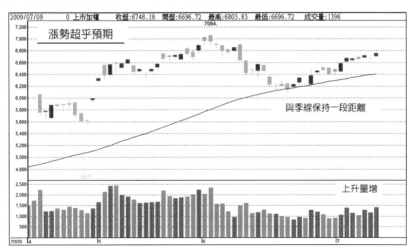

三分法操作策略，1／3的持股仍然續抱，直到上萬點再賣，或是明年第一季視狀況再說，無須在此調節。我的看法是，買定離手，一切交由市場來決定，這就是最好的操作策略。一旦決定操作策略，就忠實的執行，未來多半會還給忠實操作的人一個公道，不會讓你吃虧的。不論你這次是採用第一階段還是第二階段的戰術，cola給你的建議是：放心大膽的操作，試著讓市場來決定你的利潤，這才是對的。

讀者可能會說，這樣真的是對的嗎？以cola的親身經驗，通常我自己選擇提前離開的結果，以機率而言，我錯失更高獲利的機率相當大；也就是說，與其自己預設立場，還不如放任你的部位直到預定的獲利出現為止。

為什麼會這樣呢？我檢討的結論是，越沒有人喜歡做的事，就越有利潤；越多人做不到的事，就越能夠帶來獲利。預設立場比較簡單，還是讓市場決定利潤比較簡單呢？百分之九十九的人會選擇預設立場，所以最後的利潤會全部集中到那一位讓市場來決定結局的人。

讓市場來決定利潤，這麼簡單的事，怎麼可能做不到呢？真的是這樣嗎？通常會讓市場決定利潤的，只有在虧損的時候，因為捨不得停損，所以才讓市場來決定命運，這是被動的，是迫不得已的；而處在獲利當下，會選擇讓市場來決定最後結局的人就沒有想像中來得多了。

　　由於cola有幾次的親身經驗，所以我非常肯定的講，能夠養成讓市場來決定利潤的操作習慣，很可能就是我們將來賺大錢的唯一選擇。無論是三分法操作策略的終極操作，還是龜苓膏戰術的十倍獲利，都是以培養這樣的操作習慣為方向，做得到的人，將來成為贏家的機率就非常之高。

　　但要做到這樣的程度很難，cola雖然有這樣的體會與領悟，卻沒有這樣的修為與把握，這是實話，也是未來cola要努力實踐的操作習慣之一。而我也會用自己的實例來驗證這樣的想法是否正確，也歡迎讀者一起共襄盛舉——因為我有九成的感覺，認為這樣是對的。培養這樣的習慣並非一朝一夕可以辦到，必須經過千錘百鍊，徹徹底底的覺悟，才能忠實執行，所以建議讀者，越早開始越好。

空方有了小小機會 2009/7/10

　　今天開高稍微走低，收小黑，多方看成黑色騙線，空方看成當頭棒喝。很久沒有講K線了，今天上升量縮，多方有點理虧，所以空方有了小小的機會，但我們要知道，小黑並不是我們定義中的敗象，中長線還是多方勝出，這點沒有疑問。

為什麼今天要特別講當頭棒喝呢？因為昨天多方漲勢還算不錯，今天卻沒有趁勝追擊，非常可惜。目前距離結算只剩下三天，難道是要給空方製造機會嗎？這點令人玩味，但站在技術分析的角度來看，既然沒有敗象，我們就不看空，就是這麼簡單。

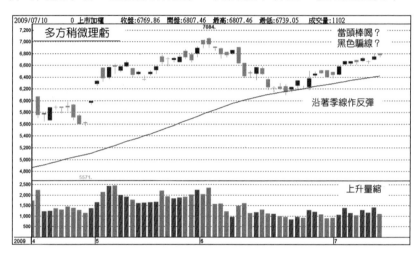

反彈結束 2009/7/13

週五的台股上漲，我們的主題居然是「空方有了小小機會」，而週六的美股黑盤，我們說要小心黑盤大跌，若是早盤台股異常弱勢，則收盤會很慘；今天台股大跌，幾乎收最低，是典型的黑盤大跌。

　　你可能會說，cola實在太神了，怎麼看得出來會大跌呢？這一切都是市場力量，cola只是憑藉多年的實戰經驗所累積下來的盤感，感覺反彈結束的機會滿大的，所以提醒讀者注意台股早盤的強弱，如此而已，沒什麼大不了。

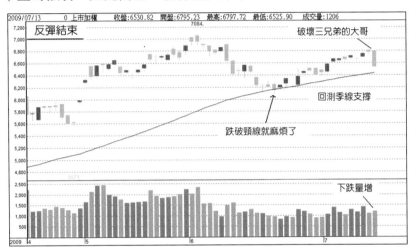

　　接下來該何去何從呢？既然已經出現下跌量增的大長黑（俗稱破壞三兄弟的大哥），我們只能說，此波反彈已經結束，短中線回歸空方掌控，季線有可能會撐不住；如果最後連頸線都跌破了，中長線走勢就會翻空，到時候就麻煩了。

　　真的會那麼慘嗎？這我也不知道，但今天出現大哥，明天應該會回測季線；如果季線守不住，出現高檔走低爛線量急縮的二哥，那就真的要非常非常小心了。

　　那三分法操作策略需要調整嗎？我認為不必。因為這1／3

基本持股是要用超級馬拉松的方式來操作，不必在意短中線的拉回，即使是長線再度走空，只要不跌破前波低點3955就不算失敗。

下降三法 2009/7/14

　　早上美股大漲，大致上可以猜出台股不利空方，所以上漲是正常的。今天多方可以看成是含玉線，但是實體線不夠長，比較像是「下降三法」的版本；也就是說，我們可以將昨天的大長黑看成「左黑神」，而今天就是左黑神旁的第一星。如果是「下降三法」的劇本，表示中線仍然偏空，直到「置換右紅神」出現為止。

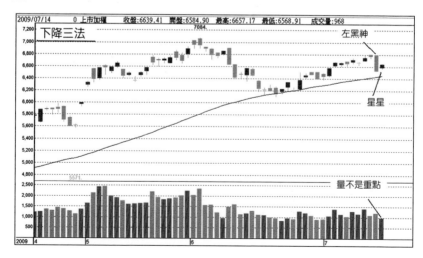

　　沒有一種操盤法可以永遠順利，不順的時候會感到徬徨，這是人之常情，可是你要知道，當你賺錢的時候，別人同樣也會認為你的方法比較好，因為我們都只看到光明面，而失敗的績效，你根本就看不到。

下降三法之第二星　2009/7/15

　　今天開高走高大漲，到底接下來要看多還是看空呢？

　　昨天我們定義成下降三法的第一星，今天還是在左黑神的範圍內，我們就看成第二星，所以一樣是「下降三法」的運用，中線偏空，直到「置換右紅神」或是「抬腳右紅神」出現再說。

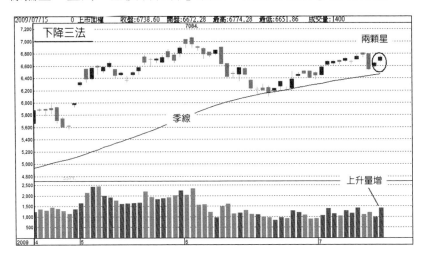

cola有沒有搞錯？連續兩天台股的表現可圈可點，你卻還是看中空，這不是逆向行駛了嗎？其實長多格局不變，這點我的立場一直沒有改變，但無論K線或型態，多方是佔不到便宜的，只不過在長多格局的保護之下，空方不易得逞，但接下來若多方要有所表現，就必須突破型態才能算數。

化繁為簡之黑色騙線 2009/7/16

早上美股大漲，台股有了「抬腳右紅神」的機會，理論上應該開高走高大漲，扭轉下降三法的中空走勢，但實際卻收小黑，這下K線圖變得很亂，難以判斷到底下降三法還有沒有效？

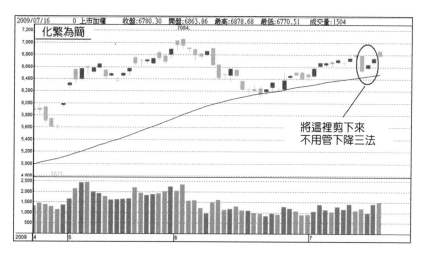

將這裡剪下來
不用管下降三法

　　有時候K線學會很複雜，遇到這種不是典型的K線，我們就會被搞得眼花撩亂，這個時候就要拿出化繁為簡的功夫。雖然今天沒有出現「置換右紅神」或是「抬腳右紅神」，但至少收盤收在左黑神的上緣，應該算是解除危機了。我們可以先用剪刀把這三天的下降三法剪下來，直接將它忽略，就會發現K線圖變簡單了。

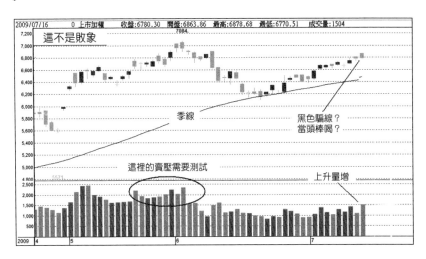

　　這樣一眼就可以看出是「黑色騙線」與「當頭棒喝」之爭——這是cola發明的「化繁為簡」，非常實用，提供給讀者參考。看盤要能看出重點，這才是真正學會技術分析。否則你很容易被技術分析所愚弄，到最後變成不知道是你在玩技術分析，還是技術分析在玩你。

　　化繁為簡之後，今天開高走低收小黑，這是好還是壞呢？雖

然是小黑，但K線的量價關係卻是上升量增，所以單純就K線學的角度而言，是多方的黑色騙線；以波段理論而言，小黑創新高，問題不大，所以不是敗象。

雖然如此，空方也不是完全束手無策，就型態而言，前波高檔處的賣壓需要測試，所以這裡必須補量才算健康，否則今天可以看成「當頭棒喝」，警告投資人不要輕易追價。

由以上的分析，除了型態需要克服前波的賣壓之外，無論是短、中、長線幾乎都沒有敗象，這就是從技術面解讀的現況。

你可能會想，萬一這次又錯失行情怎麼辦呢？不操作真的對嗎？其實三分法操作策略的1／3持股從去年10月底續抱到現在，根本就沒有停止操作過，哪裡算是沒有操作呢？三分法操作策略是cola未來會使用的方法，因為目前我沒有操作現股，而三分法是專門為操作現股的人所研發出來的操盤法。

從10/22提出向下買的操作策略，到現在已經過了快九個月了，我們都沒有改變立場：1／3基本持股還是續抱，1／3資金用來當成龜苓膏戰術的操盤資金，最後1／3存在銀行。這樣的黃金比例，就是cola未來的操作模式。三分法操作策略無論是買進的時機、等待的功力、資金的管控，都相當優秀，如果今年真的是所謂的多頭年，則使用三分法的人將會是這次大多頭下的大贏家。

　　昨天說過，很多事情不能等結果出來才開始動作，只要邏輯正確，做錯了也沒有太大的傷害，你就應該去試試看，這才是贏家應有的樂觀思維。當初我提出三分法操作策略的時候備受質疑，被當成相當普通的向下攤平法——其實向下攤平的做法並沒有錯，錯就錯在攤平的價格與時機，這是相對而非絕對的。就去年10月底而言，裁員、減薪、無薪休假、關廠的疑雲滿天飛，所有財經專家一致唱衰論，說什麼三、五年都回不來；結果還不到一年，台股居然反彈了超過三千點。以現在台股指數的位置對於台股的歷史而言，並不是相對低檔，而是中等偏上，再度跌破專家眼鏡。

　　三分法的理論是我用來破除「股價上漲手中無股」的操作策略，也非常成功的彌補了技術分析的盲點，但當時是完全看不出來的，必須有相當大的勇氣與智慧，才能與其他投資人背道而馳，航向未知世界。

未見敗象之M頭疑雲 2009/7/17

　　昨天的主題是「化繁為簡之黑色騙線」，今天續漲，收十字騙線。為什麼可以確認是十字騙線呢？其實這是沒辦法確認的，只是沒有出現敗象，技術面仍是多方勝出，看成「十字騙線」是比較客觀的。而十字騙線是否就表示接下來會續漲？這點空方可沒有那麼容易苟同。空方在型態上還是可以期待前波高檔處的賣壓，與此波形成所謂的「M型頭部」，所以中線走勢與操作開始會陷入兩難。

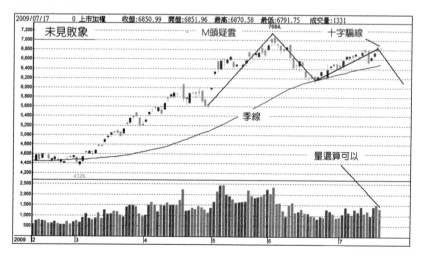

　　對於操作期指的人，會不好操作，因為壓力會很大；這也是我從操作期指改成操作選擇權的原因。但選擇權一樣有缺點，就是時間價值的流失。沒有一種操盤法可以涵蓋所有盤勢，同樣也

沒有一種操作商品是最好的，每一種金融商品都有它的特質，因此操盤手在選擇操作的商品，也必須符合自己的環境、資金，甚至是個性，唯有找到符合自己的商品，才能長期獲利。

雖然台股中線走勢陷入兩難，但對於三分法操作沒有影響，維持原配置就可以了。昨天說過，龜苓膏戰術建構在技術分析之下，而且要有千點行情的可能，才有進場的意義。這裡所謂的千點行情是cola自己的認定與判斷，而目前cola實在看不出中長線走勢會如何發展，所以決定先休兵。

但盤勢不會因為cola看不出而停止運轉，市場是不等人的，有可能會出乎我們的意料，也有可能會乖乖的照我們畫的線走，但這些都不是重點，重點在於看不出走勢就無法規劃買進的標的與價位，這是龜苓膏戰術的罩門。這樣的罩門究竟是好是壞呢？這點見仁見智，對於不急於操作，且有風險概念的人，這並不是壞事；但對於資金充沛，可以隨時冒險的人，就有可能會錯失買點，所以只有認知上的差異，沒有好壞之分。

挑戰前高 2009/7/20

　　今天上升量微縮，感覺還好，無須看空。若以順勢而為的思維來操作，應該還是偏多操作，所以三分法操作策略的基本持股照樣續抱；若以整體的成交量而言，這裡跟6月份的高點可以用「懸殊」二字來形容，這是空方的優勢。但價才是王道者，根本就不用管量；而把量價關係看得比什麼都重要的技術派，往往斤斤計較，認為失之毫釐、差之千里，不可馬虎。不過cola自創的「價為主，量為輔」的中庸之道，還是以中長黑作為敗象的標準，其它當成操作策略的輔助參考，這樣就能化繁為簡，不致於進退兩難。

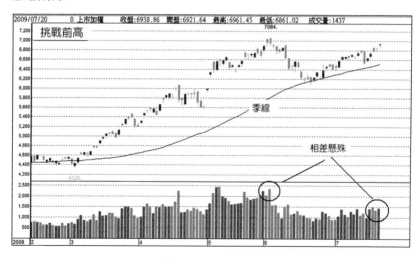

　　既然cola認為這裡不是敗象，表示應該作多嗎？是的，但這個多單，我們就由三分法的基本持股來涵蓋，無須追價。cola說過，三分法操作策略是我未來會採用的方式，因為我認為這是個相當優秀的操盤法，可以享受時間帶來的利潤，免除「股價上漲手中無股」的遺憾；但如果讀者問要不要開始操作龜苓膏？我認為時間尚未成熟，因為還沒有找到千點行情的劇本，無法規劃買進的標的與價位，所以還是採取觀望，直到有劇本為止。

　　為什麼cola如此慎重呢？雖然目前中長線多方勝出，但整個大型態已經來到前波的腰部支撐，現在成為超級壓力區，而上次的台股挑戰失敗，這次可能也沒有那麼容易成功，如果在這裡挑戰失敗的話，型態就會做出大M頭，千點行情不但沒有向上，反而是下向修正到6000，這就是空方的「M頭疑雲」劇本。

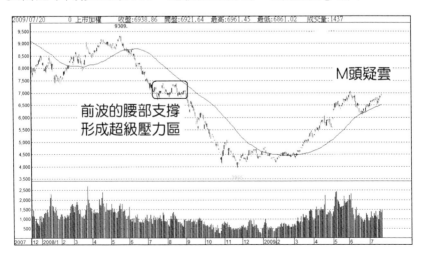

　　這個機率有多大？我認為這不是重點，真正的重點在於：若是上漲你能賺多少？下跌又能賺多少？只要划得來，就可以進場，無須管它到底有幾成的機率。

這不是敗象 2009/7/21

　　台股漲到這裡，今天收小黑，這是敗象嗎？在談敗象之前，我們先複習止跌訊號。還記得止跌訊號嗎？沒錯，就是中長紅，因為它具有跑步帶殺聲的氣勢；換句話說，我們要的不是中長紅的表象，而是其強而有力的表態。唯有足夠的氣勢，才能形成止跌共識。反之，要形成敗象，終止漲勢，照樣要有氣勢——讓人害怕的氣勢；而什麼最可怕呢？中長黑最可怕，若遇到中長黑，無論幾天前甚至是幾週前買進的人，在一天之內皆通通套牢，無一倖免。這樣的一根長黑就足以中斷漲勢，我們稱之為「敗象」，只要敗象未出，就沒有理由看空，這就是化繁為簡。

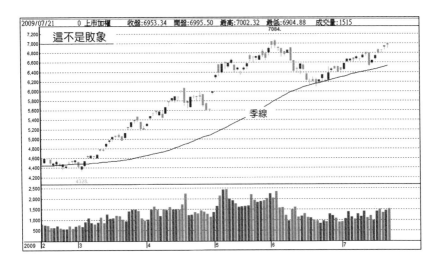

我們繼續沿用昨天的K線圖,從K線圖可以看到,目前台股確實遇到超級壓力區,要突破這個壓力區橫跨7000～7500,足足有五百點,當然不容易;同時因為這是非常明顯的型態學,所以目前有越來越多人看空。我們不管誰對誰錯,因為那都不重要,重要的是如何操作?看空者不見得有辦法作空,看多者也不見得有能力作多,因為**除了方向之外,進場時機與價位才是真正與操作有關的**,其它的預測都是多餘。

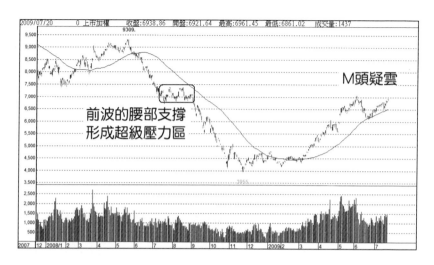

目前我還沒能看出多空的千點行情，雖然心中已經慢慢有點感覺，但還是嫌目前龜苓膏兩邊的標的與價位太貴。你可能會說，cola等來等去，萬一又錯失良機怎麼辦？錯失良機的另一個正面解釋是「塞翁失馬焉知非福」。你要知道，利潤的背後潛藏著風險，不可能只要利潤而不要風險，這是天方夜譚；我的看法很簡單，如果賠率不夠高，那麼寧願不要冒險。

我一直強調，如何才能讓龜苓膏戰術與一般選擇權買家「十賭九輸」的宿命有所區隔呢？那就是進場時機與價位，也就是要發揮等待的藝術，而這個藝術，我又將它架構在技術分析之上，想要學會龜苓膏戰術，必須先有技術分析的基礎，而這點讀者無須緊張，因為cola每天的操作日記就是技術分析的活教材，你只要長期閱讀，讀到哪裡，學到哪裡，這樣就夠了。

高手跟贏家的區別就是「務實」二字，贏家只做跟操作有關的事，而高手卻什麼都做。我們越務實，就越接近贏家，這是cola近期的最新領悟。

未見敗象 2009/7/22

　　早上我在車上聽廣播，播報財經新聞的記者總是以7000點作為話題，一下站穩，一下又近關情怯，我覺得滿好笑的。其實今天的指數很平常，就算是收7000點之上又如何呢？有必要為了區區幾點，斤斤計較的作文章嗎？

　　我的結論很簡單——「未見敗象」。我也不想在這裡預設立場，這絕對不是想偷懶，而是我認為在中長黑尚未出現之前，沒有必要過度緊張，如果你想參考比較大的方向與型態，延續昨天的劇本就可以了。

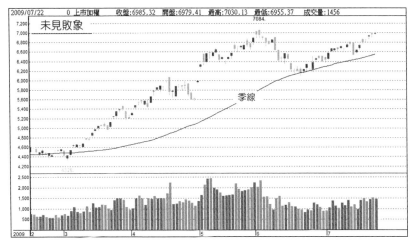

延續昨天的看法 2009/7/23

今天跟昨天差不多，基本上延續昨天的看法就行了，沒有必要預設立場。

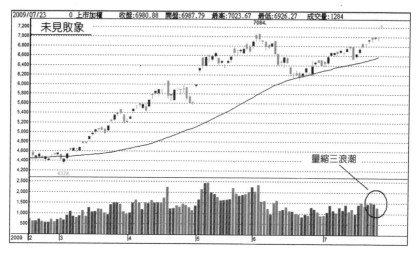

這裡要說一下，我對選擇權價格的認定是依照現貨價，也就是台股大盤指數，而非台指期貨指數。你可能會覺得很奇怪，但不管期指是否先預扣了除權除息的部分，我都還是認為現貨為王——這是cola跟別人看法不同的地方。

尤其是目前台股指數在7000點附近，而7300 call居然比6500 put便宜，這點我認為是由於看空的人比較多，所以才會有這樣的價差。因為期指已經先反應，所以接下來如果台指現貨相對強勢的話，作空期指的人並沒有便宜可佔，反而是對勇於作

多的人來說，call變得相對便宜。

	買權Call							賣權Put		
					TXO 台指選	200908				
買進	賣出	成交	漲跌	總量	履約價格	買進	賣出	成交	漲跌	總量
461	493	476	▼5	297	6500	90	92	90	▼2	9745
390	397	397	▼6	515	6600	118	119	119	▼2	9844
324	335	327	▼10	1124	6700	151	153	152	▲2	7800
266	270	268	▼7	3106	6800	190	194	190	▲1	4868
215	216	216	▼2	7418	6900	240	244	236	▲2	3716
169	171	171	▼3	15275	7000	290	298	290	▲4	1785
131	132	131	▼4	11437	7100	348	354	349	▲2	398
98	99	99	▼2	13959	7200	402	440	407	▲3	197
72	73	73	▼1	9217	7300	470	505	477	▲15	27

都太貴

　　但不論是call還是put，你會發現，都還是很貴，而因為時間還很長，價值還很高，所以我們不進場，繼續等待便宜的一方出現。

　　這幾年cola一直很努力想找出一套務實操盤法，而目前大概就是三分法操作策略與龜苓膏戰術比較合乎我的要求。或許cola現在還不是真正的贏家，但已經慢慢有贏家的感覺（至少是朝良性循環的道路走），相信只要堅持下去，cola絕對可以成為贏家——如果cola可以，你也可以。

小黑創新高，問題不大 2009/7/25

　　今天開高走低收小黑，雖然是下跌量增，但小黑創新高，故問題不大。既然不是敗象，那就讓市場自己決定它的方向，我們只要擬定操作策略，找出勝率與獲利率之間的平衡即可，無須預設立場。

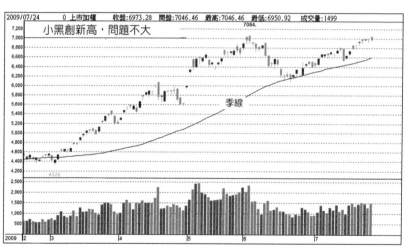

敗象未出，無須看空 2009/7/27

今天上升量急縮，這是量價背離的破壞訊號，還是量急縮有利多方反彈呢？從成交量的角度來看，多空都有理，所以我們很容易陷入量價關係的框框內，進退兩難；但如果化繁為簡的話，今天並不是中長黑，不是敗象，所以沒有理由看空，這就是K線學所告訴我們的現況。

如果以型態來看，目前確實還有M頭疑雲，這點對多方不利，多方必須突破型態上的劣勢，但要突破劣勢，就必須跳空大漲或是長紅大漲，所以多方要加油。還好，季線上揚，年線也走平，說明長多格局確立，長線保護短中線，剛好彌補型態上的劣勢，總歸一句話：敗象未出之前，無須看空。

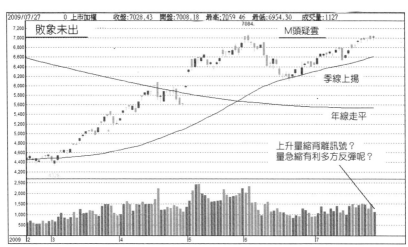

　　cola的操作日記是非常好的技術分析活教材，無論準確度與穩定度都相當高，讀者在長期閱讀之下，定能學會技術分析，相當值回票價。但學會技術分析，就能輕鬆獲利嗎？根據cola這幾年的操盤經驗，我必須坦白講：「操作比我想像中難。」cola目前也還在參加寶寶爬行比賽的階段，這點我不敢欺瞞讀者，只能儘量務實的操作，一步一腳印，看能否累積獲利；與時間做朋友，讓時間自己去發揮它的魔力，然後築夢踏實，至於最後能否成功，我現在也不敢講，一切只能「盡人事，聽天命」。

有突破型態的機會 2009/7/28

　　昨天的主題非常簡單，只有八個字：「敗象未出，無須看空」，這是化繁為簡的最高指導原則，也是「價為主，量為輔」的最佳運用實例。今天上升量增收中紅，型態有突破的機會，多方記嘉獎乙次。

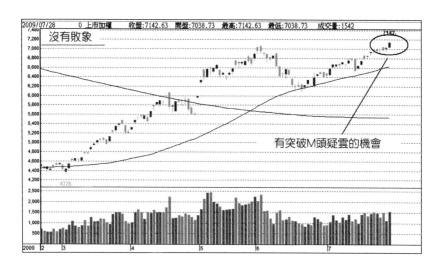

　　這陣子我們的分析都是以沒有出現敗象為結論，告訴讀者無須看空。看到這裡，如果cola沒有公開操作過程，你肯定又會將這樣的成就歸功於cola，並且認定cola操作績效卓越而甘拜下風。我承認這次的解盤正確性還算滿高的，這一點都不意外，因為cola的技術分析本來就有相當的程度，所以解盤的穩定性還算高，這點我有相當自信，而這幾年下來也確實如此，否則就無法擁有長期讀者了；但如果說分析正確就等同於績效卓越的話，這點我認為有待商榷。

　　由於市場本來就充滿著矛盾，對於技術分析派的人而言，往往會進退兩難，買也不是、不買也不是，買了怕跌、不買又怕漲，實在很為難。cola為了解決這個非常難搞的問題，才會發明三分法操作策略，利用1／3持股來解決「股價上漲手中無股」的遺憾，而另外握有2／3資金充當後援部隊，這樣就可以做好資金管控，是個相當務實的操盤法。

運用三分法操作的人，自從去年10月底到現在一直都處於持股續抱的階段，而這些人有可能會是這次的大贏家——當然最後的結果必須等到賣出才算數，否則都是紙上富貴，不能當真。如果最後三分法真的成為最大贏家，恐怕是許多人始料未及的。三分法看起來好像是幼幼班在用的，一點也不高級、不華麗，但其實想要將三分法發揮的淋漓盡致，需要相當的技術分析功力與成熟的股市心理，而後者源自豐富的實戰經驗，並沒有想像中那麼簡單。

想要使用三分法，必須能判斷長線買點，光是這點就不容易了。比方說我們這次的三分法的起頭是去年10/22〈台股的彩虹〉提出從現在開始向下買，採取買黑不買紅的方式，建立1／3基本持股。現在看來，的確有買在台股的相對低點——其實長線買點是無法買在絕對低點，只要能夠買在相對低點就算是非常成功了。

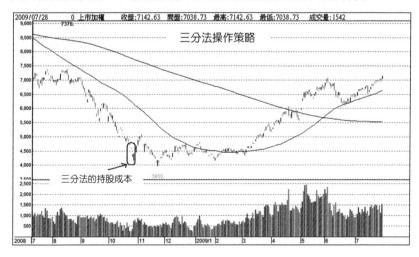

　　但光會買還不行，你要能夠賣在台股的相對高點，這樣才能算是圓滿大結局。而買進之後，一直到你的目標價出現為止，都不能被洗掉，這個看似簡單的過程，其中每個環節都與技術分析、操作策略、股市心理學，甚至是資金管控有關，所以三分法是個相當成熟優秀的操盤法，也是cola將來會採取的方法，值得讀者參考。

　　三分法與龜苓膏戰術還有一大優點，就是進出次數相當少，可以大量、有效的節省交易成本，光是這點，就已經值回票價了。千萬不要小看交易成本，如果你仔細算一下從開始買賣股票到現在的手續費，保證你嚇一跳，因為這些手續費讓你的獲利大幅縮水，若幾十年下來，肯定是一筆相當大的數目。所以操盤法本身的優異，必須從多方面來考量才夠客觀。

微利時代，更要務實 2009/7/29

　　今天究竟是下跌量增，還是上升量增？你可能會覺得奇怪，明明下跌快60點，這不是下跌量增，難道還是上升量增嗎？如果以收盤指數而言，的確是下跌沒錯，但如果是以K線的位置來看，今天的K線算是比昨天的位置來得高，你要說它上升量增，其實也是可以的；而我的解讀是「下跌量增」，最大的理由是收盤跌得有點多，不能算是好盤，定義成下跌量增才比較合理。

　　但下跌量增算是量價背離的破壞訊號，難不成此波漲勢已經到頂了嗎？今天算不算破壞訊號呢？如果連上升量增還是下跌量增都要討論的話，那就表示敗象不明顯，既然敗象不明顯，當然就不能說是破壞訊號。像這樣的現象，我們化繁為簡，用一句話來作為結論：「小黑創新高，問題不大」。

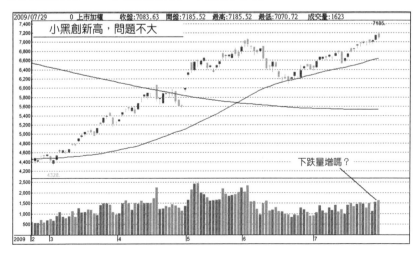

反省就是最務實的做法 2009/7/30

今天下跌量縮收長下影小黑，表示昨天看成下跌量增算是解讀正確，但昨天並沒有出現中長黑的敗象，所以無須看空。如果將昨天與今天的K線連貫起來，確實有漲勢中斷的味道，型態有拉回的疑慮，所以我暫時將盤勢規劃成「沿著季線做反彈」，也就是漲勢可能趨緩。

cola一直在強調務實哲學，而操盤手如何務實呢？到處找尋不傳之秘還是什麼必勝絕技嗎？cola直接說，根本沒有這種東西，與其浪費時間，不如回過頭來好好的記錄與檢討，看看自己的交易究竟錯在哪裡，如果是錯在方法，那就修正方法，如果是錯在心態，那就調整心態。經過這樣反覆的修正與調整，你會

發現錯誤的次數慢慢減少，雖然還是一樣會犯錯，但只要不會犯下滔天大錯就好了，小錯沒有什麼關係，就像cola講的「小賭怡情」，輸了就算了，只要沒有動搖到本金，不會讓你落到巧婦難為無米之炊的窘境，就沒有什麼大不了的。

光是檢討真的就有用嗎？當然沒有那麼簡單，因為你還是要參考cola的日記，這樣會比較快進入狀況。但cola的三分法操作策略就是檢討之下的產物，因為cola一直無法克服「操作的混沌期」，雖然每次都是分析正確，但卻沒有一套能夠真正切入買點的操盤法，所以都是用嘴在做股票，到頭來還是無法避免「股價上漲手中無股」的遺憾。

幾次的漲跌輪迴之下，我發現如果沒有找到克服的方法，這輩子的操作應該沒有辦法突破了，所以才會在去年10/22盤後建議「從現在開始向下買」的想法。這樣的提議在當時還被一些網友視為走技術分析的背離之路，但其實這才是cola化繁為簡的操作哲學。這幾年來我非常認真的學習技術分析，且實實在在的用於實戰經驗上，因此比任何人都清楚技術分析的盲點與罩門；為了克服技術分析無法應付的「操作渾沌期」——講白一點，就是「買也不是，不買也不是」的矛盾期——而研發出這套三分法操作策略。

　　如果說三分法就是cola在自我反省下的產物，我完全贊同；龜苓膏戰術也是。期指的獲利很高，但前提是要能夠獲利，這也意謂著期指的風險也很高（因為利潤的雙胞胎兄弟就叫做風險），光是期指的停損就是一大學問，這點沒有想像中來得容易。cola並不排斥任何方法，但我認為沒有一種操盤法能夠盡如人意，否則全世界早就只剩下一種操作模式，市面上也不會充斥著琳瑯滿目的操盤法，所以我的結論是，唯有靠自己的努力尋找屬於自己的操作模式才是正途。

漲勢趨緩 2009/7/31

　　昨天空方好不容易製造了拉回的機會，今天卻沒有趁勝追擊，反而收得還不錯。cola這「還不錯」是什麼意思？我這是指對於型態而言，指數能夠維持在高檔處，就表示多方有能力「守」，情況沒有昨天來得差。

　　這樣是不是又要轉多了呢？這點還是有疑問。美股創新高，照理講台股有了很好的機會可以表現，但卻只是守住而已，表示漲勢趨緩是事實。

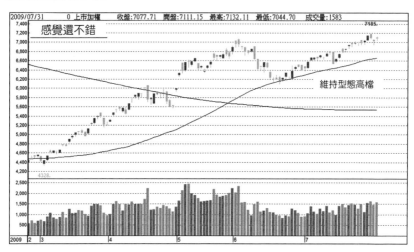

二、三分法之第二階段任務

學會自己做主 2009/8/3

　　週五我們對台股的主題是「漲勢趨緩」，今天小跌，暫時符合規劃——我的規劃是，指數將沿著季線作反彈，可能會等待季線上來再說。三分法操作策略還是維持1／3基本持股不變，無須理會短中線的震盪。

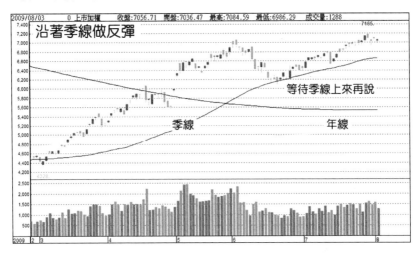

　　其實操作除了考驗技術之外，更考驗操盤手的耐心，主力有的是時間跟耐性，所以我們要比他更有時間、更有耐性，才能擁有主控權；主控權並不是控盤能力，而是我們可以決定自己的部位，擁有自己的進退機制（控盤是主力的特權，因為他們有錢，我們小散戶是無法控盤的）。

　　讀者可能會說，自己的部位當然可以自己控制，難不成有人可以強迫我們買賣嗎？其實很多時候是被迫買賣的，像是看到報章媒體大肆報導行情如何熱絡，製造沒有進場或是將錢存在銀行的都是傻瓜的假象時，此時所有親朋好友的話題都跟股市有關，所以自己就在不知不覺中加入這場混戰，看起來好像是自己做主的，但其實根本就是受到外力的引誘，這就是被動式的加入。

　　接下來，營業員會希望你用融資操作，你在毫無概念之下，連融資的定義都還沒有搞清楚，只知道用融資操作可以買一份、賺兩份，真是太美妙了——這也算是一種被動式的加入——等到行情直轉急下，融資的維持率不足，只好被迫加碼，一路攤平，之後還是被斷頭。整個操作的過程，從頭到尾幾乎都不是自己主動的，或者該說主控權從頭到尾一直都在別人身上，自己其實是被牽著鼻子走，沒有能力為自己做主。

　　股市心理學就是要我們學會自己做主，不要受其它因素干擾，但這樣並不容易，必須有相當的自信才能做到，而自信源自於技術分析的功力與實戰經驗的累積，就是所謂的「藝高人膽大」，這種膽不是憨膽，而是自信的表現。

　　操作除了要有耐心之外，更要知道反省與檢討。氣象預報今天會下雷陣雨，cola出門吃中餐時就乖乖的帶傘，因為上次我就是被雷雨困在騎樓一個多鐘頭，所以這次就算是白帶傘，也一定要帶，免得重蹈覆轍；也好險我有帶，果然下大雨了，這就是修正錯誤的結果。

　　生活當中有很多類似的例子，我們都能運用自如，但為什麼偏偏在操作上面卻忽略反省檢討的功能，反而一昧的外求必勝絕技與不傳之秘，這不是捨近求遠嗎？檢討與反省可以幫助我們減少重複錯誤的操作，是非常務實也最簡單、平實的做法。

漲勢中斷之空方不夠狠 2009/8/4

　　今天開高走低收中長黑，下跌量增，算是敗象。原本我們將盤勢定義成「漲勢趨緩」，現在需要換一個名稱——「漲勢中斷」。這有什麼分別呢？前者只是震盪或是緩漲，短中線都還是多方勝出；而後者是短中線偏空，盤勢有拉回測試季線的可能。

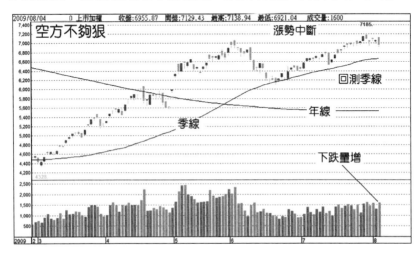

因為今天的中長黑本身的高度就超過7100，如果多方想要漲，隨便就會過這個高度。而多方的目標就是我講的7800附近，這樣型態才算突破成功，否則乾脆不要漲。這樣的跌勢還不夠猛，爛線還不夠爛，給我的感覺還不夠糟，所以我覺得空方不夠努力，才將今天的主題「漲勢中斷」後面加上「空方不夠狠」這幾個字。

其實現在有個最大的問題，如果盤勢真的就這樣漲上去，那明年的第一季豈不是漲上天了嗎？這點才是真正的困擾所在。如果現在繼續上漲，那明年的第一季要漲什麼呢？難道真的會上萬點？真的會創歷史新高？這些預設立場的工作不是cola應該做的，我只能且走且戰，隨時調整戰略，有機可乘的時候就進場，沒有便宜可佔的時候就看戲。萬一都沒有機會進場呢？那就只好看1／3基本持股的表現了。

三分法操作策略才是我們將來要徹底執行的操盤法，因為它能解決股價上漲而手中無股的遺憾，是個相當優秀的操盤法。

靜待止跌訊號之M頭疑雲 2009/8/5

今天開高走低收中長黑，中線已然是空方勝出，回測季線的機率越來越高了。

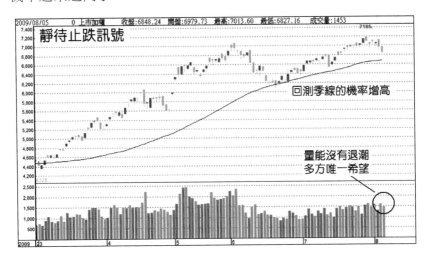

我們可以再將眼光稍微放遠，看一下比較大規模的劇本。之前常說7000～7500的超級壓力區是多方需要克服的，這是空方最有利的型態劇本，也是形成M頭疑雲的理由，而這兩天的大跌給了空頭很大的信心，M型頭部的劇本有譜了。

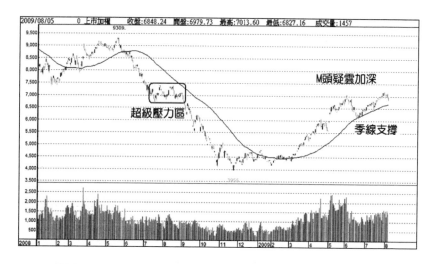

目前無論K線或型態都是空方勝出，也就是短中線走空；而季線上揚將會成為多方的有力支撐，空方第一任務就是跌破季線，造成季線下彎，這樣就可以將長多格局扭轉過來，讓今年的漲勢到此為止，台股再度回到空頭市場。

看到這裡，這陣子追價買進股票的人，有沒有感到一片暈眩，前途黯淡無光呢？雖然目前最佳的操作策略是靜待止跌訊號，但各位也無須太過擔心，在跌破季線之前，長多格局還是存在，並非毫無希望。

今天我們來談一下專職操作比較好，還是業餘操作比較好呢？理論上，專職操作可以全心全力操盤，操作績效應該會比較好，但這是真的嗎？我想專職操作是許多投資人的夢想，不過除了會有生活費的壓力之外，緊盯螢幕其實對操作績效並沒有幫

助。讀者一定會說，難道業餘就會比專職好嗎？以前cola有個網友（後來到中華開發當外匯交易員），他講過一句話，我覺得滿有意思的。他說：「操作績效跟盯著螢幕的時間成反比。」這剛好與很多人的想法相反，大部分的人認為只要能緊盯著螢幕操作，應該就能提升績效，其實並不見得，既然如此我們又何必追求專職操作呢？不如做個有能力的業餘操盤手，至少精神與經濟的壓力不會太大，這樣操作績效反而會更好，操作之路也會走得更長更遠。

cola又在鬼扯了，這是什麼理論？一點都不合邏輯。以cola這幾年的操作經驗來看，我認為這不但非常合乎邏輯，也是值得提倡的理念。很多人都嚮往專職操作所帶來的自由人生，因此一頭栽進股市，並且不計代價的上課、上課、再上課，就是想早日達成專職操作的目標。cola當初也是抱持這樣的想法才去上課的，因為我認為只要能夠專職操作，這樣的學費非常划算；既然cola有這樣的想法，想必其他上課同學的目的也相去不遠，都是為了追求自由人生，但這是因為我們誤將自由人生與操作人生畫上等號，才有此想法的，這個想法是正確的嗎？是務實的嗎？我想正確與否見仁見智，務不務實就非常清楚了。

以cola現在的想法來看這個問題，我認為一點都不務實，所以cola的專職操作願望，早就從很急變成不急，到現在已經是可有可無了。專職操作並非真的無法養活自己，這個市場應該

有人真的是靠專職操作吃飯的（討論區有很多這種人，但我本人是沒有認識半個），但除了專職操作之外，上班真的有那麼痛苦嗎？如果沒有那麼痛苦，那兩邊都賺，是不是比較快呢？如果你真的操作得很好，自然不必太在意職務上的升遷，把上班當成消磨時間也不錯；萬一你的操作沒有想像中順利，至少還有一份工作，不至於讓生活陷入困境，這樣不是更好，更加務實嗎？

尚未見到止跌訊號 2009/8/6

昨天說中線已經是空方勝出，回測季線的機率越來越高了；而今天開高走低留長下影線，雖然收盤上漲，但中線方向仍舊往季線移動，沒有出現止跌訊號。以上純粹就K線的位置與型態來分析台股的中線走勢，如果搭配成交量來看的話，就有「量縮三落潮有利多方反彈」的利基。

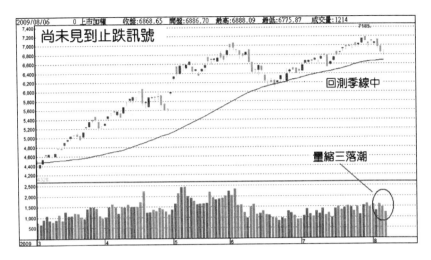

舉凡操作必定要承擔風險，不入虎穴焉得虎子，但只要資金不受影響，虧損這件事情就當成「勝敗乃兵家常事」，以平常心看待即可。cola有句名言：「操盤三要素：技術、膽識、運勢，缺一不可。」其中技術與膽識操之在己，唯有運勢必須靠幸運女神眷顧。

這下傷腦筋了，像cola這麼努力的學習技術分析與操作策略，也有足夠的膽識來執行自己所規劃的戰術，但最後卻必須要靠幸運女神的青睞才能出頭天？雖然說傻人有傻福，但萬一女神放長假，而cola的好運也剛好用完了，這樣豈不是等死嗎？為了避免這種情形發生，我們必須將資金妥善分配。cola有個想法，資金要盡量切割，直到「資金比運勢來得強」。這是什麼意思？舉龜苓膏戰術為例，將龜苓膏的賭注切割成很多份，多到即使連續失敗九次也還有資金操作，這就對了。

為什麼要設定成「連續失敗九次呢」？因為選擇權買家的宿命就是十賭九輸，所以才會有人想做莊家。cola認為，只要你的資金能夠熬過十賭九輸的話，基本上就是相當好的資金管控法則了。

保守為宜，務實為上 2009/8/10

今天收小紅，是止跌訊號嗎？止跌訊號的標準K線是中長紅，也就是要漲得夠猛、夠有氣勢，才有資格談止跌，今天只是小漲，並不算止跌訊號。

週四的成交量有「量縮三落潮」，有利多方反彈的契機，不過並沒有補量，所以今天形成「量縮四落潮」，還是有利多方反彈，但是反彈之後不見得會順利上漲，空方也可以期待反彈補量收爛線，準備跌破季線，結束這次的長多格局。

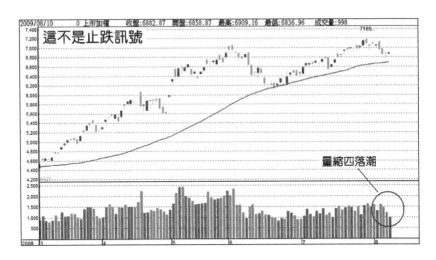

簡單講完今天的技術分析,順便談一談我對這次莫拉克風災的感想。我不是要談傷感的事,而是要談台灣的土地為什麼要對台灣的人民這樣的狠心呢?這是大地的錯,還是居民的錯呢?

這樣的災情帶來莫大的生命與財產的損失,我們是否應該開始反省如何與台灣這片土地好好相處,不要再對它濫砍濫伐了?雖然台灣處於地震帶,會造成土地的變化,但造成現在每逢大雨必淹水,或是每逢颱風必重創的真正原因,可能是人禍而非純粹天災。我想這就是台灣人對於土地「予取予求」的結果,大地的反撲就是最好的教訓。

這樣的教訓帶給我很大的震撼,讓我想起這次的金融風暴,不也是大家對金融市場「予取予求」,將金融商品玩過頭之後,被市場的大反撲給教訓的結果?cola當初輸掉四百萬,不也是

股票市場告訴cola：「你玩過頭了！」於是把我好好的教訓一
番？因此，保持謙虛與適可而止，應該會是比較好的操作模式與
心態，這樣才不會遭到市場的反撲，發生重大虧損。

這是止跌訊號嗎？ 2009/8/11

　　昨天說有機會可以利用量縮四落潮的契機做反彈，今天收
盤，上升量增收長下影小紅，反彈補量成功，這是止跌訊號嗎？
我們說過，止跌是要靠氣勢，今天有氣勢嗎？盤中續跌，收盤也
只上漲26點，這叫氣勢嗎？既然沒有止跌氣勢，就不能當成止跌
訊號，就是這麼簡單。

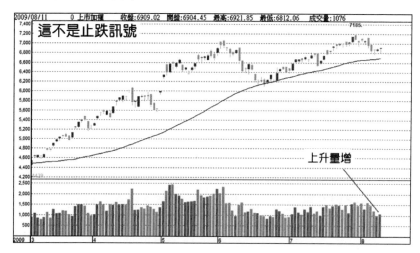

　　目前全台的重心都在救災，看到這樣的災情，我們發現政府的救災系統出了很大的問題，導致損失擴大。當然cola不是要談真正的災情，我要將這樣的事件推廣到操作上的退場機制與緊急應變措施。你可能會說，操作就操作，哪還需要什麼退場機制與應變措施？如果你這樣想，那下一次虧損四百萬的人，可能就是你。

　　我不是在嚇人。今天政府的救災體系如此不堪，就是認為沒有必要建立這樣的體系，或是平常演練都只是做做樣子，或者規模太小，根本無法應付重大災情，現在才會捅出這麼大的樓子。而cola當初虧損四百萬就是因為沒有退場機制，也沒有緊急應變的措施與能力，才會不知道停損，並且一路向下攤平，越攤越平，最後眼睜睜看著自己融資斷頭，四百萬就這樣被金融市場的土石流沖走。操作必須要有危機意識，否則這次莫拉克的災情，將來勢必會在股市中上演，而我們的家產能否順利退場，就要看我們是否將這樣的教訓運用在操作上了。

　　cola所研發出的龜苓膏戰術與三分法操作策略就是非常好的例子。這兩種方法都是資金管控非常確實的操盤法，不會因為突發狀況與金融風暴造成無可彌補的虧損。

　　以前我只能傻傻的學習，所以犯了很多錯誤，也走了很多冤枉路，現在我有能力可以影響讀者，而我要推廣的理念就是顧好自己的本業。我很高興現在有一份還算不錯的工作，有了穩定的

收入，就不會急著想獲利，因而做出不當的操作。我並不認為這樣有什麼不好，甚至認為這樣才是正途；這就是cola的務實哲學。

所謂「時勢造英雄」，每次的歷史大動盪都會造就一些傳奇人物，股市也不例外。有時候我們會聽說某某前輩賺了多少錢，其操作模式在當時造成轟動，傳為佳話。這樣的例子是真的嗎？我想真假各佔一半。真的部分是可能確有其人，假的部分則是可能被善意的誇大。對cola這樣平凡的小人物而言，我並不怎麼在意這些傳奇是真是假，因為「務實」這兩個字比什麼都重要，不管是時勢造英雄，還是英雄造時勢，這些都不關我的事，唯有實事求是，一步一腳印，才能讓我貼近事實，感到踏實。

意興闌珊盤？ 2009/8/12

今天的小十字紅K究竟要如何解讀呢？答案很簡單，我們只要觀察今天有沒有止跌氣勢，就可以知道這是不是止跌訊號。而目前除了止跌訊號需要注意之外，其它的都不是重點；換句話說，除了止跌訊號之外，其它都是可有可無的雜訊，無須理會，這就是化繁為簡的技術分析。

　　而今天當然沒有止跌氣勢，所以不算止跌訊號；既然不是止跌訊號，短中線就沒有理由看多。但長線走勢仍是多頭格局，除非空方有效跌破季線。這裡所謂的有效跌破季線指的是長黑摜破季線，而非跌破季線幾點或是幾十點，這樣不叫有效跌破。

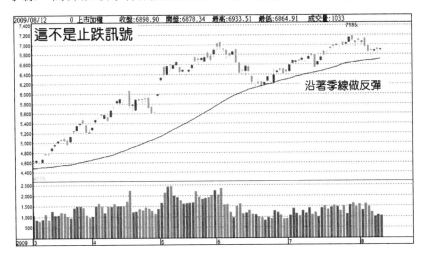

　　這陣子漲到七千點，其實只是之前股票被套，現在好不容易解套，真正有賺錢的人並沒有想像中那麼多，除非你是採取當初cola建議的三分法操作策略而持股續抱的人，否則不見得賺得到錢。

　　正因如此，所以好不容易解套的人已經出清持股了——我同事就有一個是這樣的典型例子，他在七千點的時候下去買，結果被套到現在，終於有機會小小的賺到，趕快出清持股。由於他只操作現貨，所以有機會解套，如果當初是用融資下去接的話，那

就麻煩了。而我另一位同事做得比較短，連他都說最近跌多漲少，沒什麼好看的。

綜合以上短線與長線的投資人，我得到一個結論——「意興闌珊盤」，所以今天的量縮沒有什麼太大的意義，只是交投不熱絡而已，沒必要過度解讀。

cola沒有所謂的不傳之秘與不敗的絕技，只有將技術分析化繁為簡，並融合自己多年的操作經驗，研發了龜苓膏戰術與三分法操作策略；我對這套操盤法相當有信心，打算用三到五年的時間，以自己的操作績效來驗證，看看這是不是我理想中的「務實操盤法」。

三到五年？cola你有沒有搞錯，一套操盤法居然要用三到五年才能確認可行性？坦白講，三到五年還是保守估計。2000年台股大崩盤，cola賠掉四百萬的慘況，在2008年的金融風暴終於再度上演。只不過這次的苦主換人了，不再是cola。這中間隔了將近十年，果然「十年風水輪流轉」是真的，不要鐵齒。

如果你沒有經歷過2000年的大崩跌，可能無法體會這次的金融風暴的過程，其實跟當初簡直一模一樣，雖然引爆的事件不同，結果卻是一樣悽慘。還好cola痛定思痛，徹底醒悟，這次才能擺脫輸家的命運。也就是說，如果你是以2001年之後的操作模式來操作的話，有可能把這幾年所賺的都在2008年的金融

風暴輸回去，搞不好還倒貼。所以我說三到五年其實是個保守的
數字，一點也不誇張。cola要學習的東西還很多，而我的老師
就是所有投資人共同的老師——「市場」，唯有市場才是真正的
老師，唯有市場才有資格頒給我們畢業證書。

止跌訊號 2009/8/13

今天上升量增收中紅，這是止跌訊號嗎？我認為是。cola
你的意思是台股開始止跌回升了嗎？有可能，因為我們所謂的止
跌訊號就是中長紅，而今天開高走高，漲了2%，紅K的實體線也
夠長，確實有止跌氣勢；加上成交量也回溫了，以目前的型態而
言，這根中紅確實有資格構成止跌。

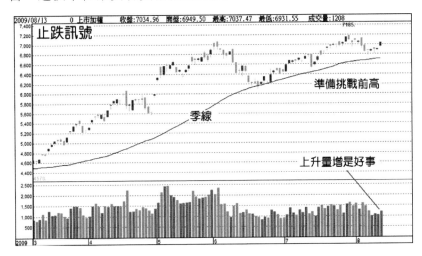

　　想要學習技術分析的讀者，將來可以配合cola的新書，邊做邊學，如果cola說觀盤的重點在「止跌訊號」，那讀者就可以查閱新書的止跌訊號，每天就看當天的重點，不需急著將整本書看完。為什麼呢？秘密花園的標題是「技術分析不難，難就難在活用」，所以就算你短時間看完整本書，我想也不見得能馬上活用。建議採取「邊做邊學」的方式，當場比對並感受當天的盤勢，學習起來會事半功倍。這樣幾年下來，經常出現的K線、型態與長期均線，都能不斷複習，絕對可以學會一套非常務實的技術分析。

　　如果你單獨使用技術分析來操作這幾天的盤，可能不會很順利，不見得賺得到錢，所以我才會說：「把現況交給技術分析，把未來還給操作策略」；也就是說，技術分析與操作策略是要分開進行，不能混為一談。

　　剛開始學習技術分析的讀者，可能會覺得有點混亂，很難將技術分析與操作策略做出切割，所以常常陷入「很會看盤，卻不會操作」的窘境。如果你有這樣的情形，無須灰心，因為討論區有九成的高手都是這樣，大家說得頭頭是道、振振有辭，卻常常「買也不是，不買也不是」，導致看盤績效與實際操作績效不成正比，這便是高手與贏家的差異所在。

　　cola研發三分法操作策略與龜苓膏戰術，就是為了突破高手與贏家之間的鴻溝，跳脫「很會看盤，卻不會操作」的階段，進入贏家的領域，當然目前這兩種操盤法還不成熟，我也不敢保

證一定能做到這樣的境界，但我認為這兩種操盤法都是以務實操作為出發點，只要我們一步一腳印，不斷修正與改進，最後一定可以築夢踏實，成為贏家。

過去沒有發生，不代表未來不會發生
2009/8/14

　　昨天我們說這是止跌訊號，今天開高收小黑，這是爛線嗎？其實並非所有黑K都是不好的，今天雖然收小黑，但收盤也有上漲34點，表現得還算是不錯，不能說是爛線。反過來看台股的型態，今天的K線位置比昨天的中紅上緣還要高，加上成交量也是增加的，應該看成是上升量增的「黑色騙線」，也就是說，短線還是樂觀，無須看空。

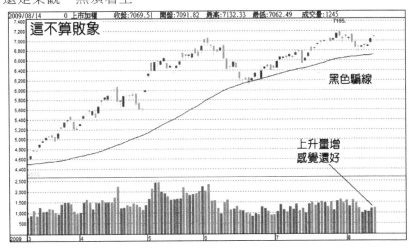

以上是我們化繁為簡的技術分析。如果你有cola的書，今天的功課就是「黑色騙線」，這樣你又多學一種K線了。讀者不用刻意去上整套的課程，每天一K線，不但不會太累，也比較單純，容易集中精神，不會被混淆，這才是cola認為最佳的技術分析課程。

讀者可能會說，難道短期所學的課程沒有用嗎？當然有用，只要是用功學習，都會有效果的。但別忘了cola的名言：「如果沒有足夠的實戰經驗，你是無法駕馭技術分析的。」而實戰經驗要多久才算足夠呢？這個沒有絕對，畢竟每個人的資質不同、用心的程度也不同，不能光用時間來衡量，但以cola自己的經驗，我認為一個每天用心檢討操作日記的人，大概三到五年之後，就會有相當的功力。

cola你怎麼知道呢？因為我是以自己的例子而言。我自從學習技術分析以來，就養成寫操作日記的習慣，而且我的操作也從不間斷，大概三到五年，開始慢慢有了盤感，去年開始更是以躍進的方式向前邁進，盤感三級跳，所以我認為三到五年是非常基本的數據。既然至少需要三到五年的實戰經驗，那我們有必要在短時間之內耗盡自己的精力嗎？所以請接受cola真心的推薦，唯有這樣的學習方式，你才有辦法走得長、走得遠，也才不會半途而廢。

講完了技術分析與操作策略，我們來談談另外一個觀念，這個觀念我認為非常重要，值得花讀者一點時間來思考。以下cola用自己的親身經驗，來開啟這個話題：

在cola賠掉四百萬之前，華碩從沒有低於200，然而cola卻是在華碩130幾的時候融資斷頭，今年的金融風暴，華碩還跌破30，在那之前，我們從來不知道華碩這個資優生也有這樣的一天。這次的雨量是台灣有史以來最大的，更加證明了今天的主題——「過去沒有發生，不代表未來不會發生」。

這個經驗對於股票族來說是非常寶貴的，告訴我們操作不能心存僥倖，不要以為過去沒有發生，就大刺刺的曝露資金管控的缺口，認為不會那麼倒楣。如果這麼想的話，那2000年股市大崩跌與2009年金融風暴的慘劇，遲早會再重演，到時候就沒有那麼幸運了。

cola為什麼選擇龜苓膏戰術？因為它的資金管控容易，當你進場的時候就已經決定你的虧損最高上限，即使天塌下來，也不會再多輸一毛錢，這就是龜苓膏戰術的最大優勢。三分法操作策略也是堅持只做現股，即使現股仍然有風險（你不可能只想獲利，而不想承擔任何風險），但起碼有回頭之路，而融資卻有斷頭之虞，兩者的風險程度有著非常巨大的差異。

務實操作的第一步，就是進場之前先想好退場機制，而且是

不會造成重大虧損的退場機制；有了優秀的退場機制，接下來的獲利才是真的。否則只要一次像這樣的大水，那我們之前辛苦賺的，可能在一夕之間全都吐回去，白忙一場。

趁著這次的雨災，我們除了關心災民，熱心贊助外，也必須回過頭來好好的檢視一下自己的操作策略是否能夠應付像這樣的洪水，不會被股市的土石流給淹沒。

歸零是必要之惡 2009/8/17

週五cola對台股的結論是「黑色騙線」，短線還是樂觀，無須看空。今天大跌，以K線的量價關係來看，是非常標準的破壞三兄弟的二哥「高檔走低，爛線，量急縮」，短中線已經偏空，明天要小心反彈補量收爛線的三弟。

雖然短中線偏空，但型態與季線都還是多方勝出，怎麼看呢？型態尚維持在高檔處，多方尚未淪陷，季線還是上揚，所以長線仍然看多。現在的型態與季線已經綁在一起了，如果跌破季線，則頭部型態也會成形，這是我們必須注意的。

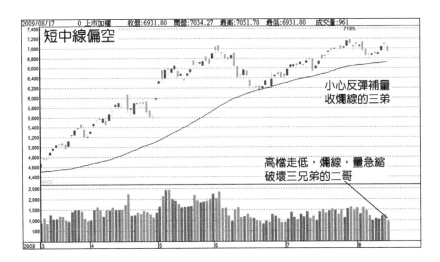

　　龜苓膏戰術的第一階段訓練，就是養成歸零的好習慣。歸零是好習慣？cola你是不是災區的畫面看多了，太過傷感，陷入崩潰，因此胡言亂語？有沒有人喜歡歸零呢？我想這不用問也知道，不會有人喜歡歸零的，但cola認為，贏家必須朝著與人性相反的方向操作，這樣才有辦法勝出，既然沒有人喜歡歸零，那我們就來訓練歸零的氣魄，養成歸零的習慣──這是龜苓膏戰術的第一階段訓練。

　　歸零與人性有所衝突，甚至完全違反人性，因此不見得有辦法完全執行，但如果你想操作龜苓膏戰術，這絕對是必要之惡。為什麼不喜歡歸零呢？因為沒有人喜歡虧錢，所以停損這件事始終都不受歡迎──尤其是沒有虧過大錢的人，不會曉得停損的必要性，等到真的發生重大虧損，才知道「風險」兩個字怎麼寫。連停損都很難了，更別說是將投資進去的錢完全輸光，這樣的觀

念根本就無法接受，不符人性。

龜苓膏戰術的菁華就在「歸零」二字，破釜沉舟、置之死地而後生，就是龜苓膏的精神。做不到這點，就無法發揮龜苓膏戰術的威力，只能稱為半調子龜苓膏戰術。反過來講，只要你能養成歸零的好習慣，那龜苓膏戰術就算是大功告成了。為什麼呢？因為除了歸零之外，剩下的就是獲利了，不是嗎？

有關龜苓膏戰術的停損與停利，我們做一個明確的定義如下：

停損：

理所當然就是讓它歸零，沒有第二選擇；也就是說，龜苓膏戰術只有停利，不用停損。

停利：

1. 操作一口：停利設定10倍獲利。

2. 操作兩口：第一口設10倍獲利，第二口設20倍獲利。

3. 超過三口：1／3設10倍獲利，1／3設20倍獲利，最後1／3讓它自己結算，也就是讓市場來決定它的利潤。

你可能會認為這樣的停利太過離譜，也不切實際，怎麼可能會有這麼高的獲利？依cola的親身經驗，數十倍的獲利是可能

的，而且我認為想要賺大錢，想法就必須與一般投資人不同，越是大家不願意做的、不敢想的，我們越要習慣去做、越要貪心的去想，只有這樣，才能擠入少數贏家的行列，為自己爭取可觀的財富。

龜苓膏戰術的驗證，cola會親自操刀，因為我對它有信心，所以利用驗證期間也同時做磨練。磨練什麼呢？磨練徹底執行這一套操盤法。每個人都必須有一套自己的操盤法，而這個操盤法除了要合乎邏輯之外，也必須適用於操盤手本身，不是隨便拿起來就可以用的，而這需要花很長的時間親自體驗操作過程的每一個階段，這樣才能有效的忠實操作。

想想看，每次的交易都放任它歸零，這樣的操盤法，你能忠實的操作嗎？這樣的停損你做得到嗎？不只是龜苓膏戰術的停損需要忠實執行，其它的操盤法一樣會有停損，你有辦法遵守自己定下來的規矩，從頭到尾，始終如一的執行嗎？這種違反人性的停損必須靠長時間的訓練才行，而唯有做到忠實執行自己研發出來的操盤法，這條操作之路才能走得長、走得遠，這是沒有人能夠例外的。

關鍵時刻 2009/8/18

　　昨天我們說：「今天大跌，以K線的量價關係來看，是非常標準的破壞三兄弟的二哥『高檔走低，爛線，量急縮』。短中線已經偏空，明天要小心反彈補量收爛線的三弟。」今天真的出現補量收爛線的三弟，這就是破壞三兄弟的威力。

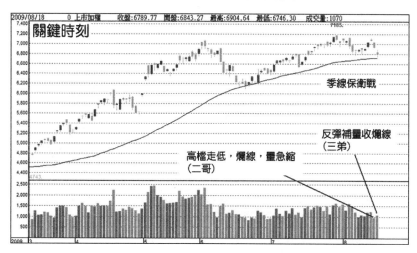

　　破壞三兄弟將K線的量價關係發揮得最淋漓盡致，也是最實用與務必要學會的K線。有些人學習K線是為了做短線，但其實K線的最高價值是在抓型態的轉折，而破壞三兄弟就是專門抓頭部型態的K線，因此非學會不可。

　　cola將量價背離、高檔走低量急縮與反彈補量收爛線，這三根代表敗象的K線擬人化，就是希望讀者能夠輕易熟悉K線學

中最精采的三兄弟。你可以不會K線學，但破壞三兄弟你不能不熟，這是cola的金玉良言，只要學會破壞三兄弟，你就不會發生重大虧損。

那現在該怎麼辦呢？天要塌下來了嗎？目前確實非常緊張，短中線也是偏空，但季線尚未失守，長線還是多方勝出。現在不用看型態，只要季線被有效跌破，長多格局的地位就會動搖，所以季線保衛戰就是觀盤的重點，也是關鍵時刻。

至於三分法操作策略需要異動嗎？現在很多人都在預測這次回檔的低點，這種事情cola以前也是超愛做的，但現在我不會去預測這樣的東西，因為我認為這沒有意義。我的看法是，這1／3基本持股沒有必要出場，因為我們是買在歷史的低檔處，而金融風暴的關廠危機也解除了；也就是說，最糟的危機我們都度過了，接下來就慢慢等到下一次股市上萬點，再來考慮出場的問題，我們還是持股續抱。這就是三分法的終極操作精神。

股票抱上抱下與選擇權歸零，這兩種都是一般的投資人不願意做的，而cola認為這才是務實操作的最高境界──當然這點需要時間來驗證，現在還說不準。既然盤勢不好，不作空的人只能等待止跌訊號，我們趁這個時候來談談股市心理學「何謂大格局」。

很多投資人都有這樣的迷思，認為大部位操作等於大格局，

而大格局等於賺大錢。其實格局大小與操作部位的多寡並沒有絕對的關係，而是與操盤手的思維有關係。

cola常舉例，以前我經營的股市討論區就有路人甲經過，然後丟下一句話：「你們怎麼都只做一兩口，你們是幼稚園嗎？」表示此人認為，部位大小等同於格局大小，這就是一般人的思維；但贏家是少數人，所以我們無須在意路人甲的思維，更不要受其影響。

讀者可能會說，這點非常合乎邏輯，因為他可以賺大錢，所以操作部位當然就比較大，哪裡不對了？我舉自己的例子說明操作的部位與格局其實是無關的。cola當初賺了一百三十萬，自以為了不起，然後不斷加碼，還用融資操作。一個小小的上班族，竟然玩起千萬遊戲，你認為這是大格局嗎？乍看之下的確是如此，因為一天的輸贏超過上班一個月的薪水，這當然是大格局。等到cola輸了四百萬之後，才知道這不是大格局，而是大笨蛋；這是小孩玩大車，不知天高地厚。現在的cola雖然操作部位少得可憐，卻非常實在，思維反而更加寬廣，操作反而更有氣魄。

有句話講得非常好：「最大的格局就是沒有格局。」cola將這句話用在操作上，我們可以將它想成，格局的大小完全視操盤手的現況而言，你認為應該操作幾口，就照自己的思維來操

作，無須參照其他人的想法。套句以前網友講過的話：「唯有自己才會心疼自己的錢。」既然盈虧是自己的事，那我們何苦在意其他人的看法與意見呢？

這不是止跌訊號 2009/8/19

昨天說，季線保衛戰是觀盤的重點，也是關鍵時刻。今天並沒有跌破季線，長多格局尚未改變，無須太過緊張。cola你說無須緊張，是不是可以作多了呢？想作多，可能需要等待止跌訊號出現才行，現在連八字都還沒一撇，怎麼作多呢？基本上今天還是延續昨天的跌勢，短中線仍然偏空，靜待止跌是目前最好的操作策略。

外面的分析師或是討論區都紛紛預測未來的走勢，讀者一定很想知道究竟接下來會怎麼走？關於這點，請給cola幾天的時間，我會利用週末假期好好思考接下來的可能走勢。然後星期一的台股分析就會有個長線走勢的規劃，提供讀者參考。

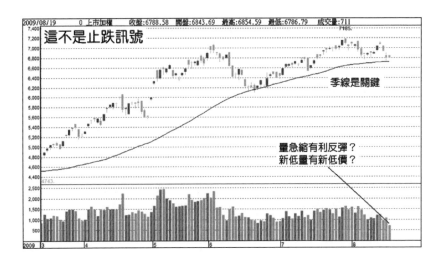

發生重大虧損時，會像快被滅頂的人一樣，看到東西就亂抓，一心一意想趕快將輸的錢贏回來（至少不要虧太多，否則真的很難向家人交代）。這種心境就是cola當初虧了四百萬的感覺。當時我還沒有學技術分析，只想加入帶單操作，看能不能藉由這些高手的帶領，趕快把錢賺回來。結果發現錢不但沒有賺回來，還繼續虧，入會的錢不說，連僅存的幾十萬也變成十幾萬，這就是急病亂投醫的結果。

「先維生，再翻身」是cola親身領悟的務實哲學，我認為這樣的順序才是對的、務實的。這幾年下來，我發現人真的要實實在在的過活，不要好高騖遠。賠掉四百萬對cola而言是非常慘痛的經驗，但也因此讓我學會謙卑，這個學費好貴好貴，貴到幾乎無法承受，靠著家人的團結與支持才走了過來。而這次的教訓也讓我更加珍惜家人與珍惜眼前的事物。這兩年cola提倡

「務實操作理念」，就是希望能與讀者分享務實哲學，將務實兩個字落實到操作上（最好可以落實到生活中），這樣所擬訂出來的操作策略會比較接近真實，也比較接近贏家。

時間是我們的良師益友，我們應該試著跟時間做朋友，讓自己的操作環境進入良性的循環，試著找出能夠獲利的操作策略，然後藉由時間這位好朋友，讓獲利不斷累積。在良性循環之下，會讓我們的操作更有信心、更有魄力、更加長久。

季線保衛戰 2009/8/20

延續昨天的主題「這不是止跌訊號」，今天續跌，可以開始逢低買了嗎？首先我們來看，今天是止跌訊號嗎？當然不是。既然不是，怎麼可以逢低買呢？尤其今天又是下跌量增，當然不能買，以上是空方的說法。我們來看看多方怎麼說。今天下跌量增是所謂的跌勢末端有量，表示有逢低的買盤進場，尤其今天季線發揮止跌作用，因此這裡算是中線的拉回買點，無須看空。

公說公有理，婆說婆有理，清官難斷家務事，我的看法：既然不是止跌訊號，短中線就是空方勝出。但季線保衛戰尚未失守，因此長多格局繼續存在。以上就是cola化繁為簡的結論。

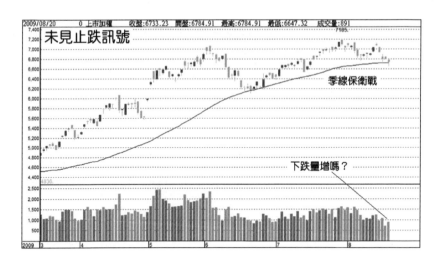

市面上有關股市操作的書大約有兩種，一種偏向技術分析，另一種偏向操作策略（或稱為程式交易模式）。前者將技術分析捧上天，後者則認為根本就無須技術分析。到底誰說得對呢？經過cola的親身驗證，「中庸之道，才是對的」。

技術分析絕對有用，就好像是氣象預報一樣，非常實用，但我們沒必要將技術分析的功能捧上天，認為一切都已經寫在量價關係，天機早已洩漏，只是投資人功力不夠，無法正確解讀。其實我們可以從這次的八八水災了解，即使氣象預報再進步、再神準，依舊無法精確的掌控天氣。所以技術分析真的可以神準的預測大盤未來的走勢嗎？我認為這是不可能的，不只現在不可能，即使未來也是不可能。

那怎麼辦呢？很簡單，就是把現況交給技術分析，把未來還

給操作策略；照著技術分析的現況來規劃操作策略，而將技術分析不準的部分，用操作策略來停損或是調整。換句話說，天氣預報不準的部分，就要靠水土保持與敬畏大地的心態來預防。這就是我所謂的中庸之道。

大多數的人都把技術分析與操作策略混為一談，常會在技術指標看多的時候進場，結果馬上被騙停損；在指標翻黑的時候作空，卻又中了多方的回馬槍，軋空受傷。明明照著技術分析的指標來走，怎麼反而被左右開弓，巴來巴去呢？技術分析解盤準到不行，為什麼進場操作，卻完全不是那麼回事呢？這些是使用技術分析最常遇到的窘境。

會發生這種事，是因為教學者沒有充分告知技術分析只能解讀現況，無法預測未來，而學員在學完技術分析之後，準備大展身手，想要盡快把學費撈回來，把輸的錢贏回來；只可惜，十之八九都沒能如願。最後看到非常單純的程式交易，驚為天人、相見恨晚，殊不知，這也是技術分析的一種，只是將指標簡單化，將操作標準化，照樣還是以價格、成交量，或是兩者所延伸出來的東西，作為買賣的依據。

有時候我們會看到技術分析派的敲鑼，有時候是程式交易者打鼓，各有各的表現空間，誰好誰壞，其實很難講，也不重要，因為沒有一種操作模式能適用於所有人。

靜待止跌 2009/8/21

今天又是一根中長黑，沒有止跌，果然短中線還是空方勝出。季線被跌破了嗎？跌破了。但這只是普通的跌破，並不是「有效」跌破。所謂的有效跌破跟我們常講的有效突破是一樣的意思，就是要用長黑攢破，或是將指數向下拉開一段距離，這樣多方才會死心，空方才能展開長線空頭走勢；但今天只是跌破季線，多方還有機會捲土重來，所以空方需要乘勝追擊，才能穩坐季線攻防戰的冠軍寶座。

今天這根中長黑，究竟是長黑警戒外加跌勢末端有量，還是多方不計一切的賤價求售，準備撤退呢？這點我們不用想太多，簡單的看成「未見止跌訊號」。如果你不善於作空，那就乖乖的靜待止跌，不用搶進。

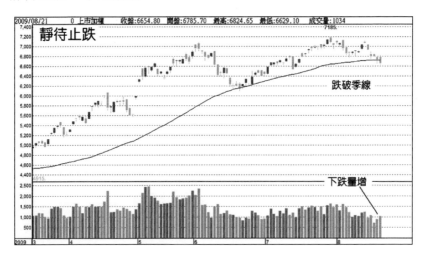

　　股市名師最喜歡講雙關語，因為這樣講就不會有錯了。你只要在指數的高檔區，看指數沒有辦法馬上續強，或是遇到重大關卡的時候，稍做分析與講解，將目前盤勢可能會遇到的問題預先告知讀者，到時候就可以說，因為自己有先告知讀者這裡有風險，恭喜有聽進去的人躲過這次災難，更恭喜有放空的人，荷包滿滿──這是名師們最常講的話，有經驗的人應該不會陌生。

　　其實雙關語正是技術分析的強項，以cola目前的功力，講雙關語易如反掌，即使說錯了，也可以繞個圈，轉個身，東扯西扯照樣輕鬆過關；但如果說中了，讀者將視cola為神，不再懷疑。這就是各大名師專用的手法，沒有什麼了不起。其實只要看看跟隨的人是否個個賺大錢就知道了，如果學生們還是苦哈哈，那就不要再傻了。

　　「市場之下，皆凡人」，實在沒有理由以一個凡人的身分去崇拜另一位凡人。講這些主要是讓讀者了解，勝敗乃兵家常事，你會虧損，別人也會，不用懷疑，只是不同時期剛好適用不同的操盤法，所以當你虧損時，別人賺錢；當別人虧損時，可能會輪到你賺錢。不要老是覺得自己技不如人，因為別人沒有你想像中那麼強，不用過度崇拜。

三分法操作策略～第二階段任務 2009/8/22

　　cola決定將這次的規劃獨立寫一篇文章，作為三分法操作策略的延續。未來我會將有關三分法操作策略的重要文章列為「系列文章」，讓讀者可以隨時翻閱，以便了解整個來龍去脈，這將有助於各位將來的長線操作——我指的是「台股現貨」操作。

　　三分法是源自去年10/22〈台股的彩虹〉這篇文章，這是一篇與技術分析看似脫軌，但卻是真正將技術分析務實化的經典文章。當時提出「從現在開始向下買」這樣大膽的建議，我的壓力其實非常沉重，因為我在技術分析沒有止跌訊號時，就自作主張建議買進，受到不少網友的質疑。他們認為這樣的向下攤平法，簡直就是自殺，不是技術分析推廣者應有的水準與作為；但以cola這幾年的親身經驗，我認為操作應該化繁為簡，回到生意的本質才是對的，畢竟交易就是買賣，而買賣就是生意，所以「低買高賣」這點是不會變的，而重點在於我們如何確認這裡就是低點，而不是遙遙無期的空頭下殺呢？這當然需要相當的技術分析與實戰經驗。

　　自從cola學習技術分析以來，便不斷思考如何克服技術分析的罩門與盲點，讓技術分析成為思考的工具，而非操作的工

具。很多學習技術分析的人即便上過許多課，繳過許多學費，最後還是得面對一個事實——如何將死的技術分析運用到活生生的盤勢。這是個天大的學問，否則所有學習技術分析的人，豈不是人人賺大錢、發大財了嗎？而事實並非如此，上過課的讀者都知道，上課是一回事，操作又是另外一回事，根本就沒有想像中那麼單純、容易。

這是技術分析的錯嗎？不是的。技術分析只能告訴我們現況，接下來還是要面對生意的殘酷考驗，那就是冒險。所有生意都需要冒險，沒有穩賺不賠的生意，所以我認為即使將技術分析運用到極致，仍舊無法逃避這個事實。既然如此，我們何不將技術分析運用至判斷歷史的相對低檔，選擇優秀的企業與公司進行投資？這樣才是技術分析的務實用法，而不是利用技術分析跳脫一切風險，等到沒有風險或是確立回升的時候才進場，我認為這是不可能的，也不切實際。因為等到確認回升之後，你就得面臨技術性的洗盤，不見得會如你所願的上漲；與其被洗出場，接下來可能會喪失買進時機，重蹈「股價上漲，手中無股」的遺憾。因此不如以生意的角度與思維來進行投資，這樣才是對的。

而如何判斷相對低檔就得靠技術分析與盤感，這就是cola要分享的地方（我認為這些技術不是問題，只要長期閱讀cola的文章，幾年之後就會擁有足以判斷指數與股票的歷史低檔的能力）。所謂的低檔是相對低檔，而非絕對低檔，所以還是會有風

險，因此我才建議用現股的方式來投資，並且只用1／3的資金來投資，這樣就能有效的做好資金管控。以上是三分法操作策略的由來。

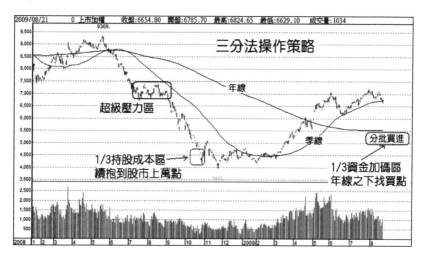

圖中可以清楚看到，1／3持股的成本算是相當有優勢，也證明cola當初的判斷是對的，這是技術分析與多年實戰經驗所累積的成果。而這1／3持股我們在〈三分法的終極操作〉中決定要續抱到明年第一季股市上萬點的時候才賣，也就是說，這1／3持股要操作的是超級長線。

至於另外的1／3資金用來操作龜苓膏戰術，而剩下的1／3存在銀行，這就是我所謂的黃金比例。我認為這樣可以將風險降到最低，不會全軍覆沒。除了這樣的配置，cola今天建議將存在銀行的1／3資金拿來加碼，但加碼的條件是「年線之下找買點」而不是現在，只要這個條件沒來，這1／3就永遠存在銀

行，永不動用。

為什麼是年線之下找買點呢？難道cola認為這次台股會跌破年線嗎？當然不是。如果以我目前的看法，我不認為台股會走長空，不用太過擔心，這1／3的加碼資金應該是用不到；但萬一真的走長空，跌破年線就是空方要做的事，所以我們將這1／3的預備金拿來作為加碼的資金，這就是我所謂的三分法操作策略的第二階段任務。

cola何以見得年線之下就是買點呢？請讀者回顧去年的大空頭年，當時用的是慘絕人寰的「震盪下跌」。這種下跌方式無論新手、老手都很難操作，而且往往都會跌破上一次股市輪迴的低點；也就是說，這種跌法通常都會跌到歷史的相對低檔。既然去年已經是震盪下跌，今年為了掩人耳目，應該會使用「三段式下跌」的方式進行，如果是這樣，那就不會跌破前低，而前低就是3955。

一般三段式下跌通常會發生在第四季或是年初，而且年線之下就是優秀買點，這是歷史的經驗統計；今年的年線大約在5500左右，所以長線的優秀買點就會落在4000～5500點之間。我認為跌破年線之後就可以向下分批承接，用當初建立1／3基本持股的方式，買黑不買紅，直到這1／3的加碼資金用完為止；或是遇到止跌訊號，一次買滿1／3資金。這就是第二階段的操作方式。

cola之所以推崇三分法與龜苓膏戰術，除了我認為這是相當務實的操作策略之外，還有一個優點，就是能夠有效的降低交易成本。舉凡交易必有盈虧，但除了交易上的虧損之外，我們每次進出都要付出另外一種成本，就是手續費與證交稅（或期交稅），無論輸贏都要交。這種無形的交易成本其實是非常沉重的，只是大家一心想要賺大錢，往往忽略這種小錢的威力。以前cola每天當沖期指，整個月下來，手續費驚人，嚴重侵噬我的獲利，從此我便開始思考降低手續費的必要。

三分法操作策略一年只進出一趟，而龜苓膏戰術頂多一個月只進出一次，大大降低了我們的交易成本。

龜苓膏戰術～中長線走勢規劃 2009/8/23

cola想延續7/25的〈缺口回補理論〉，當成我們這次的中長線走勢規劃的開場白，部分原文如下：

這次cola是用「缺口回補原理」來擬定多空的千點行情劇本。

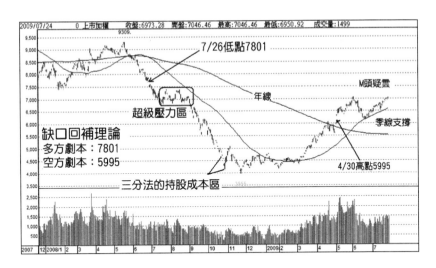

多方的缺口在哪裡呢？去年的7/26的低點7801。所以我們可以將買進標的鎖在7300call，低於50就可以買進；如果真的漲到7800，這樣就剛好十倍獲利。

空方的缺口在哪裡呢？4/30的高點5995。所以我們可以將買進標的鎖在6500put，低於50就可以買進；如果真的跌到5995，就有十倍獲利。

以上是7/25的規劃，而現在台股的走勢有很大的變化嗎？從下圖中我們可以看出，除了目前指數已經跌到季線之外，其餘並沒有什麼改變。

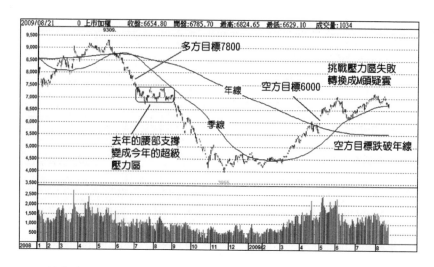

　　現在台股面臨一個比較棘手的問題，就是「季線保衛戰」。要是真的跌破季線，造成季線下彎，通常看空三到五個月，有可能會跌到第四季末，今年的行情就此結束。所以季線保衛戰非常重要，是我們最近的觀盤重點。

　　原本7/25我們規劃空方的目標是6000點的缺口，如果季線真的明顯下彎，那有可能支撐就要下修到年線，也就是5500附近，這就是空方中長線的劇本。以上說的是空方的目標，那空方要怎麼到達它的目的地呢？如果是採取兩段式下跌，那就是以回補缺口為目標；萬一是用三段式下跌，則跌破年線才是空方的最終目標。

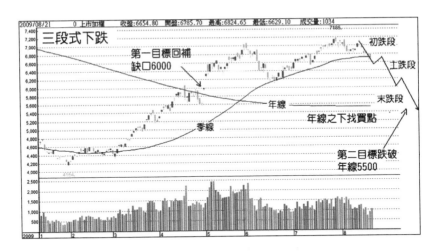

　　一旦指數真的有效跌破季線，我們就要小心季線下彎。未來
震盪三小波反彈型態就會是兩段式下跌與三段式下跌之間的反彈
型態的主角，到時候我們可以利用震盪三小波反彈來作空單的布
局，不用在此追空。

　　cola你講得好像台股即將進入長空格局，準備大跌似的，
難道真的沒救了嗎？請讀者不要誤會，cola之所以先講空方劇
本，是因為我們本來就有三分法操作策略的布局，而三分法的
終極操作理念就是多方劇本，但是cola擔心讀者沒有長線的觀
念，將來真的遇到兩段式或是三段式的大幅拉回會無法適應，才
會先把醜話講在前面，讓讀者有心理準備。

　　cola會選擇作多，主要是因為在長多格局之下，我不想逆
向行駛，但我也不只一次在文章中提到，如果台股就這樣直接

挑戰成功，跨越前波腰部的超級壓力區，就表示會回補7800缺口；若台股這麼順利的大漲，那明年的第一季豈不是漲上天了嗎？這是我最大的疑問。現在果然還是沒有那麼順利，但這樣反而比較合乎技術分析的邏輯。台股的技術分析運用在中線的上漲型態不多，其中以「收斂三角形」最為著名，另一種就是以盤代跌（俗稱箱型整理），用時間換取空間，尋求統一戰線的共識，讓空方留下「做頭不成，慶幸成腰」的遺憾。

這次台股的多方會以何種方式進行呢？這我也不知道，因為多頭的進攻型態本來就沒有空頭型態來得務實、好用，我認為只要知道有這樣的型態，參考參考就行了，沒必要用尺來衡量這種多頭型態。在cola的書中，多頭的型態遠不及空頭型態來得務實，所以我介紹的不多。而對於多方劇本，我們只要注意季線攻防戰就可以了，一旦季線失守，就將版本切換到空方的兩段式劇本，直到止跌訊號出現為止。以上就是cola針對目前的盤勢所進行的中長線走勢規劃。

最後cola要提醒讀者，這只是規劃，讓讀者知道技術分析確實可以規劃走勢，但請不要誤會這是畫線給大盤走，大盤是不會乖乖的讓我們擺布的。如果走勢真如cola所規劃，也不是我有通天的本領。就好像颱風的路徑是可以被規劃的，如果它真的乖乖沿著我們算出來的軌跡走，則確實可以預先知道其將來的路徑；但我們會蠢到去使用一個星期前的氣象預報嗎？當然不會。

我們也不會去排斥事先的颱風路徑預測，只要之後不斷修正就可以了。我們更不會要求氣象局一定要在幾天前準確的預測颱風路徑，否則就請預報員走路。但奇怪的是，投資人為什麼會奢望分析師一定要預測神準呢？這種要求其實是非常荒謬的，如果這些分析師真的可以神準的預測大盤未來的走勢，他自己在家操作不是很好嗎？何必告訴我們標準答案呢？

cola已經從短線的當沖與期指的波段操作，慢慢回歸至股票的長線投資，回歸至生意的本質。我一再強調「務實」的重要性，也希望讀者不要急著想成為專職操作者，這種性質的生活模式不見得適合所有人，而且當沖也不見得會比長線投資更有賺頭，沒必要一頭栽進這樣的環境。cola希望讀者能夠務實一點，不要心存幻想，認為股市真的有所謂的不傳之秘或是不敗傳奇，因為唯有透過學習，找出自己的操作模式才是最真實、最務實的。這就好像我們自己的人生，與其枯坐在那裡等著貴人幫助，還不如「主動出擊，奮發向上」來得務實，不是嗎？

季線攻防戰之止跌訊號 2009/8/24

　　今天是止跌訊號嗎？跳空大漲快3%，如果不是止跌訊號，那什麼才是止跌訊號？我常說，標準的止跌訊號是中長紅，而其真正所要展現的是「氣勢」。跳空大漲就是氣勢，漲了快3%，確認今天是止跌訊號，不要懷疑。

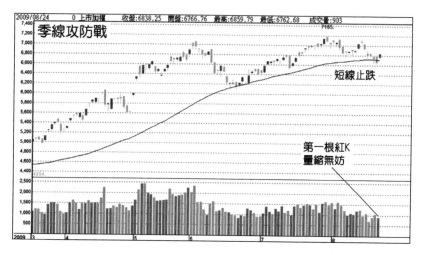

　　再看〈三分法操作策略第二階段任務〉這篇文章。我說：「如果以我目前的看法，我不認為台股會走長空，不用太過擔心，所以這1／3的加碼資金應該是用不到。」所以使用三分法操作策略的讀者，你們的1／3預備金可以繼續定存，直到年線被跌破為止。

　　最後來看〈龜苓膏戰術～中長線走勢規劃〉這篇文章。我

說：「對於多方劇本，我們只要注意季線攻防戰就可以了。一旦季線失守，我們就將版本切換到空方的兩段式劇本，直到止跌訊號出現為止。」現在季線保衛戰暫時成功，所以不用急著使用空方劇本，看看接下來的走勢如何，再來採取行動，免得被巴來巴去。

其實我對台股接下來的走勢看法很簡單：只要美股挺得住，我實在看不出台股有什麼理由需要看空；也就是說，cola原則上是站在多方的。目前的觀盤重點還是在季線攻防戰，只要季線沒有被跌破，就不需要過度恐慌。

這次的水災，cola想了很多，更常常想起當初輸掉四百萬的慘狀──沒有經歷過的人是無法體會那種心情的。cola由衷希望讀者能夠思考如何避開台股的土石流，如果你的操作模式做不到這點，你就必須修改，寧願將獲利縮小，也不要讓自己暴露在隨時都有可能崩塌的警戒區。千萬不要鐵齒，也不要認為自己可以例外，要以cola四百萬的學費為戒，不要重蹈覆轍。

觀盤重點還是季線攻防戰 2009/8/25

今天開高走低收小黑，以今天的跌幅，相較於昨天的漲幅，有跌等於沒跌。但今天多方沒有勝趁追擊，這是最大的敗筆，白白浪費了昨天的氣勢，有點可惜。

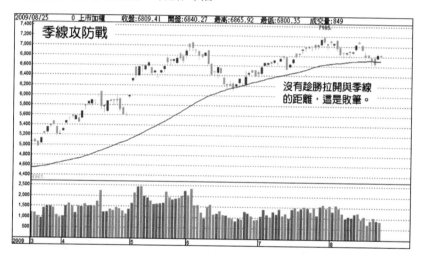

目前台股最大的危機就是指數距離季線太近，只要一根中長黑就會再度跌破季線，危機一觸即發。多方的首要任務是先將指數拉開，不要讓空方有機可乘，才能化解季線被跌破的危機。以型態而言，確實有頭部成型的危險，但因為這裡的型態與季線幾乎是重疊的，所以我認為直接將重心放在「季線攻防戰」會比較單純，也比較好觀察。

對於三分法操作策略來說，這裡根本就不需要動作，我們的第二階段任務是「年線之下找買點」而非季線，所以不急。三分法是一場超級馬拉松，必須有林義傑般的毅力與耐力才能到達終點，抱回金牌。

以目前中線趨勢而言，多方如果想要漲，必須克服7000～7500的超級壓力區，而空方卻只要征服一條季線就行了，達陣的機率比較大。想作空的人，可以將買進的標的設定在6500～6600put，照樣以50點為買進價位，賭它回補缺口6000點，這樣就等於十倍獲利；如果你想作多，我認為先等一下，等到指數往上拉開一段距離，再來等買進的時機，這樣勝率才會高。

龜苓膏戰術如果沒有絕佳的時機，我寧願放棄操作，保留實力，下次再戰。操作不能急，必須耐心的等待適當的時機，這才是贏家的風範。尤其是龜苓膏戰術更是要與莊家心埋戰，直到莊家急了，或是莊家認為自己穩贏，賤價出售，以極高的賠率來換取微薄的利潤，這時候才是我們出擊的最佳時機。

技術分析不難，難就難在活用；操作策略不難，難就難在實用；要靠操作獲利也不難，難就難在輸不起。要讓自己變成一位輸得起的投資人，就要從心態開始，不要急於獲利與翻本，要從長計議，做好資金管控，用最小的單位來操作，直到你找到屬於自己的操作策略。讀者在擬定操作策略的時候，千萬要嚴格管控

資金，這樣才能成為一位輸得起的投資人，不要像當初的cola
一樣，把自己搞得資金嚴重縮水，現在只好重新來過，一口一口
的做。只要你有辦法做到這點，十之八九都能成為贏家，不用急
於一時。

季線保衛戰之關鍵時刻 2009/8/26

　　昨天說：「目前台股最大的危機就是指數距離季線太近，只
要一根中長黑就會再度跌破季線，危機一觸即發。」今天大跌，
指數再度來到季線，多方繃緊神經，全力應戰，因為接下來就是
季線保衛戰的關鍵時刻。

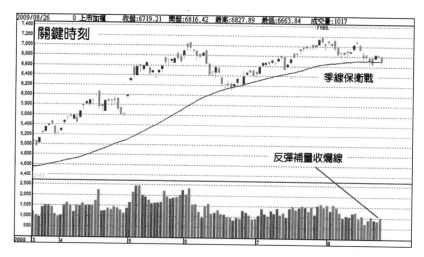

　　昨天我們建議想操作龜苓膏的讀者可以將標的設定在6500～6600put，價位用50點買進，今天這個價位沒有來到，不用進場。讀者可能會問，要不要追價？因為眼看空方就要大勝，季線一旦跌破之後，三峽大霸就會潰堤，死傷會慘重，再不追價可能沒有機會進場了。我承認目前確實是空方勝出，所以昨天才沒有建議龜苓膏的多方標的，但cola還是那個老問題——在人人都可以看得出來空方勝出的情況之下，真的就會這樣爽快的給它跌下去嗎？這種送分題也送得太過誇張了，只要學過技術分析的人，都可以看得出來，這樣未免對投資人太過仁慈，不像吃人不吐骨頭的金融市場應該有的作為。基於這個理由，cola建議不要追價，頂多這次不要賺。

　　那現在該怎麼辦呢？真的就這樣等下去嗎？沒錯，就是等，等到盤勢有利於我，等到時機有利於我，等到價格有利於我，在所有條件都有利於我的情況下，我們的龜苓膏就會出動。

　　cola操作的是選擇權，必須將時間價值考慮進去，這跟操作期指的讀者是不一樣的（cola已經很少操作期指了，操作期指的讀者請參考日記的結論，自行判斷）。選擇權雖然是跟著期指結算，但除非你買的是非常接近指數的標的，否則利潤相當有限。今天大跌90點，而我們建議的6500put才漲5點，6600put漲12點，這就是不同之處，所以cola才會如此謹慎，沒有絕對的優勢，我寧可放棄操作。

買權Call					TXO 台指選 ▼ 200909 ▼			賣權Put		
買進	賣出	成交	漲跌	總量	履約價格	買進	賣出	成交	漲跌	總量
447	455	450	▼55	129	6300	50	51	50	▲1	19097
370	374	369	▼58	163	6400	69	71	70	▲3	19007
294	300	295	▼53	1111	6500	94	96	96	▲5	19822
229	230	230	▼45	3631	6600	127	129	129	▲12	14412
172	173	172	▼41	10381	6700	171	172	172	▲18	10983
123	124	124	▼34	17914	6800	222	225	225	▲27	9110
84	86	85	▼28	17907	6900	285	287	286	▲34	1581
56	57	55	▼22	23599	7000	355	358	356	▲38	488
36	36.5	36.5	▼14.5	13980	7100	431	439	436	▲45	111

多空的價與量感覺差不多

　　目前的觀盤重點還是繞著「季線保衛戰」,只要沒有真正跌破季線,長多格局就沒有被破壞。我比較擔心的是美股,如果美股挺不住,那就真的要保守因應了。之前使用三分法的人,你的內心肯定要有一番掙扎,可能會後悔沒有在高檔的時候先出一趟,這下子又要重頭開始。cola必須給讀者信心,不用怕,也不用灰心,就照著〈三分法操作策略第二階段任務〉這篇文章操作就好了,時間會付給你報酬的。

震盪右肩之中線走勢 2009/8/26（二）

剛才洗澡的時候突然湧現靈感，而這個靈感正好可以解釋目前與未來可以走的路，而且非常合乎技術分析的邏輯。如果我是主力，我就會用這種方式來坑殺散戶，保證好用。

還記得cola之前對於多方最大的疑問是；如果就此大漲，那明年的第一季豈不是漲上天了嗎？這點不合乎時間上的邏輯；也就是說，我認為明年第一季會有不錯的表現，但現在還不到啟動的時候，所以會跌。但如果就此大跌，那就太過仁慈了，因為幾乎十個中有八個都看空，剩下的兩個認為暫時不會漲，在這樣的情況之下，主力要倒貨，動不動就跌停板，這樣怎麼賣？除非美股從現在開始真的垮了，否則如果我是主力，應該會想辦法再製造行情，讓原本看空與放空的人喪失警戒，才會大跌。

而這應該怎麼做呢？以型態來講，用震盪右肩的型態來模糊焦點是非常恰當的。先簡單說明震盪右肩的用意：右肩就是頭部型態的右邊，也就是最後的逃命波，但有時候太過簡單的頭部型態很容易被投資人識破（這次就是非常簡單的M頭疑雲，所以很多人提前卡位放空），因此主力只好將逃命波搞得複雜一點，用震盪向上的方式，將放空者一個一個趕下車，然後邊拉邊賣，最後才會放手大跌；這就是標準的震盪右肩。

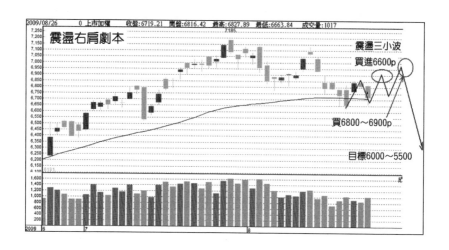

福無雙至，禍不單行 2009/8/27

今天台股小跌，跌破季線，但這種跌破不是我們所謂的「有效」跌破，季線保衛戰還沒有失敗；雖然沒有失敗，我們還是要承認目前的確是岌岌可危，季線保衛戰空方略勝，所幸美股還撐著，否則我們可能就趴下去了。

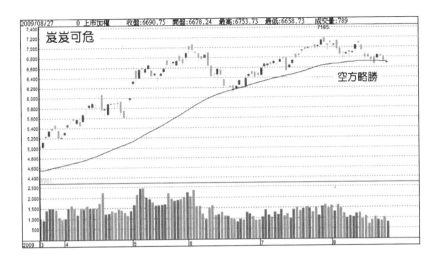

接下來會怎麼樣，我也不敢預測，因為的確人心惶惶，看空者眾。由今天的6500put與6600put上漲的幅度可以知道，莊家不太敢賭，所以紛紛提高賭金；既然他們提高賭金，我們當然沒有興趣進場，繼續等待我們要的價位再說。

	買權Call				台指選 200909			賣權Put		
買進	賣出	成交	漲跌	總量	履約價格	買進	賣出	成交	漲跌	總量
484	493	487	▼43	63	6200	43.5	44.5	44	▲7.5	12826
401	409	405	▼45	119	6300	60	61	61	▲11	10677
324	330	330	▼39	292	6400	82	83	83	▲13	15481
255	260	259	▼36	681	6500	114	115	114	▲18	17838
195	196	195	▼35	5439	6600	150	151	150	▲21	10360
140	143	140	▼32	10416	6700	197	198	198	▲26	7639
98	100	98	▼26	15807	6800	253	255	254	▲29	3244
66	67	67	▼18	14589	6900	320	323	319	▲33	591
41	42	42	▼13	17198	7000	395	401	396	▲40	221

漲得比昨天還多

　　這次會規劃操作put還有一個重要原因——這樣剛好與三分法的基本持股形成相互保護的作用，萬一真的大跌，則基本持股就會出現「煮熟的鴨子飛了」的痛苦期；如果我們能以適當的選擇權空單作為保護，則不無小補，符合資金管控原則。萬一龜苓膏失敗，表示台股長多格局保住了，三分法的基本持股處於獲利狀態，便無須在意龜苓膏的虧損。

　　總之，先不管盤勢究竟會如何，反正我們已經準備好三套劇本，一切按表操課，無須過度緊張。

　　怎麼度過操作的低潮期呢？去年金融風暴十，有幾位新讀者問cola當初虧損四百萬是怎麼熬過來的（老讀者因為有了cola這個活生生的例子，加上每天收看日記，應該沒有人會受重傷才對），因為他們在這次受重創後，深感虧欠家人，實在很痛苦。其實，cola雖然熬過來了，但直到現在仍會感到虧欠家人，不過如果我們因此而學會謙卑、珍惜、團結，或許是「塞翁失馬，焉知非福」。這四百萬如果可以改變cola的個性，讓cola變得更務實、更體貼、更包容、更關懷，那cola的老婆說不定還會感謝上天，給自己的老公一個機會教育——雖然教育費貴得可以，但不貴，我們會反省嗎？四百萬可以在台中市買一間三房兩廳、格局方正的溫馨小屋，而cola因為無知，就這樣輸掉一間房子，只要是有責任感的人都不會原諒自己的。但已經發生的事情總是要面對的，逃避也不是辦法，就算再苦都要撐過去。

　　重大虧損躲過了，就能從此一帆風順了嗎？哪有那麼簡單。操作之路不但沒有想像中好走，而且還非常坎坷，遠比想像中困難。操作順利的時候非常有成就感，一旦操作受挫就會充滿挫折，而且不順的時間感覺上好像佔多數，如何度過這種低潮期，正是操盤者必學的課程。

震盪右肩有譜之金錢遊戲 2009/8/28

　　台股開高走高大漲，收中紅，季線暫時守住了，短線無須看空。昨天作空的人，肯定又像8/24大漲183點的時候一樣錯愕，面臨該不該停損或是出場的痛苦抉擇。這些看空的人究竟對還是不對呢？我必須老實說，這些人其實是對的，因為台股確實岌岌可危，之所以沒有趴下去，全是因為美股還撐著，這也是為什麼cola明明沒有操作美股，卻還是每天分析美股的原因。

　　我之前說過，不介意台股拉回，但前提是美股不能垮，否則這就不是台股的問題，而是全球問題。但如果只是台股大跌而美股還能維持在相對高檔的話，這樣的拉回是可以接受的，不會危及長多格局，所以我們以季線攻防戰為觀盤重點。

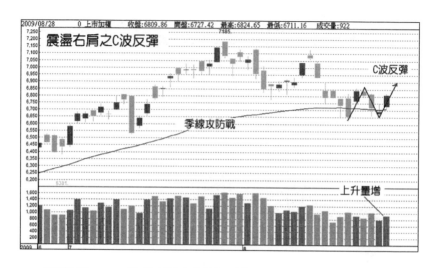

　　還記得cola的洗澡版本嗎？就是星期三晚上獨立發表的〈震盪右肩之中線走勢〉。我說這個版本可以解釋cola的兩大疑問：第一是台股大漲的時機不對，所以會跌；第二，如果在所有投資人都看空的情況下，就此大剌剌的跌下去，未免過於仁慈，有違吃人市場的常理。這兩大疑問可以用一種型態來解決，那就是「震盪右肩」。這個版本的最後結論是「跌」，但在跌之前卻是震盪反彈，讓提前放空者精神錯亂，最後在不耐久候的情況下被洗出場，信心不足的人還會反手作多，就這樣硬生生的被套在相對高點。

　　今天的上漲，你可能會說cola料事如神，台股真的沒有那麼痛快的跌下去，而且還符合震盪右肩的版本，真是太強了；但如果cola真的那麼神的話，就沒有需要上班了。這個版本是我在洗澡時的靈光一閃，只算是cola的盤感，在此之前，我一直

沒有辦法很清楚的規劃出比較具體的走勢，因為我的規劃必須要能說服自己，如果連我都無法肯定這樣的劇本，那這種劇本的可行性就不高了。至於接下來會不會真的照震盪右肩的劇本走呢？這點我不知道，只是覺得這樣的版本比較符合我多年實戰經驗所得到的結論。

　　cola利用這次的盤感來操作，看能不能將它運用在龜苓膏戰術；至於能不能用呢？只有真實的下去操作才會知道，光用看是看不出來的。因為實際操作與模擬操作中間隔了一道「金錢的實驗」，缺少錢的感覺，一切都將是虛的，是假的。

震盪右肩之C波反彈進行中　2009/8/31

　　昨天的盤勢我們看成C波反彈，短線無須看空，今天收長下影小黑，不算敗象。既然不是敗象，我們繼續看成C波反彈進行中，沒有必要想太多。

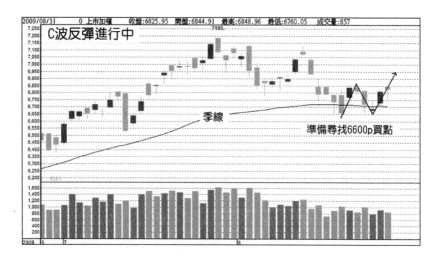

　　以上就是今天的技術分析與操作策略，非常簡單易懂。讀者可能會說，cola今天的分析怎麼那麼短，是不是想偷懶？之所以不敢多講，是因為到目前為止，我所能想到的中線走勢的劇本就只有「季線攻防戰」與「震盪右肩」這兩種，其它的我就不敢過度預測，深怕誤導讀者。

　　這幾天如果倉促進場操作的人，短線可能佔不到任何便宜，因為這裡是震盪右肩，除非你能以震盪右肩的概念來操作，否則交易的過程可能沒有那麼順利。

三、三分法的真諦

學會放下，從零開始 2009/9/1

昨天收長下影小黑，我們認為不是敗象沒有必要想太多，繼續看成C波反彈進行中。今天開平走高收長紅，又要如何解讀呢？我們先回到8/26＜震盪右肩之中線走勢＞這篇文章，cola擬定龜苓膏戰術如下：第一階段待指數反彈到6900點的時候，設定價位50點買進6600put；第二階段當指數7100點時，一樣用50點買進6900put。

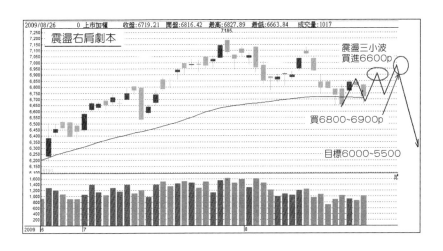

也就是說，「震盪右肩」可以允許指數反彈到7100點附近，甚至可以更高，為什麼呢？因為如果反彈得不夠高就無法讓

看空者死心，也就無法達到震盪出貨的目的，所以今天的長紅還算在震盪右肩的範圍內，我們繼續看成C波反彈進行中。

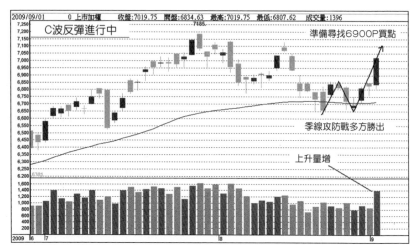

你可能會說，當初設想的C波反彈沒有那麼高，現在這根長紅是不是算突破震盪右肩型態呢？所謂的震盪右肩只是一種概念，當初我用的是三小波型態，但發展不見得會真正呈現三小波，說不定只會有兩波。今天的長紅確實蠻有氣勢的，量價齊揚，短線上我們不要看空，靜待後續發展，如果後續真的有需要調整劇本，cola會隨時調整，不會當個死空頭的。

你一定會很好奇，為什麼cola能夠在8/26整個市場幾乎都認為必跌的情況下，搞出一個「震盪右肩」的劇本，且到目前為止還算準確，這到底是怎麼回事呢，難道cola身藏不露、高深莫測？讀者不要想太多，cola身高只有165，智商平平也不博

學，是一個平凡到不能再平凡的普通人，之所以會有「震盪右肩」的劇本，只是因為這樣比較合乎我多年的實戰經驗與盤感，沒有什麼了不起。

但現在問題來了，搞不好之前的盤是跌假的，說不定台股只是拉回整理準備再創新高？我敢打包票，cola在8/26發表震盪右肩版本時，會有這種想法的人少之又少，絕大部分都是看空居多，現在經過震盪右肩的洗禮，看法馬上180度大轉彎，這也太過現實了吧？

會不會就此漲上去呢？股市沒有什麼不可能的，畢竟這裡還是長多格局，若你有用三分法建立1／3基本持股，你就不會介意台股漲上去了。而龜苓膏我們用50點買進6600put與6900put，損失有限，我認為值得拼拼看，這次有使用龜靈膏操作的讀者，我們只能且戰且走，不要想太多。

其實有很多事情，只有一個人可以給我們答案，那個人就是「時間」先生。操作也是一樣，當我們規劃好操作策略之後，接下來就是等買進時機；當我們買進之後，就只能等賣出訊號，這中間除了「等」之外，沒有其它方法。如果讀者想當贏家，就得做與一般人相反的事，越是大家不喜歡做的，我們越要做，意即人性不喜歡等待，那我們就要學習等待，才有可能成為贏家。

未見敗象 2009/9/2

　　早上美股大跌，你一定會覺得很奇怪，為什麼cola不追價，照樣用50點買進6900put，看到美股大跌，難道不應該看空台股嗎？為什麼從cola的美股分析中，沒有感覺台股需要特別小心的語氣，這是不是有點違背常理呢？

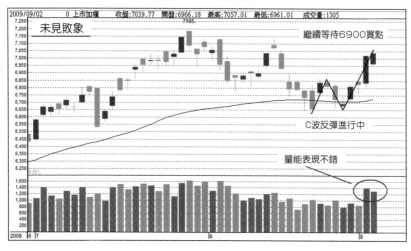

　　如果你是cola的長期讀者，那麼應該對於「單大綠盤」這個名詞不會感到陌生才對。今天是美股大跌的第一天，我們稱為「單大綠盤」，台股通常都會抗跌或是開低走高，這是台股主力常用的伎倆。cola並不認為今天的台股會跟著美股大跌，所以沒有特別提醒，沿續我們昨天擬定的操作策略就可以了，現在的重點在於美股是否持續下跌？到底它是跌真的還是跌假的？這才是接下來的觀盤重點。

	買權Call							賣權Put		
買進	賣出	成交	漲跌	總量	履約價格	買進	賣出	成交	漲跌	總量
453	457	456	0	1594	6600	29.5	30	30	▼2	13343
366	372	370	▼5	2756	6700	43.5	44	44	▼2.5	17138
287	292	290	▼5	4352	6800	62	63	63	▼5	18737
216	218	216	▼6	9064	6900	89	92	89	▼7	10037
155	157	157	▼6	21378	7000	130	131	131	▼3	8934
105	106	105	▼8	31493	7100	178	181	177	▼8	1563
69	70	69	▼6	27788	7200	242	245	247	▼9	628
42.5	43	43	▼4	18242	7300	314	320	320	▼4	143
26	27	26	▼3.5	9066	7400	396	405	399	▼6	105

(表頭標示：TXO 台指選　200909)

沒有達到加碼條件

　　上週還愁雲慘霧，今天已經幾乎看不到空方上討論區了，我不知道會不會就此漲上去，但我有個簡單的看法，只要美股不止跌，台股就很難突破超級壓力區7000～7500點。目前的反彈並未出現敗象，季線攻防戰又是多方勝出，短中線其實是偏多的。技術分析的缺點是容易預設立場，優點則是可以有多空劇本，讓我們衡量操作的得失。現在台股的多方就很像上週台股的空方，上週空方就差臨門一腳跌破季線；現在多方只要再踢進臨門一腳，我們就不能看空了。

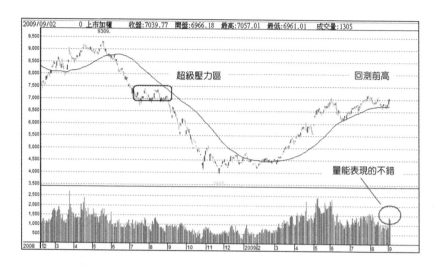

大漲會有人賺錢，大跌也會有人賺錢，但賠錢的總是躲起來，投資人永遠只看到賺錢的人，所以會懷疑自己的操盤能力，為什麼別人總是在獲利，自己永遠在賠錢？這就是討論區高手如雲、賺錢如流水的幻覺。上週喊空的人居然可以全身而退，觀望的人竟然會有多單，套句廣告用詞：「傑克，這真是太神奇了」！

震盪右肩之最後極限 2009/9/3

　　昨天短中線空方勝出未見敗象，今天開低走高收小紅，指數落在我們當初規劃的高度7100點附近，勉強算是震盪右肩的範圍。那麼今天有敗象嗎？很抱歉，沒有。

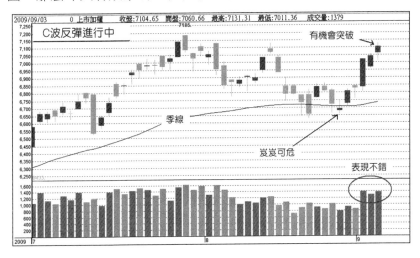

　　現在沒有多單的人，想必已經開始心慌慌，擔心萬一真的漲上去，錯失行情怎麼辦？但如果你有操作三分法就會希望它漲，因為這樣1／3基本持股就安全了。那麼當初沒有買進1／3持股怎麼辦呢？要不要追價呢？我不認為需要追價，就照cola規劃的「三分法操作策略第二階段任務」的方法等待年線之下的買點，沒有出現就不要追，我們等下次台股歷史的相對低點出現再來操作三分法，這次就算了。不要怕市場消失，要怕下次機會來的時候你沒有本事進場。

cola的三分法操作策略是我未來要遵循的操盤法，這次我自己也沒有買進1／3持股，理由很簡單，cola的資金不足，這是高手的悲歌，我不介意承認這個事實，所以我才會苦口婆心的講：「不要發生重大虧損，否則很難翻身。」cola一直拿自己虧了四百萬作為警戒，就是希望讀者不要重蹈覆轍，只要你不發生重大虧損，你就比cola更有機會成為贏家。

兩段式上漲結束之心態歸零 2009/9/4

　　昨天的主題是震盪右肩之最後極限，今天續漲收黑K。空方看成「當頭棒喝」兩段式上漲結束，震盪右肩宣告成形；多方說是「黑色騙線」第二段上漲休息中，準備第三段上漲，新的一波風雲再起。

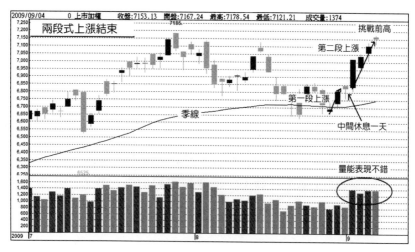

　　以上是我們的短中線劇本，多空都各佔一半機率，cola建議不要預設立場，只要擬定操作策略，按部就班的進場、退場就可以了。

　　我說過，這裡的型態對多方而言，就很像當初空方面對岌岌可危的季線一樣，都必須等待臨門一腳，也就是關鍵時刻。雖然我們可以用技術分析推論多空版本，但沒有人可以真正知道市場走勢，最後還是回歸那句老話：「把現況交給技術分析，把未來留給操作策略」。

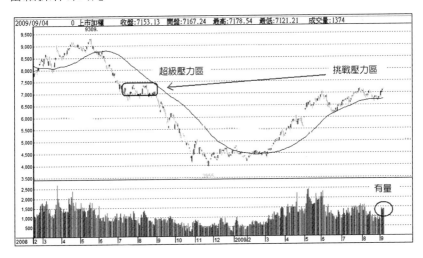

　　現在的型態已經脫離當初cola規劃的震盪右肩高度，這也是cola沒有積極加碼6900put的主要原因之一，另一個原因是成交量表現得還算不錯，單純就技術分析研判走勢，這次多方其實是有機會的。但cola還是回歸當初的疑問，如果真的就這樣

漲上去，那明年的第一季到底要漲什麼，再漲上去豈不是上天了嗎？

　　無論我們有多大的疑問，都不能過度偏執認為自己才是對的，眾人皆醉我獨醒，股票市場在瘋狂的時候，即使你不湊熱鬧，這場瘋狂的party也不會因此終止。這次操作期指放空沒有設停損的人，周末肯定是不好過了，你可能會說，有人這麼笨嗎？依據cola的經驗，絕對有這樣的人，只是不說出來而已。

　　只要有人賺錢就一定有人賠錢，有人大賺就肯定有人慘賠，這是一定的道理，但人非常愛逞強，賺錢的時候總會忍不住想得到認同，虧錢的時候卻總是默默承受。尤其是重大虧損絕對不會輕易示人，否則就等於承認自己無知、無能、短視、愚蠢，所以通常只看到勝利者，看不到家醜不外揚的失敗者，正因為如此，我們的績效才會永遠落後別人，才會對自己的操盤法沒有信心

　　《一個投機者的告白》有句名言：「贏是可能的，輸是必然的，輸掉的錢要贏回來，是不可能的。」這是一句非常有哲理的股市名言，有相當程度的讀者才能真正體會，其實他要表達的是「勝敗乃兵家常事」、「心態歸零」，也就是說我們要學會在每趟操作之後，無論輸贏都要將心態歸零，切勿因此影響到下一次的交易，這才是正確的操作心態。

　　如果要翻舊帳，那cola身負四百萬虧損的心理壓力還操作

得下去嗎？要到何年何月才能真正成為贏家呢？應該先將心態歸零，把之前虧損的錢用兩個字「學費」一筆勾銷，所以cola繳了四百萬的學費學習股市生存之道，現在年年獲利，除了去年小虧一點，這幾年cola都是贏家。

龜苓膏戰術另類運用：買保險 2009/9/7

上週五說兩段式上漲結束，短中線多空各佔一半機會。今天續漲兩段式上漲被突破了，也就是說型態比震盪反彈還要強，有可能會是新的一波行情啟動，短中線沒有必要看空。

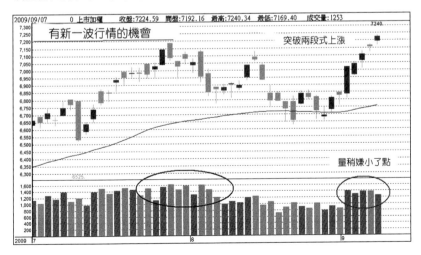

盤勢走到這裡，操作期指空單留倉的人這下糗大了，停損虧

很大，不停損也不是，真是兩難。cola操作龜苓膏戰術是以選擇權為主，賭它十倍獲利，但如果你操作期指苦無停損良方，cola建議你善用選擇權做期指的意外險，這樣你只要用少許的成本，就可以不必設停損，也不怕被洗掉。

如何運用呢？我們用這次的震盪右肩版本來做說明，先回到8/26晚上cola發表的文章＜震盪右肩之中線走勢＞：第一階段反彈到6900點可以買進6600put；第二階段反彈到7100點可以買進6900put，皆以選擇權作空，這是cola主要的龜苓膏戰術。

想運用震盪右肩的劇本來操作期指空單，你應該怎麼做呢？你應該在第一階段期指反彈到6900點的時候放空一口期指，待第二階段反彈到7100點時再加空一口期指，你可能會想，這樣不是會被軋死嗎？沒錯，如果你沒有買保險的話就必須設停損，否則會被軋到天上去。

為了保護你的期指空單，你必須在8/27震盪右肩的隔天開始，為第一階段6900點空單買保險，買在哪裡呢？最好買在6900call，這樣你就毋需設停損了。6900call在8/27最低來到40點，掛50點絕對買得到，因此你現在應該會有一口6900call（50點買進）與一口6900點的小台期指空單。

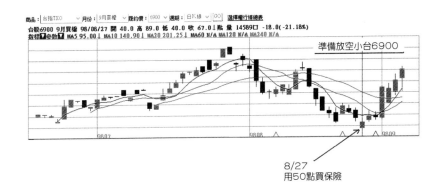

如果你想操作兩口期指空單，那麼就在第二階段指數反彈到7100的時候，加空一口小台期指，同時如法泡製買進7100call，為自己的期指空單保險。8/27～8/29這三天，你都可以輕鬆的用50點以下的價位買進7100call。若你在8/27買進6900call的同時也買進7100call的話，那麼應該可以買到30點附近。

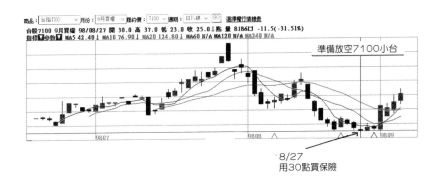

　　將以上的結果整理一下，現在你手上應該會有6900點小台空單與6900call（50點成本）以及7100點小台空單與7100call（30點成本），這就是cola所說的龜苓膏另類運用之買保險。如此一來，沒有設停損也不會被洗掉，即使這次真的是回升行情，你的空單被軋到天上也只會虧損80點的保費；萬一行情直轉急下，在結算前跌破季線，那你就賺到了。

　　這樣的操盤法讓操作期指照樣睡得著、吃得好，這就是cola會使用的另類戰術，當然這個方法也有缺點，唯一的缺點就是當我們買進6900call與7100call的時候，指數根本沒有反彈到6900點與7100點。雖然這樣80點就白繳了，但這是沒有辦法的事，所謂的保險本來就是在有意外發生的時候才會理賠，現在什麼都沒發生，保費當然就歸零了。不過若與兩口期指停損的成本相比，80點算是低了，因此cola認為非常值得一試，將來cola要努力的目標就是盡量做到期指與龜苓膏的雙重規劃，讓讀者有更多的選擇與保障。

　　這一篇買保險的方法非常重要也很實用，提供給經常操作期指卻不知道如何控管風險的讀者作為參考。如果你熟知這樣的操盤模式與概念，即使這次作空也是虧損有限，按照cola親身的操作經驗，我認為這次的反彈，必定有人的空單被軋得很慘，因為這種盤很容易令人想空，不可能沒有人受傷。但在討論區裡，原本空方氣焰囂張，反彈之後竟然大家都毫髮無傷，幾乎看不到

傷亡名單，真的很神奇，對於這些有如神蹟般的操作績效，總是在天上飛來飛去的高手、名師，cola真是自嘆不如、望塵莫及。

你可能會問，這裡要不要追價買進呢？坦白講我不建議，因為接下來好戲才要上演，多方必須要克服超級壓力區7000～7500點，會不會那麼順利實在很難說。cola你這麼膽小怎麼成大事呢？我不是膽小，我是保守，我在去年10/22「台股的彩虹」大家怕得要死的時候，都敢提出「從現在開始向下買」建立1／3基本持股的三分法操作策略了，怎麼會膽小呢？如果真的漲上去，那是1／3持股的天下，而非現在進場的時機。

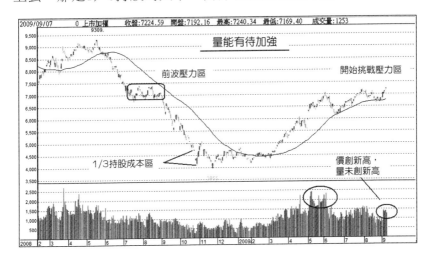

為什麼cola在「三分法操作策略之終極操作」裡，建議1／3持股抱到明年第一季再來賣？因為市場有時候非常難切入，不

是我們學會一套操盤法就可以輕鬆進場的，沒有那麼簡單；整年的盤勢中幾乎都是買賣點，學會技術分析就知道如何操作嗎？絕對沒有那麼單純，所以cola才會發明三分法操作策略，就是為了要克服「股價上漲，手中無股」的遺憾，到目前為止還算正確。

所以我們未來真正要執行的操作是以「三分法操作策略」建立1／3持股（現股），另外1／3用來操作期指與龜苓膏策略，最後1／3等待加碼（在加碼時機尚未成熟之前，可以放在銀行生利息）；這就是三分法的資金配置（操作時機請參考「三分法操作策略～第二階段任務」）。

三分法操作策略的真諦 2009/9/8

昨天我們說，兩段式上漲被突破了，也就是說型態比震盪反彈還要強，有可能會是新的一波行情啟動，短中線沒有必要看空。今天續強確認是新的一波行情，我們化繁為簡，在敗象尚未出現之前沒有理由看空。

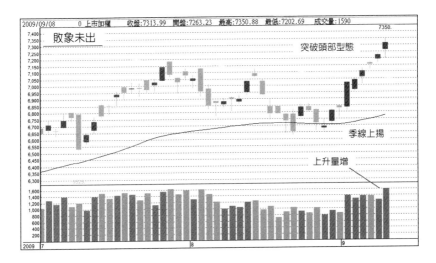

而什麼是敗象呢？有一句波段術語：「中長黑創新高，先賣再說」，因此如果你是操作波段，創新高出現中長黑，可以先賣一趟。

接下來應該怎麼操作呢？多方的主要目的是什麼呢？既然我們「震盪右肩」的版本被突破了，多方也已經大刺刺的進入7000～7500點的超級壓力區，表示它有備而來。我們不要預設立場，乖乖的靜待表態可能比較恰當，那cola接下來有沒有台股中長線走勢的初步規劃呢？

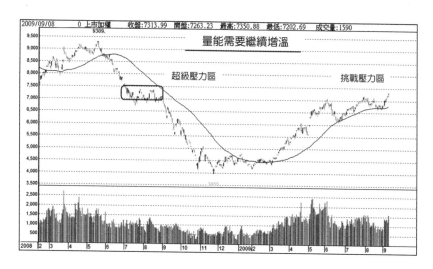

坦白講，目前cola沒有新的idea，但我們可以參考8/23「龜苓膏戰術～中長線走勢規劃」這篇文章，基本上沿用「缺口回補理論」來初步規劃多方的目標。cola要提醒讀者，這只是規劃並不是畫線給大盤走，請不要過於執著，免的發生重大虧損，反而被技術分析所誤。

目前的盤你要如何操作呢？好作嗎？我想這是很多人現階段的難題，首先cola還是強調，如果你沒有辦法超過三年不靠操作維持高品質生活的話，那遇到操作不順或是不適合操作的時候，肯定度日如年，這樣的生活品質會好嗎？你必須思考這個問題，省思自己究竟適不適合走這條路。

你可能會說，就是因為錢不多，才會想要做當沖賺一點錢，早日擺脫貧窮，但其實操作無分長短，有辦法獲利的人，做長線

照樣賺錢，沒有辦法獲利的人，即使緊盯螢幕一樣口袋空空，不是做當沖就能輕鬆將新台幣賺進口袋的。不管是長線還是短線，操盤手能夠獲利一定有獲利的條件，這才是我們要思考與學習的地方，而不是操作時間的長短。

cola根據這幾年的實戰心得，深感盤勢不如想像中典型，處處充滿不確定因素，即使我們身懷絕技，照樣操作得相當辛苦，這就是股市的真面目。當我們舉棋不定，不知道該如何操作的同時，認真打拼的企業正享受著時間所帶來的豐厚利潤，我們該如何與企業共享利潤呢？這就是三分法的1／3基本持股的用意。

如果盤勢能像技術分析一樣，突破就一路回升大漲，跌破就無窮無盡的狂瀉，那我們當然無須建立基本持股，只要按照技術分析教學，按表操課快樂無比，可是請問有哪一位投資人操作得快樂無比、輕鬆自在呢？不管你上過多少課、看遍多少書，都不可能做到這樣的程度，事實是全世界沒有一個人辦的到。我們必須回歸生意的角度思考股票的買賣，股票的操作無非是為了低買高賣賺取差價，若是還能配息配股就更完美了，因此當股價跌到歷史相對低檔時就是我們應該建立基本持股的時候。不過一旦你學會技術分析或是在操作的過程中不斷虧損，你就不會相信有所謂的「低價」，你會認為還有更低價，這種想法對不對呢？基本上是對的，因為持續下跌當然就有機會出現更低價位，我們要想

辦法買在相對低點，用1／3資金建立基本持股（購買現股）就可
以做到資金管控。

　　必須要有一個觀念：不可能完全避免風險。因為規避風險等
同於犧牲獲利，這當中的拿捏必須做得很好，依據cola本身的
經驗，與其規避風險，不如管控風險較為務實。1／3基本持股一
旦建立，你就無須做任何追價的動作，操作起來會比較踏實，或
許你會認為「說得容易做起來難」，cola相當同意，但「難」
不代表做不到。

　　這次1／3基本持股，不就是從去年到現在還繼續抱著嗎？
表示了三分法操作策略確實可行，而非海市蜃樓，如果盤勢沒有
大幅向下修正，那明年最大的贏家將會是三分法操作策略的愛用
者。請參考cola在4/23發表的「三分法策略之終極操作」，當
初看似天方夜譚的圖，現在已經慢慢接近目標了。

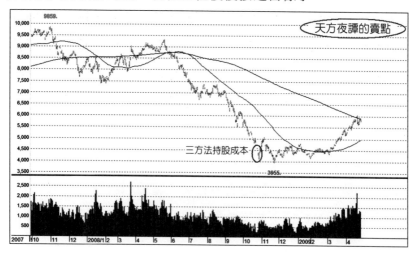

　　1／3基本持股是屬於超級長線操作，但漫漫股市長路，總該做點其它事吧！所以我規劃用1／3資金來當成龜苓膏戰術的資本，基於十賭九輸的原則分配資金，將這1／3資金切成十等分以上，所以原則上龜苓膏戰術是屬於三分法操作策略的一部分。

　　龜苓膏戰術是一種以小搏大的操盤法，操作的是選擇權，每月最多操作一次，手續費可以大量節省，這點比當沖佔優勢。另一個優點是風險易於管控，不像期指會有追繳的危機，這是一種可以讓投資人好好睡覺不影響上班的操盤法。龜苓膏戰術運用技術分析規劃操作策略，等待最佳時機進場，除了十倍獲利出場之外，其餘的就放手參與結算，就是這麼簡單。

　　最後我們還保留1／3資金作為加碼用途，時機是守株待兔法，請參考「三分法操作策略～第二階段任務」。有人可能認為這樣的方法太過保守，應該要主動出擊（加碼）讓部位擴大，這樣獲利才會增加，這樣的做法對還是不對呢？其實這是一個見仁見智的問題，cola認為這跟個性與風險承受度有關，到目前為止並沒有標準答案，cola採取的是逢低加碼的方式，以避開追價買進的風險，這樣比較符合我這個中年人的風險承受度。

比烏雲罩頂好一點、比當頭棒喝差一點

2009/9/9

　　昨天我們說，在敗象尚未出現前沒有理由看空，而敗象的定義就是中長黑創新高之烏雲罩頂，那麼今天開高走低收中黑，算不算敗象呢？首先我們必須定義今天的K線，讀者認為這是烏雲罩頂還是當頭棒喝呢？坦白講，今天的K線介於這兩者之間，也就是說比烏雲罩頂好一點，比當頭棒喝差一點。

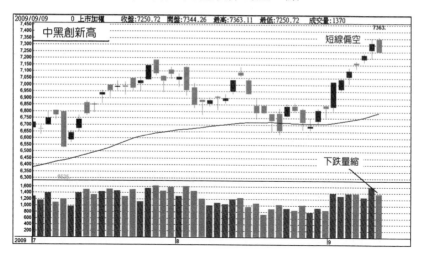

　　你一定會問cola是怎麼判斷的？我必須強調，學習技術分析重點是在K線的涵義而非外觀，所以你必須思考這根中黑究竟對盤勢造成何種程度的影響，再回過頭定義今天的K線名稱。今天從開盤到收盤總共跌了80點，算是中黑，符合我們「創新高收中長黑，先賣一趟」的術語，既然如此，當然可以算是敗象，稱

為烏雲罩頂；但若是以成交量來看，下跌量縮不符合量價背離的破壞訊號，所以不是破壞三兄弟之首（大哥），不是大哥就沒有足夠的破壞力道，於是可以看成「當頭棒喝」。

一下烏雲罩頂，一下又是當頭棒喝，到底該如何呢？請不要為了這種小事傷腦筋，既然不是典型的烏雲罩頂，也不是典型的當頭棒喝，那就化繁為簡，以「價為主，量為輔」的順序解釋今天的K線。今天下跌收中黑是事實，偏向「烏雲罩頂」，有利空方，但量能沒有增加，有利於多方，不算敗象，所以我們直接將這根K線定義成：「比烏雲罩頂好一點、比當頭棒喝差一點」，意思就是短線「偏空」了。那中線目前的型態有偏空嗎？從K線圖中，cola看不出型態有轉弱的跡象，中線走勢不用悲觀；長線呢？我們可以很清楚的看到季線還是上揚，年線也止跌回穩，開始微微上揚，說明這裡是中長多格局。

總結：雖然短線偏空，但中長線還是多方勝出。

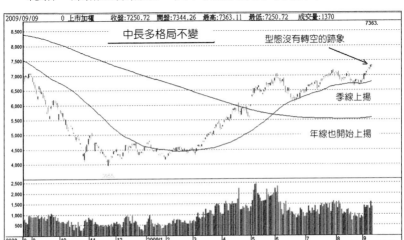

　　那我們該如何操作呢？使用三分法操作策略的讀者，繼續將1／3基本持股續抱，不用理會短中線的震盪。目前手中沒有持股的讀者，就耐心等待在年線之下找買點，沒有機會就算了，無須追價。

　　你可能會很緊張，萬一指數從此一去不回的話，今年豈不是白搭了嗎？cola的看法很簡單，股市不會消失，不用怕沒有機會，真正要擔心的是，時機成熟卻沒有本事與資金可以進場。因此讀者現在最需要學習的是，如何在下一次相對低點來臨時，不會錯失進場時機。急急忙忙的追價買進，只會讓風險與成本都相對增加，不是贏家該有的作為。

六億四千萬的影響力　2009/9/10

　　昨天的總結：雖然短線偏空，但中長線還是多方勝出。今天開盤跳空大漲，告訴我們一件事，中長多格局之下，放空不好賺。最後開高走低收長黑，我們要怎麼解讀今天的K線與中線的走勢呢？

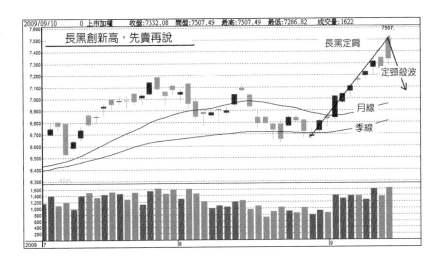

今天這根長黑是不是大哥呢？請各位翻到《技術分析不設防》K線學第156頁，量價篇的破壞三兄弟，大哥長什麼樣子呢？頭很大與身體不成比例，也就是頭重腳輕，意味著量價背離。今天雖然是長黑，但它收盤卻是上漲一百多點，所以今天是上升量增的長黑，這樣並不是破壞訊號，不能說是大哥。

雖然不算敗象，但卻完全符合波段術語「長黑創新高，先賣再說」，今天比昨天還符合波段賣點的資格，操作波段單的人可以先賣了。

既然這根長黑不看成大哥，那為什麼要賣呢？這裡所謂的賣出，指的不是三分法的基本持股，我指的是操作波段單的人，三分法是超級長線，無須理會接下來的中線震盪。中線會震盪？cola你的意思是波段將會拉回？有句話叫做「巨量長黑定

肩」，今天雖然沒有巨量，但成交量也不少，加上這根長黑夠長，符合定肩的說法，初步可以看成型態的「左肩」。

請翻到《技術分析不設防》第176頁三尊頭與波段理論，這一篇非常經典，是型態學的精髓。讀者可以先複習書本的內容，cola在這裡不多做假設，等真的出現第二波定頸殺波再來規劃操作策略。

報喜不報憂，是金融市場的亂象，投資人總是看到欣欣向榮的一面，因此才會讓人前仆後繼，不斷的前往股市掏金。動不動就持股滿檔、融資借貸，想要大賺一筆，衣錦還鄉，殊不知在前方等待我們的不是金銀島，而是忠烈祠。

為什麼cola要這麼堅持「寫實」的操作日記呢？因為我賠過四百萬。當然投資人自己應該要負最大的責任，但是為什麼一個小小的上班族會如此膽大妄為呢？因為我看到的都是正面的、賺錢的、華麗的，感覺上買股票就是會獲利，把錢存在銀行是傻瓜的行為，所以我毫不保留的進場操作，但事實證明，果然在我前面的不是金銀島，而是股市忠烈祠。

為了不讓投資人重蹈cola的覆轍，我只有忠實呈現自己的操作過程與心得，才能讓讀者了解真實的金融市場不是你想像的穩賺不賠。唯有將虧損寫出來，才能讓讀者有風險意識，否則基於人性本貪的弱點，十個投資人會有九個人押很大，下場當然會

跟當初的cola一樣慘。

　　一個人的價值不能只看他的有形資產，還要加上他的影響力。雖然目前cola還沒有將虧損的四百萬賺回來，但是藉由不斷的分享股市真面目，讓讀者知道操作是有風險的，就不會有人動不動持股滿檔、融資借貸了。如果一位讀者避開重大虧損等同於cola變相賺回四百萬，那麼假設160幾位秘密花園的讀者都能夠成功避開重大虧損，不就等於cola擁有六億四千萬的影響力，遠遠超過先前虧損的四百萬，你能說cola還沒有賺回來嗎？

唯有將風險開放到最大，才有可能導入最高的利潤 2009/9/12

　　今天收小紅，要怎麼解讀這根K線呢？我認為無須理會這根K線，當它不存在就對了。你可能會說，我們學習K線學，不就是為了解K線嗎，為什麼要當它不存在呢？cola要跟讀者分享一個觀念，不用理會無關緊要的K線才不會搞得太複雜，耗費精神在這種小細節反而會看不到大方向。

3分法
操作策略

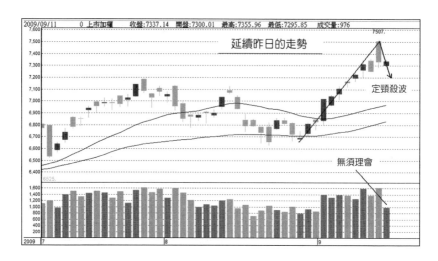

K線學的精髓在於抓住型態的轉折，而今天的K線除了量縮得非常小之外，根本沒有太大的意義。也就是說，今天的K線對於短中長線的走勢完全沒有任何的影響力，所以沒有必要去推敲，只要延續昨天的版本，看成「定頸殺波」進行中。目前cola沒有更進一步規劃中長線的走勢，可能需要等個幾天待型態較為確立之後，再來規劃會比較務實、有意義。

我附上下面這張K線圖，讓讀者自己先想想看接下來可能的走勢，試著像cola一樣的規劃，然後再來核對市場的答案，看看你當初的規劃的與事實有多大的差距。但差距不是重點，真正的重點在於如何隨著市場的變化做調整、改變操作策略，我再強調一次，技術分析的精髓不在於神準，而是在於修正；希望學習技術分析的讀者不要落入畫線給大盤走的魔道。

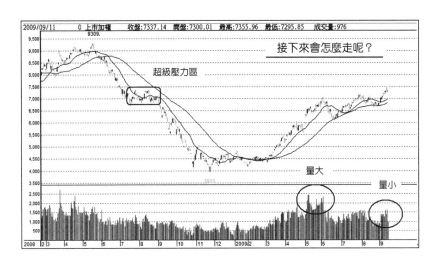

有時候我們好像在蜜月期，很甜蜜，什麼煩惱都沒有，但蜜月期結束了，真正的考驗才正要開始。不瞞各位，cola經常陷入以上的低潮與迷思，不斷與自己心中的另一個敵人作戰，有時候他贏，有時候我贏；我們兩個既是敵人也是朋友，他會把我打得遍體鱗傷，但沒有他的存在，我就不會進步、成長，更不會有風險意識。

在金融市場吹捧的虛偽亂象中，你總是看到別人比你還狠、比你會忍、比你更賺、比你少虧，如果我們沒有自信，很容易喪失自我，最後被別人牽著鼻子走。不是盲目崇拜就是胡亂跟單，看到像神一樣的名師、高手，就傻傻相信：只要好好跟著，絕對是不賺也難。這些人真的有那麼厲害嗎？為什麼總是能在天上飛呢？有句話說的很好：「天知、地知、你知、我知」，這句話就證明有很多事情，除非當事人願意將真相說出來，否則旁人很難舉證。

　　你可能會說，操作真的沒有秘訣嗎？外面那些號稱不傳之秘的東西，真的沒有用嗎？該不會是cola吃不到葡萄說葡萄酸吧？《一個投機者的告白》作者安德烈・科斯托蘭尼先生說：「人們經常稱我為股市專家，這個稱譽我不接受，因為我只知道今天是什麼，昨天是什麼。但這樣就已經足夠，因為大多數的專家連這一點都不知道」。

　　連這樣少見、睿智的股市長者都說他只知道今天與昨天，那你認為市面上、討論區裡自稱是老師與操盤手的人，真的有如他們說的那麼神嗎？我看未必。科斯托蘭尼先生的這句話非常符合技術分析的精神，因為技術分析就是交易紀錄，只能忠實反應市場的現況與過去，所以著重在解讀現況，而非預測未來，同時這也是cola的名言「把現況交給技術分析，把未來留給操作策略」。

　　就是因為無法預測未來，我們才會經常陷入操作的低潮，這是正常的。外面你看到有如神蹟般的迷人績效，才是不正常的，柯斯托蘭尼先生講過：「對於那些總是能夠買在低點，賣在高點的人，我認為他們是在說謊。」

　　既然無法買在低點，賣在高點，那我們應該怎麼做呢？以cola這幾年的操作心得，我認為可以朝兩個方向努力：盡量減少虧損與擴大獲利。cola你說的不是廢話嗎，這誰不知道？但

這並不是廢話，而是cola化繁為簡後的操作最高指導原則，也是將來繼續努力的目標。

為什麼我要說「減少」虧損，而不是「避免」虧損呢？因為沒有風險就不會有利潤，避免虧損就等於放棄獲利，所以與其避開不如想辦法管控。如果我們把風險管控得太緊，依cola的經驗，即便可以獲利，但動不動執行停損通常獲利相當有限。風險跟獲利是雙胞胎，唯有將風險開放到最大極限，才有可能取得最高利潤，但這樣等同將自己陷於極大的風險之中，因此理論與現實很難兼顧，這是我們在操作中會遇到的瓶頸。

為了解決這個問題，cola多年來化繁為簡想出龜苓膏戰術，以選擇權代替期指操作。但如果是非常單純的選擇權買家，那就是一般賭徒了，十賭九輸，賭徒的下場通常都很慘，所以我們也很少看到親朋好友因長期操作選擇權而獲取極大利潤，多半是賠錢居多。cola認為若只是單純的買賣選擇權，應該還是很難脫離輸家的宿命，所以決定將技術分析運用在龜苓膏戰術的規劃。也就是說我必須要放棄市面上所有公認好用、常用的方法與公式，才能與大多數的投資人做不同的操作，也才有機會勝出。股市的通則就是十個當中會有九個是輸家，如果我用市面上多數人認同的方法，怎麼可能會成為贏家呢？

我不知道龜苓膏戰術會不會成功，但我認為值得嘗試。首

先，養成歸零的好習慣已經是99%的投資人認為不可思議的事，但我覺得這是一個能將風險提高，且同時又能管控風險的好方法。因為即使真的歸零，也是在我們可以忍受的虧損範圍，這就達到將風險擴大的目的。

不入虎穴，焉得虎子，既然已經將風險無限擴大，當然也就更加接近利潤，而且是相當豐厚的利潤（十倍以上的獲利）。我們連歸零都不怕了，還怕被洗出場嗎？只要不被洗出場，一旦逮到大波段行情，就能連本帶利的賺回來，因此十倍以上的利潤成為龜苓膏戰術唯一的出場條件，為什麼要將出場條件訂得這麼高呢？根據cola的經驗，要賺大錢只有一個方法，就是讓利潤自己滾。大波段行情一年沒有幾次，如果真的有幸逮到，怎麼可以輕易放手呢？這就是我認為十倍獲利才值得出場的理由。

定頸殺波之半桶子的考驗 2009/9/14

昨天cola說：「今天的K線對於短、中、長線的走勢完全沒有任何影響力，所以沒有必要去推敲，只要延續昨天的版本就可以了。」今天續跌，因此方向不變，還是定頸殺波進行中。

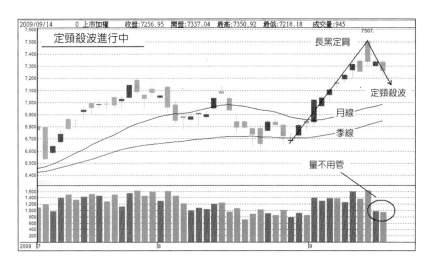

你可能會很想知道，到底會殺到哪裡？我認為這個問題沒有太大的意義，除非你想操作短線，否則cola認為目前應該要把注意力集中在中長線走勢，也就是整個型態的形成。看這一次到底會是在「六億四千萬的影響力」中提到的新書第176頁三尊頭與波段理論，還是另一次的「做頭不成，慶幸成腰」呢？

在討論區裡，我們經常可以看到很多神仙一般的預測走勢，說的比唱的好聽，好像一切都在掌握之中，真是笑話一則，偏偏信的人還不少。但股市亂象越多，對我們這些頭腦清楚、邏輯正確的人反而十分有利，所以要感謝這些半仙、高手不斷的製造亂象，cola誠心的向這些半仙們說：「有你們真好！」

預測走勢很難嗎？其實你只要擁有相當程度的技術分析，就可以約略的預測走勢，而且還可能常常命中目標，因為這跟機率

有關係。像這次cola判斷定頸殺波，到目前為止確實沒錯，那這樣我是不是說中了？如果是那些半仙，一定又要說：「我早就告訴過你們了！有聽進去的人，獲利多少？」說是自己的功勞，大剌剌的將紙上富貴往自己臉上貼金。有沒有這樣的人？肯定是有的，而且還不少呢。

猜中這樣的拉回很厲害嗎？我的看法是「還好而已」，因為根本就沒有什麼賺頭，沒有必要大吹大擂。關鍵是接下來我們該怎麼規劃操作策略，猜對與否根本不是重點，跟口袋有關的不是我們看對了什麼，而是我們做對了什麼。

cola在9/7「龜苓膏戰術的另類運用～買保險」提到：按照cola親身的操作經驗，我認為這次的反彈，必定有人的空單被軋得很慘，因為這種盤很容易令人想空。最近討論區陸續傳出傷亡名單，表示cola的盤感相當敏銳，雖然名單上的傷兵還是太少（畢竟家醜不外揚），但至少證明了一件事，半桶子的操盤手是成不了氣候的。多年前的自己就是半桶子操盤手，否則我怎麼會知道一定有人的空單被軋得很慘呢？

新手不會做放空的動作，而真正的贏家即使要放空，也不會在這個地方投入過多的資金，所以虧損有限（cola的龜苓膏雖然歸零，但也只虧損50點）。只有半桶子的操盤手，學了半調子的技術分析或是程式交易，就認為這裡是放空的好時機，偏偏本

身又沒有足以匹配的控單能力，他們的經驗不足，根本不會處理虧損的單子，最後只有一條路，就是重大虧損直接陣亡。

只有新手才會在股市狂瀉的時候陣亡，這次的反彈只會讓人發生重大虧損，直接陣亡的機率並不高，但這樣的虧損對於一個尚未成熟的操盤手打擊很大，因為虧的不只是金錢，連信心都會受到相當程度的影響。所謂的半調子就是在新手上路時已經被修理過一次了，之後發憤圖強、努力學習，好不容易燃起希望，卻又再次嚐到失敗的滋味。這樣的摧殘對於信心不足的人，可能會產生「一朝被蛇咬，十年怕草繩」的老手後遺症，需要非常長的時間才有辦法復原，甚至從此再也不敢大膽操作了。

要從半桶子進步到贏家的階段是很漫長的，這點cola有非常深刻的體會。cola是實戰派的，所以能清楚的知道，一個操盤手從新手到贏家的路上會經過怎樣的歷練、需要做怎樣的復健，這就是cola股市心理學的價值所在。

我不敢說自己經過大風大浪，但我也紮紮實實的操作期指與選擇權，從當沖、波段到現在的超級長線三分法操作策略與龜苓膏戰術，累積了整整七年的實戰經驗。這七年來，我的操作幾乎不曾間斷，這樣厚實的經驗足以讓cola接近真相，看穿股市的一切亂象，邁向贏家之路。

第三波攻主峰開始 2009/9/15

　　到昨天為止，我們對於型態的定義是「定頸殺波」進行中。今天殺完了嗎？今天算是開高走高收中紅，我認為已經殺完了。現在開始要進行第三波攻主峰了，昨天的低點7214點就是「頸線」，將來若跌破這個位置，就要保守操作，因為頭部有可能已經成形或是醞釀中。

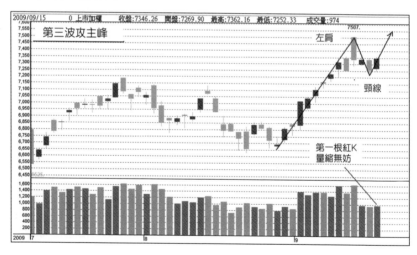

　　為什麼我說今天已經殺完了呢？因為第二波定頸的目的只是在於訂出頭部的成本——頸線，所以不會殺得太深。因為沒有要殺很深，所以只要出現中紅就表示已經訂出頸線了，接下來開始向上攻擊，不過假使攻不過去就會回測頸線，這時候需要小心。

　　既然出現止跌訊號，短中線就可以恢復樂觀，暫時毋須看

空，以上是技術分析的現況。但如果你要擬定操作策略的話就必須想：你是要作多還是作空？如果是作空，打算在哪裡空呢；如果是作多，打算在哪裡買呢？這才是重點。

你要操作期指還是選擇權呢？如果是期指，最佳時機應該是在今天收盤之後，買進期指多單作多，這是標準動作，前提是你打算怎麼停損呢？雖然這裡是技術分析的買點，但並不保證接下來真的會漲，畢竟盤勢沒有這麼單純，不可能盡如人意。所以在準備擁有期指多單的時候，不能腦袋空空的長驅直入，必須先想好你的退場機制。到時候若盤勢不如預期，你將面臨停損的抉擇，開始人性的痛苦考驗，因此我建議先有退場腹案，才不會猶豫不決，喪失停損的第一時間。

如果你是想作空，那cola建議等到第三波攻主峰，指數來到波段高點的時候再空，盡量不要太早作空，這樣萬一指數向上突破，你停損的虧損才能在有限的範圍。另一個比較保守的空法，就是等第三波出現敗象再追空，如此的勝率比較高，但因為你是等出現敗象之後才空的，所以獲利相對會縮小。

依據cola的經驗，沒有一種方法是完美、必勝的。如果有，早就風行全球，怎麼可能我們到現在還在尋尋覓覓呢？只要操盤法本身的進場與退場都符合你的要求，就是屬於你的好操盤法，不要計較太多。

　　目前定義成第三波攻主峰，請讀者繼續閱讀《技術分析不設防》第176頁的型態學。我昨天強調，不管這次的型態是不是書中所講的「三尊頭」，這一篇仍是非常實用的型態學，也是cola認為最重要的型態學精髓，務必要熟悉，甚至把它背起來。將來它就是幫我們脫離「股價下跌卻持股滿檔」宿命的救星，你能不能全身而退就要靠書中這篇型態學了。

　　書中的型態學是過去的歷史，但因為它是典型的例子，所以我們才能教學。然而真實的市場並沒有那麼單純，如果市場就這樣大剌剌的出現書中的型態，那豈不是送分題嗎？主力有那麼仁慈嗎？所以我們學習技術分析不要過於死板，不一定要完全照著書本規劃與預測，只要意思到了就好，不要斤斤計較，更不要過度執著，這樣是學不好技術分析的。

　　技術分析不難，翻一翻幾本書就學會了，能不能活用才是重點。有九成以上的技術分析愛用者，都是死背公式，一旦盤勢稍微變化或是加工，就會不知所措，完全無法適應，根本不懂活用。記住cola的話，學習技術分析要抓到它的內涵，而不是去對照它的外觀，就像cola看起來一點都不像是財經達人，既沒有專業的形象，也沒有傲人的財經背景，更遑論迷人的績效，如果你光是用外貌來定奪，cola肯定會被網友踢到一邊納涼。

第三波攻主峰進行中 2009/9/16

昨天今週刊的記者問我怎麼解讀昨天的K線，我回答這根中紅是止跌訊號，明天準備開始挑戰前高，我想今天開高走高大漲，他肯定嚇一跳。

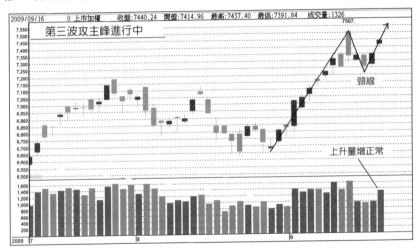

cola自出道以來就不是主打績效牌，因此無法吸引太多的讀者，但相反的，這也正是cola的優勢，沒有績效的包袱，我的分析格外客觀。該修正就修正，該調整就調整，沒有必要顧及顏面與形象，反正我本來就不是以神準著稱，調整劇本沒有什麼好丟臉的。正因為如此，我的分析才能夠貼著大盤走，不會一錯再錯，或是死不認錯。

cola這次能夠在第一根長黑定肩時就精準預測型態，實在

不簡單。這樣子很厲害嗎？坦白講，還好而已，這只是型態學的活用，加上運氣還算不錯，所以命中目標，假如你閱讀cola的文章夠久，你也可以善用型態學來抓方向，沒有什麼了不起。今天就沿用昨天的劇本「第三波攻主峰進行中」就可以了，你可能會問我到底漲到哪裡？我的答案跟9/14定頸殺波到底會跌到哪裡是一樣的，我認為這沒有太大的意義，除非你想操作。你就要有進場與退場的機制，只要嚴控停損，就可以大膽操作。

舉個例子，cola昨天說，如果你是操作期指多單，昨天的收盤就是買進期指多單的最佳時機，退場機制就是出現中長黑的敗象。一旦出現敗象，不管你是虧還是贏，都必須立即出場，這就是標準動作。你會問cola如果昨天沒買，今天要不要追價買進呢？我的答案是沒有必要，如果真的想作多，你應該在昨天收盤時就要進場了，錯過了就等下次機會，畢竟交易不是穩賺不賠的，沒有必在這裡增加交易的風險。

如果你想作空，那就是等敗象出現，收盤進場放空，或是等突破新高之後的量縮時進場放空，然後設個停損出場；以上的多空操作都是以期指為標的。

當頭棒喝？黑色騙線？ 2009/9/17

　　9/15的主題「第三波攻主峰開始」、9/16的主題「第三波
攻主峰進行中」都說明了在敗象未出之前，無須看空。今天開高
走低收小黑，這是敗象嗎？cola說過，敗象的定義是烏雲罩頂
或中長黑創新高，今天雖然收小黑，但這根黑K收盤還是上漲37
點，表現得還算不差，怎麼可以說是敗象呢？既然不算是敗象，
那能不能說是當頭棒喝呢？這裡的空方確實可以看成當頭棒喝，
但收盤上漲，成交量增加，比較符合多方的黑色騙線。按照K線
的量價關係來解釋，今天這根黑K應該算是黑色騙線。到目前為
止，指數並沒有出現敗象，第三波的攻勢還沒有中斷，不能看
空。

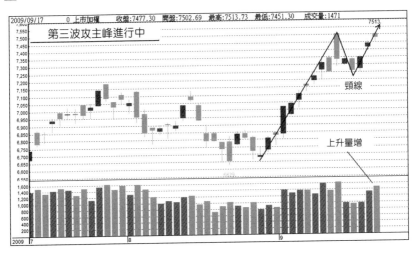

昨天說過，如果是操作多單，不管贏還是虧，出現敗象就應該出場。今天不是敗象，所以續抱期指多單，如果接下來第三波的攻勢很強，開高走高收長紅或是跳空大漲的話，就表示這裡不是頭部型態，這樣多單就抱對了。

如果是操作空單，等到敗象出現再追空是一個方法，也可以在明天開高時直接放空，不過如果收盤仍未出現敗象，那你就出場，因為接下來的盤勢可能不是我們所能預期的。

第三波攻主峰之關鍵時刻 2009/9/18

昨天我們說，按照K線的量價關係來解釋，這根黑K比較符合黑色騙線，今天續漲，指數創下新高，確認昨天是黑色騙線。你可能會說，這幾天cola實在準到不行，下次cola的預測，你一定要下單，這樣就可以賺翻了，如果你這麼想，那你就被cola給唬了。今天續漲，完全是機率問題，最主要是因為敗象未出，多方不容易拉回，當然是黑色騙線的機率會「比較高」。

技術分析永遠都只能解讀現況，無法預測未來，請讀者不要因一時的準度沖昏了頭，忘記技術分析只不過是交易紀錄，不是用來卜卦、當半仙的。不管外面的名師、高手如何吹噓，我們都

要保持清醒的腦袋，不要被機率愚弄，更不要忽視風險管控。

今天台股續創新高，我們該怎麼解讀與操作呢？cola還是那句老話：「化繁為簡」，敗象未出現之前無須看空，就是這麼簡單，依舊續抱你的期指多單，沒有必要出場。

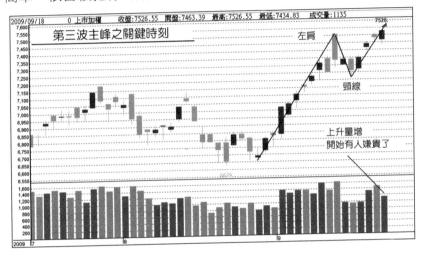

但今天的成交量有了敗筆，算是上升量縮的背離訊號，雖然站在「價為主，量為輔」的順序來看，這樣的結果不算是敗象，卻表示這裡買盤開始嫌貴了，追價的意願不高，成交量才會萎縮。如果你要說這是空方埋下的伏筆，站在邏輯的角度確實也有些道理，因此你想要操作空單，可以在今天收盤之後進場放空。但我建議你，下週一收盤如果沒有出現敗象，無論輸贏你都要先出場，因為你進場的理由是量價背離，沒有出現敗象就表示這個理由有點牽強，一旦買進的理由消失，我們就沒有留在場內的必要，進退有據才不至於失去操作的準則。

　　另一個期指空單的賭法：如果今天晚上美股大漲，下週一台股開高，你可以進場放空。萬一收盤沒有出現敗象就要馬上出場，不要戀棧，因為接下來真的可能會再漲一波，那這裡就不是我們規劃的頭部了。

　　在9/10「六億四千萬的影響力」中，我們將這天的長黑定義成「左肩」；在9/15「第三波攻主峰開始」中，確認了7214點就是「頸線」，直到目前為止，還是「第三波攻主峰進行中」。今天的主題加上「關鍵時刻」四個字，代表什麼意思呢？因為接下來如果開高走高大漲，成交量也順利補上來，那我們的頭部型態假設就會破功，這裡可能是採取「N型上漲」，之後會用到我們7/25規劃的缺口回補理論，多方的目標就是7800點附近。

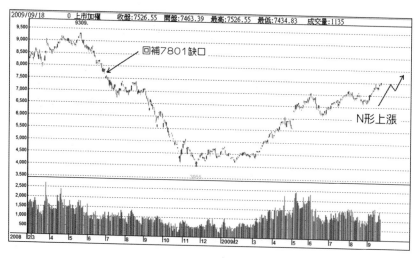

　　另外一種走勢的規劃是M型頭部，這種頭部型態因為只有雙峰，所以我們把9/10的長黑稱為「左峰」，第三波的主峰稱為「右峰」。如果你嫌麻煩，可以繼續叫做「左肩」與「右肩」，這樣也比較單純，之所以使用左峰與右峰，主要是想跟三尊頭做區隔，教學比較方便而已。cola一再強調，技術分析的術語並不是重點，我們要的是內涵，術語只是用來溝通而已，無須在意誰的版本才是正統的，cola認為只要是好用的版本就是好版本，管它正不正統。

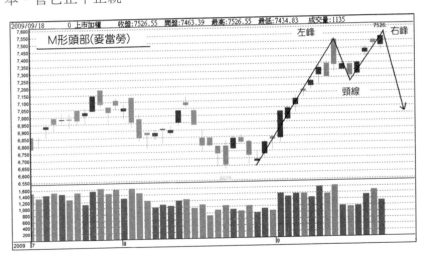

　　目前cola最屬意的版本還是三尊頭，因為這樣的頭部比較複雜，不會兩三下就被看破手腳，除了比較複雜之外，最主要是主力出貨需要時間，而三尊頭的時間比較長，對於主力出貨比較有利。另外除非大環境不允許，只能先賣先贏，沒有辦法撐太久，才會出現比較單純的麥當勞頭部，因此我們還是先以三尊

頭作為這次走勢的規劃與操作依據，如果有變化cola會隨時調整、修正，一切以現況為主，不能太過執著。

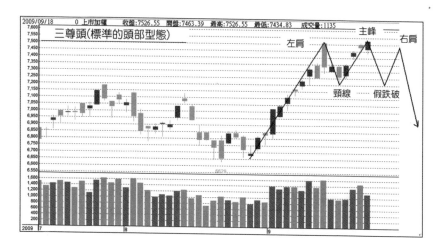

你可能會說，cola你就不能只用一種版本，我們照這個版本下去操作就好了，雖然這樣比較單純，但卻容易誤事。我打個比方，你會要求氣象局給一個颱風走勢的最終版本，不要在那裡變來變去，因為這樣很麻煩，但這樣做真的好嗎？有必要這樣做嗎？與其要求氣象局給一個最終版本，不如要求氣象局隨時修正颱風動向還比較務實、可靠。

操作策略也是一樣，與其追求具有畫線給大盤走的功力，還不如隨時調整操作策略，盡量客觀的貼著大盤走，這樣才是比較務實的作法。我們最終的目的是要成為贏家，不是成為半仙。

關鍵時刻之小小敗象 2009/9/21

今天創新高收小黑，有一句話用於波段操作非常實用「小黑創新高，問題不大」，也就是說這根長下影小黑不是敗象。

雖然今天不是標準的敗象，但站在成交量的角度來看，又是一個量價背離訊號，而且是下跌量增的背離，比起上週五的狀況還差。連續兩根量價背離，我們可以看成小小的敗象，操作上先保守一點，等突破型態再恢復樂觀。

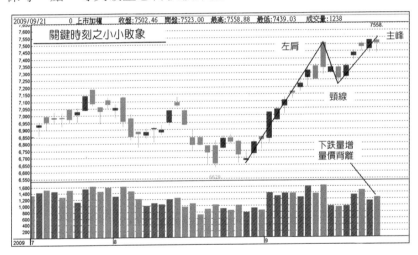

為什麼沒有出現真正的敗象，卻要保守因應呢？因為這裡的型態有第三波攻主峰結束的疑慮，如果過度樂觀，一旦出現真正的破壞訊號，就會被套在相對高檔，到時候想解套可沒有那麼容易。

接下來會不會真的演出第三波攻主峰結束，開始第四波下殺呢？這個cola也不敢掛保證，畢竟市場不是我們說了算。但讀者還是以《技術分析不設防》第176頁的內容作為觀盤重點，利用這次的型態學習三尊頭與波段理論，會比較有臨場感，映象也會比較深刻。即使這次沒有出現書中的頭部型態，但經過這次的複習，將來若出現類似的型態，你的腦中就會不自覺浮出這次的操作過程，這就是所謂的盤感，也是我們活用技術分析的最高境界。

cola不斷的強調，技術分析只是操作策略的一環，絕對不是全部，技術分析只能用來解讀現況，無法預測未來，這點讀者要牢牢記住。至於未來，我們就用操作策略來涵蓋，只要能夠妥善的管控風險，就沒有什麼好擔心的。

至於我們該如何將技術分析運用在操作上呢？我們延續週五「第三波攻主峰之關鍵時刻」的操作策略，如此一來你就會有連貫性，不至於發生操作上的盲點。照例先從多單開始談起，讀者如果有在9/15止跌訊號出現，收盤買進期指多單，那麼在敗象未出之前就無須出場。不過今天的狀況有些尷尬，雖然不是標準的敗象，但確實有量價背離的疑慮，你可以在今天收盤時將多單出場，理由就是連續兩根的量價背離的小小敗象。但萬一行情續漲，你就已經被洗出去了，這是你必須接受的事實。

　　如果讀者想等到明天出現標準的中長黑敗象，或是雙鴉躍空的空襲警報才出場也是可以，但必須要有心理準備，你的獲利可能會縮小或是虧損。以上兩種出場方式並沒有對錯之分，只要讀者能坦然接受結果，不要猶豫不決，都是好的出場點。

　　「操作」不會因為我們學會什麼曠世絕學、不傳之秘，或是市面上號稱密技、秘訣、勝經等武功秘笈，就能改變成像提款一樣的簡單，像呼吸一般的自然。每個月穩定獲利，錢就像土石流一樣，擋都擋不住的往我們口袋灌進來，真是太美滿了，如果讀者有找到這麼幸福美滿的事，麻煩請將這種好康報給cola知道，我也很想成為富豪。不過到目前為止，還不曾有網友介紹cola什麼穩賺不賠或是大賺小賠的方法，我一直在等，但就是沒有人願意推薦給cola，實在是有夠失敗、有夠悲哀。

　　因為沒有人推薦秘訣，cola只能自行摸索，不斷的面對挑戰，一點一點的進步，長時間下來自然累積厚實的基礎。現在cola的地基已經打穩了，接下來就可以看到自己的成果，從1樓慢慢向101大樓發展，直到自己喊停為止。如果cola能夠成功，就表示所有與cola一樣資質中等的讀者也能靠著不斷的努力與堅持，走到任何你想到達的地方，完成夢想。

　　「先維生，再翻身」是cola的務實哲學，這句話看起來既沒有格局，也不夠積極，但卻是cola衷心的建言。我們常常可

以看到，在各大討論區中很多投資人的操作部位都相當驚人，看起來格局很大，但我們必須衡量自己的能耐，是不是有這樣的資金與後盾，不要一味跟進。cola也曾經小孩玩大車，然而在這個超級馬拉松的股市賽程裡，我們真的有必要在一開跑的時候就火力全開、全力衝刺嗎？與其有勇無謀的亂衝，不如先調整好自己的步調。按照自己的方法，做自己能力所及的操作，沒有必要跟他人相比，因為這場馬拉松，我們的對手不是別人，是自己。那些看起來好像很厲害的人，不見得有你想的那麼強，你也沒有自己想像中弱，只要穩紮穩打，一天比一天進步，當我們就可以跑贏自己的時候，也跑贏了這場超級馬拉松。

關鍵時刻之空方不夠狠 2009/9/22

早上我們說台股要小心黃盤大跌，而黃盤的特徵是早盤異常弱勢，莫名奇妙的越殺越低。cola所謂的早盤是以10點作為界線，因此早上10點前殺盤，且殺得很凶，就是黃盤大跌的觀察重點。結果今天早盤狀況還好，除了殺得不夠狠之外，還被拉到平盤附近，此時就可以確認不是黃盤大跌，無須擔心，心態要趕快調整回來，以平常心面對今天的台股走勢。

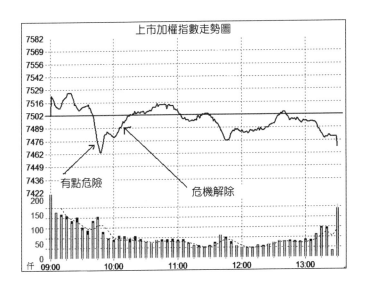

你可能覺得cola根本一點都不準，早上cola有講過，這只是經驗談，即使今天沒有出現黃盤大跌，但藉由這樣的機會來培養盤感也不錯。以後只要型態有轉折的機會，又剛好遇到道瓊與那斯達克一漲一跌，你就可以用同樣的方式來因應當天的台股，這樣經過幾次實際演練之後，黃盤大跌就再也傷害不到你了。

預防勝於治療，沒有吃過黃盤大跌苦頭的人，不會知道這種觀盤法有多麼寶貴，將來我們會不斷的實況演練，直到讀者學會為止。cola要再強調一次，技術分析不是要求神準，而是求能活用，這樣就夠了。神準的事情交給外面的半仙，我們只要學會務實的操盤法就可以了，不要再追求不存在的幻覺，那些都是吹牛的。套《一個投機者的告白》作者說的：「對於那些宣稱自己總是買在低點，賣在高點的人，我『覺得』他們是在說謊。」而

以cola這幾年的操作經驗，我「確認」他們是在說謊。

　　既然今天不是黃盤大跌，那接下看cola要怎麼自圓其說？我不用自圓其說，我只要照實說就可以了。今天收盤收小黑，但這根黑K並沒有跌破昨天低點，如果我們硬要說它是敗象，總覺得太過牽強，有點預設立場的感覺。預設什麼立場呢？就是第三波攻主峰已經結束，準備開始第四波下殺了，這就是我們預設的立場。

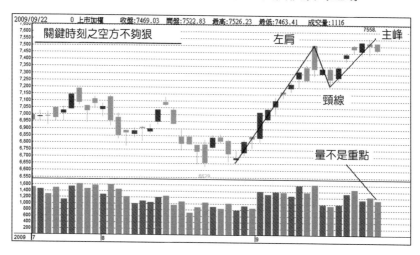

　　學過技術分析的人，難免都會陷入預設立場的情結，這並不是什麼滔天大錯，只要我們能夠管控好風險，擬定一個進退有據的操作策略，就可以化解預設立場的危機。目前的盤勢有點曖昧，因為昨天的結論是連續兩根量價背離，我們定義成小小敗象，而今天雖然收跌，但跌的不夠多，反過來講，就是空方不夠狠。既然不夠狠，那我們就無須硬要畫線給大盤走，應該回歸「化繁為簡」，靜待敗象出現再說。

　　這次的型態可能會比較複雜一點，或許不會像《技術分析不設防》第167頁的型態那樣典型，但只要精神抓到，沒有必要斤斤計較。我們先假設這裡是頭部，但學過技術分析的人都知道，頭部型態不見得會像書中一樣典型，乖乖跑出M型頭部或是三尊頭，若每次都那麼經典，散戶又怎麼可能被套呢？所以頭部型態經常會被加工或是調整，讓死讀書的散戶辨認不出來，逃不出被套的命運。

　　既然是頭部，就會有頸線，雖然你無法辨認出頭部型態，但頭部已經成形了，所以一旦頸線被跌破就表示盤勢真的走弱，你必須找機會出場。因為這個頭部長得比較奇怪或是不成比例，所以你對照不出來，若是向上突破，氣勢如虹創新高時，就不要硬將它往下凹，因為這裡可能不是頭部而是腰部。以上就是當你無法有效辨認型態的時候，最起碼的認知，而頭部型態通常都會有K線的敗象，這也是辨認的有效方法之一，也就是我們在等待的中長黑敗象。

　　我們在技術分析上面解讀不出來的情況經常會發生，請讀者不要過度執著，堅持一定要看出方向，cola建議，當遇到無法以技術分析來判斷走勢的時候，你可以休息或者以操作策略涵蓋接下來的可能走勢。講白話一點，就是用生意的角度來衡量你的操作，一旦上漲我會賺多少？萬一下跌我會賠多少？只要你覺得划得來就做，划不來就放棄，就是這麼簡單。

如何解讀現況，又如何面對未來 2009/9/23

　　昨天我們說，應該回歸「化繁為簡」，靜待敗象出現再說，那麼今天開高走低收中長黑，這是敗象嗎？沒錯，今天是下跌量增的破壞訊號，雖然它不是創新高的中長黑，但以這根黑K絕對可以比擬「烏雲罩頂」的破壞力道，是相當標準的敗象。既然出現敗象，型態當然就走入第四波下殺，多方必須要開始小心了。

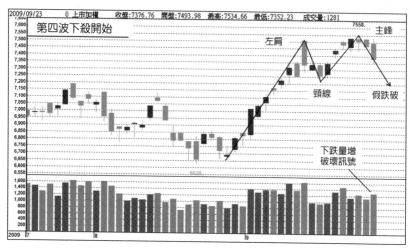

　　當初長黑定肩，cola並沒有要多方小心，為什麼這根中長黑跌得又沒有比9/10的長黑來的深，幹嘛要小心呢？即使是相同的K線，分布在型態的不同位置，就會產生不同的力量，所以K線學必須要架構在型態之上才有意義。今天的中長黑在型態的中間，而9/10的長黑是屬於型態的左邊，處境並不相同。型態

左邊通常比較安全，因為主力的部位很大，還沒有時間賣出，拉回只是為了要訂出頸線，不是真的在跌，而今天出現在型態的中間，表示多方已經在相對高檔處遊走了大約十天左右，有了十天的出貨機會，跌的機率當然會比較高，這就是多方需要小心的原因。

我們當初將9/10這天的長黑定義成「左肩」，於9/15確認7214點就是「頸線」，之後開始第三波攻主峰，一直到今天的第四波下殺，台股走到這裡已經完成《技術分析不設防》第176頁三尊頭型態的一半。接下來到底會以M型頭部還是cola預料的三尊頭型態出現？我的看法是一半一半。

cola在此提供期指操作的標準模式，供讀者參考。今天出現敗象，如果你是技術分析的愛用者，收盤時就應該放空一口期指，靜待止跌訊號出現，不過無論輸贏都要回補空單。這個動作就跟9/15出現止跌訊號買進多單是一樣的道理，所以接下來的觀盤重點就是止跌訊號。

另外一種放空操作，就是利用這次的第四波下殺，用50點買進7500call當成意外險，等到第五波反彈來到7500點時放空一口期指小台。萬一這裡的型態是「做頭不成，慶幸成腰」的話，你也不用害怕被軋到天上去，因為你的虧損已經被鎖住了，但這有個缺點，如果這裡是麥當勞頭部，不是第五波反彈，那你的

7500call就白買了。但我認為這樣的意外險是必要的，這種小錢應該要花，因為唯有如此，你的期指空單才抱得住，才不會被洗掉。

買進	賣出	成交	漲跌	總量	履約價格	買進	賣出	成交	漲跌	總量
505	520	520	▼90	81	**6900**	62	63	63	▲13	9557
431	438	441	▼84	561	**7000**	84	85	84	▲14	12316
362	364	365	▼81	635	**7100**	112	113	112	▲20	12671
295	298	299	▼76	1596	**7200**	145	148	146	▲23	12504
238	240	238	▼76	3798	**7300**	188	189	188	▲34	9316
185	187	188	▼67	5728	**7400**	236	239	239	▲41	8747
146	147	146	▼58	11088	**7500**	293	298	297	▲51	4730
108	111	111	▼50	14789	**7600**	358	364	360	▲59	1235
82	83	83	▼42	14295	**7700**	429	436	427	▲67	627

買權Call　　TXO 台指選　200910　　賣權Put

第四波下殺準備買進
當期只空單的意外險

等第五波反彈再買

至於想要單純的操作龜苓膏的讀者，你就靜待第五波反彈，然後用50點買進7200put，賭它頭部成形大跌，這就是cola的龜苓膏戰術。

到目前為止，可以證實技術分析不是沒用，而是看你怎麼用、會不會活用而已。cola有多年的實戰經驗，因此可以光靠9/10的一根長黑定肩就可以規劃出三尊頭的型態，這就是盤感，也是讀者學習技術分析到某種功力之後就會有的水準。

cola跟讀者分享自己的經驗，我認為化繁為簡的最高境界就是：「如何解讀現況？又如何面對未來？」除此之外都是多餘的。我們的精力有限，所以要走對的路，做對的事，不要浪費時

間在其它地方。cola這些年來將操作日記公開，長期讀者應該都能躲過重大虧損（包括去年因金融風暴而造成的大空頭年），cola的分析幾乎都沒有太大的誤差，這也是能夠擁有許多忠實讀者的原因。

我想，這跟解盤的「穩定度」有著非常大的關係，為什麼我不說「準度」而是標榜「穩定度」呢？因為cola認為技術分析主要是能夠客觀的解讀盤勢現況，依此做出足以匹配的操作策略，才是cola這些年來所得到的操作精髓。絕對不是什麼神準之類的荒謬言論，那些都是吹牛的。

有個笑話，兩個獵人上山打獵遇到熊。甲問乙：「你跑得過熊嗎？」乙回答：「我只要跑得過你就好了。」我們無須戰勝主力，因為這個很難，原因是籌碼都掌握在他們手上，但我們只要跑得過這些外行人就可以了，他們人數眾多，正好成為主力倒貨的對象，當然也是我們安然脫身的墊背。

第四波下殺進行中～二哥 2009/9/24

我們說昨天的中長黑烏雲罩頂是標準的敗象，因此型態定義成第四波下殺。今天續跌，方向沒有改變，我們統稱為「第四波下殺進行中」，一切看法延續昨天。

今天除了型態是第四波下殺進行中之外，K線的量價關係下跌量縮，有人解釋成好現象，但在這裡下跌量縮並不見得是件好事，反而比較偏向於「破壞三兄弟」的二哥——高檔走低量急縮，是破壞訊號。既然出現二哥，那我們回過頭確認昨天的中長黑就是量價背離的大哥，這下好玩了，破壞三兄弟只剩下三弟還沒有出現，所以明後天要小心反彈補量收爛線的三弟。

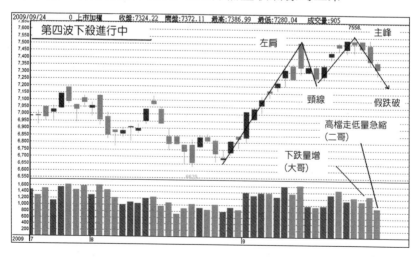

中長線走勢規劃～近程與遠程的錦囊妙計
2009/9/25

到昨天為止，我們的定義是第四波下殺進行中，既然是下殺中，當然不見止跌訊號，也就沒有理由改變方向，所以現在的觀盤重點是止跌訊號。止跌訊號強調的是氣勢，最起碼也要中長紅才算數，今天不過是上升量增收小紅，不符合止跌標準，表示方向不用改變，繼續看成第四波下殺進行中。

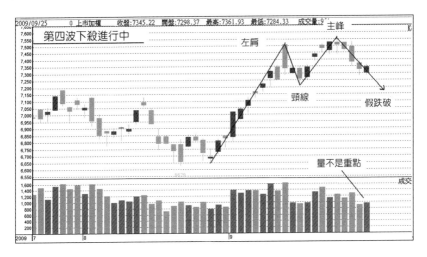

既然這不是止跌訊號，那可不可以放空呢？雖然這不是止跌訊號，但真正的放空時機應該是在9/23中長黑收盤，而不是現在。操作是需要時機的，不是看空就可以放空，如果時機不對，除了會增加交易的風險，也會增加停損的難度，不像技術分析那麼單純。

有在9/23收盤放空的人，最標準的回補時機就是在出現止跌訊號收盤的時候，不管到時候是輸還是贏都不要猶豫，畢竟操作沒有人是穩賺不賠的，願賭服輸才是贏家應有的風範。另一種回補時機也不錯，就是在「長黑警戒線」加上「跌勢末端有量」收盤時先落袋為安，以上兩種空單回補的方式各有優缺點，沒有標準答案。

讀者可能會說，既然無法掌控結局，那我們不是毫無勝算嗎？但如果找得到所謂的勝算，讀者就發了，世上根本就沒有這種事，大家都是在跟機率搏鬥，只不過是贏家能夠善用資源，讓自己始終不被機率所打敗；而輸家因為不懂機率，沒有好好的管控風險，才會一敗塗地，翻不了身。

首先我們將規劃分成近程與遠程，這樣比較好擬定操作策略。就好像錦囊妙計，當近程的劇本兌現了，馬上打開遠程的劇本繼續操作，這樣才不會有操作的空窗期。

近程的規劃就是三尊頭型態，這個不難，我們會每天解盤並配合書籍教學（參考《技術分析不設防》第176頁），一旦真的是三尊頭型態，那就表示今年的行情到此為止，接下來準備要進入中長空格局了。此時你可以看到最近才被吸引進來的投資人把錢套在這裡，等到第四季的大買點時就沒有錢可以買，甚至還會賣在最低點，這就是散戶的宿命。

　　cola你講得跟真的一樣，你真的看空嗎？我什麼都不看，只看技術分析的現況，只是到目前為止比較接近頭部型態，所以才會有這樣的規劃，並不是我喜歡看到空頭。cola只是預做規劃，一旦盤勢沒有如預期就會立刻修正劇本，cola的分析向來非常客觀，調整劇本的能力也很強，所以不會有太大的誤差。

　　以下有兩張圖，第一張是單純的K線圖，你看到這張圖有什麼規劃呢？

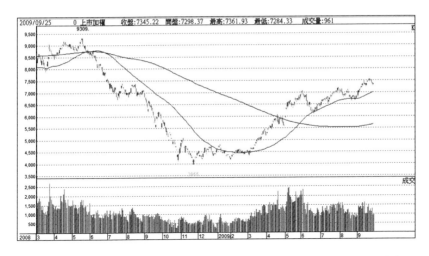

　　第二張圖是cola的一個遠程規劃，是一個中長空的劇本，下跌的方式採用「三段式下跌」。第一階段的下跌稱為初跌段，在三尊頭成形之後開始下殺，以跌破季線為目標。跌破季線之後會有反彈，之後在第二段下殺，稱為「主跌段」。接下來的第三段下殺則以跌破年線為目標，稱為末跌段。

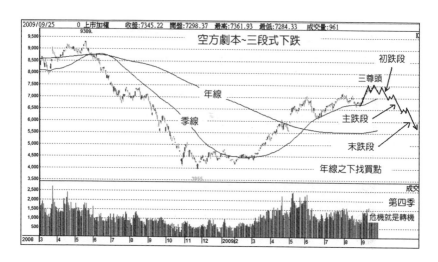

讀者看到這裡，心驚膽跳，這是真的嗎？cola你不要嚇人了，吹牛也不是這樣吹的。請讀者不要緊張，cola只不過是一時技癢，又犯起技術分析畫線給大盤走的老毛病，這並不是真的大盤走勢，這不過是空頭市場的下跌方式而已，我們要有概念但不要預設立場。等到近程規劃實現了，再拿出來準備下一步的操作策略都還來得及，無須過度緊張。

因為這是我的親身經歷 2009/9/28

　　今天續跌，原則上與週五的假設沒有太大的差異，下跌的方向還是沒有改變，繼續看成第四波下殺進行中。接下來到底會不會跌破頸線？是麥當勞頭部還是三尊頭呢？cola要是知道的話，早就發了，就是因為不知道，所以才要按部就班的照規劃進行。只要走勢合乎我們的劇本，我們就繼續使用；如果大盤不照劇本來，山不轉路轉，路不轉我轉，只要跟著大盤前進，擬定新的操作策略，這樣就算及格了，毋須要求神準。

　　我們的規劃就是，若接下來出現止跌訊號就是第五波反彈的開始。你可以比較圖中這兩根紅K，約略的分辨何謂宣告線、止跌訊號？

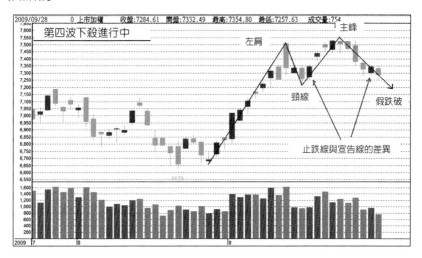

　　至於在9/23收盤放空期指的讀者，照樣當止跌訊號出現之後，不管輸贏都要收盤回補，這就是標準的期指放空操作；另外想在第五波反彈放空期指的人，請照樣準備50點買進7500call的意外險。從明天開始，你直接在盤前掛50點，買進後就安心的上班，等收盤再來看結果，不管有沒有買到都無所謂，反正進場也不見得會贏，得失心無須太重。

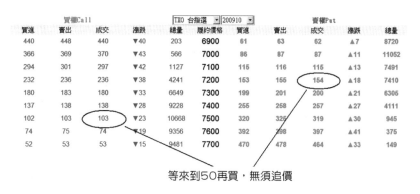

等來到50再買，無須追價

　　想單純操作龜苓膏的人就靜待第五波反彈，照樣掛50點買進7200put，賭三尊頭型態成立後，若跌破季線就大功告成了（以上的規劃從9/10的長黑定肩就開始籌劃了）。對於市場老師出的題目，cola已經做答2／3了，究竟是不是標準答案，只能等市場老師揭曉。身為學生的我們，只能盡量做好學生的本分，老師若認為我們有資格畢業，自然會發給我們畢業證書。

　　盤勢與我們規劃的版本沒有太大的誤差，請繼續參考昨天的

文章。要求讀者經常閱讀這一夕系列的文章，是因為將來讀者要避開「股價下跌，持股滿檔」的宿命，就靠這一系列的型態學了。

不要妄想畫線給大盤走，只求盡量貼著大盤走，也就是說，不要請大盤照著你的劇本走，而是要調整你的劇本跟著大盤走，前者是虛幻的，後者是務實的；前者是半仙的工作，後者是贏家的功課，讀者想當半仙還是贏家呢？今天我到百視達租《貧民百萬富翁》，一個送茶水的小弟最後贏得2千萬盧幣，我印象最深刻的兩個畫面，一個是主持問他：「你一定看過很多書」主角回答：「I can read」；另一個是，警官之所以放他走，理由是「太老實了」。

cola跟主角一樣，操作與經營之路，一路走來非常坎坷。cola沒有專業的財經背景，沒有迷死人的操作績效，寫下所有親身走過的一切，我只寫我所知道的、操作的，至於其它我不知道的，不是我的東西通通不寫，反正我也不會。雖然市場老師出的題目，我可能沒有辦法像主角一樣，剛好知道答案，但我會慢慢的抽絲剝繭，絕對會找出正確解答，過關斬將。

第五波反彈開始 2009/9/29

　　我們在星期六的美股分析中，cola有個假設：「美股第三波攻主峰一旦展開，可能就是台股的第五波反彈開始，接下來的型態即將進入高潮，也是考驗cola在9/10預測的三尊頭型態能否兌現的關鍵時刻。」

　　今天美股大漲，主題是「第三波攻主峰開始」，好巧不巧，台股也大漲，上升量增收長紅。既然出現長紅，那我們苦苦等待的止跌訊號豈不是出現了？的確，這是非常標準的反攻線，直接跳空大漲。光是氣勢就足以讓我們樂觀看待，且又有成交量的加持，不用懷疑，可以直接看成第五波反彈開始。

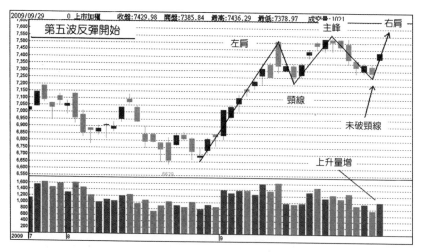

　　盤勢走到這裡，已經證實不是麥當勞頭部，既然如此，

cola的三尊頭型態真的太神準了，實在是佩服的五體投地。且慢！要佩服，等到真的出現敗象再說，這裡不見得能如cola所願，也有可能會是「做頭不成，慶幸成腰」另一波行情開始。現在市場老師的題目，cola已經完成3／4，接下來的答案，只能等待市場揭曉了。無論結局是什麼？我們都必須坦然面對，不能跟他硬凹，否則市場是不會對我們留情的。

之前說過，有在9/23收盤放空期指的人，出現止跌訊號，無論輸贏都要回補空單，這才是標準的期指操作，所以今天應該是期指空單的回補日，不能心存僥倖。至於勝負的結果，操盤手本來就應該要坦然接受，然後將心態歸零，準備下一次的操作。

這次的型態，雖然有三尊頭的可能，但跟cola規劃的有些出入。我原本規劃是會假跌破頸線，然後再出現止跌訊號，開始第五波反彈。結果今天開高大漲，沒有跌破頸線，表示這次的型態比較強，能不能如cola所願的做出三尊頭型態，必須等到敗象出現才能決定，現在我真的看不出來。

原本想幫期指空單買保險的讀者，因為7500call漲上去了，沒有來到我們設定的50點價位，所以無法順利買進保險，如果你還是要在第五波反彈放空期指的話，cola建議你可以在型態出現敗象的時候再放空，或者大膽一點，等美股大漲，期指跳空開很高時放空，不過假如收盤沒有出現中長黑的敗象，你就要

馬上回補空單，不要留倉到隔天。

　　至於想要操作龜苓膏的讀者，現在機會來了。從明天開始，直接掛50點買進7200put，然後就安心上班，等收盤再看結果，不管有沒有買到都沒關係，因為不見得買到就會賺錢。這是cola的龜苓膏戰術，能不能豐收，就必須看老天爺賞不賞飯吃了。

買進	賣出	成交	漲跌	總量	履約價格	買進	賣出	成交	漲跌	總量
455	463	462	▲92	723	7000	54	55	55	▼32	11858
378	384	383	▲86	304	7100	76	77	77	▼38	8618
308	311	308	▲72	2787	7200	104	107	107	▼47	10748
246	249	248	▲68	5294	7300	143	144	144	▼56	6707
192	193	193	▲55	9376	7400	187	188	187	▼70	6140
148	150	149	▲46	12967	7500	242	246	243	▼76	2670
111	113	113	▲39	20935	7600	306	309	309	▼88	984
81	82	81	▲28	15389	7700	375	382	374	▼90	188
58	60	58	▲21	11251	7800	452	459	452	▼103	236

買權Call／TXO 台指選 200910／賣權Put

明天開始掛50買進

第五波反彈之關鍵時刻 2009/9/30

　　昨天我們對台股走勢的結論是，不用懷疑直接看成第五波反彈開始。今天台股續漲，上升量增收小中紅，表現的可圈可點，目前為止尚未出現敗象。既然沒有敗象，就不能一口咬定是三尊頭型態，說不定是「做頭不成，慶幸成腰」的另一波行情開始。接下來的觀盤重點還是在「敗象」二字，請讀者複習《技術分析不設防》第84頁「空襲警報」。

　　目前的型態非常緊張，多方只要來個開高走高，跳空大漲，頭部型態就有被突破的可能，如此的話，接下來就不能看空了。空方也在等開高走低的中長黑，終結今年的行情，進入第四季空頭市場，所以今天的主題加上了「關鍵時刻」四個字，強調型態的重要。

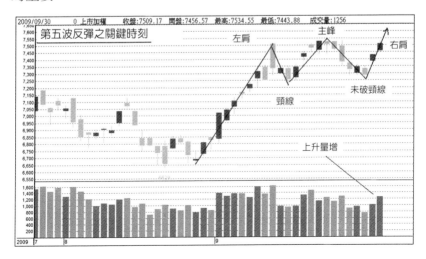

　　從9/10的長黑定肩之後，我們的觀盤重點就是型態比K線重要。而K線的主要目的就是為了抓到型態的轉折，所以這段期間的關鍵K線是複習的重點。無論這次結果如何，讀者都要好好珍惜這段期間的實況演練，畢竟這是真槍實彈，不是紙上談兵。

　　昨天說，止跌訊號就是空單回補的時機點，無論輸贏都要出場，不能心存僥倖，今天驗證了這句話，如果有人空單沒有出場，你必須要好好記住這次的教訓。交易的結果往往取決於市場的機運，我們無法掌控，但從交易的過程就可以看出操盤手本身的修為，這就與運氣無關了。好的操盤手會嚴格遵守自己訂下來的規則，如果我們嚴格遵守規則，長期下來還是虧損，就要修改規則，而不是放棄規則。

四、長黑創新高，出清持股

第五波反彈之關鍵時刻（二）2009/10/1

昨天說觀盤重點在「敗象」二字，今天收小黑是敗象嗎？既然是小黑，就不是烏雲罩頂，如果不是烏雲罩頂，就只剩下當頭棒喝與雙鴉躍空，而目前只有一根黑K，當然不可能是雙鴉躍空，也就是說，今天是「當頭棒喝」。

當頭棒喝的相反就是黑色騙線，怎麼分辨呢？這就要看K線的強弱。今天收上漲的小黑，所以並不是真的下跌，是上升量增。以K線而言，比較偏向「黑色騙線」，但如果以型態來講，這裡非常緊張，昨天我們定義成「關鍵時刻」，但現在多方尚未突破型態，我們還是以三尊頭來規劃目前的走勢，若是如此，則「當頭棒喝」的機率也是蠻高的，不能掉以輕心。型態沒有被確認，指數卻越來越高，我們只好繼續沿用關鍵時刻的主題。

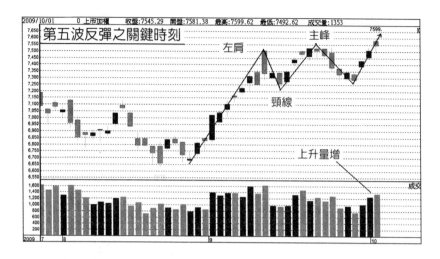

第五波反彈之關鍵時刻

左肩　主峰

頭線

上升量增

成交

　　因為頭部型態的疑慮尚未解除，目前操作期指不適合作多，那cola的意思是要作空？收盤確實可以放空，但萬一今天真的是黑色騙線，你必須要有明天開高走高的心理準備。

　　如果這次我們規劃的三尊頭型態真的被突破，那你一定會問要不要追價買進，但這樣你的風險會提高，所以cola認為不用在此追價買進，不要去跟人家湊熱鬧，只要好好的抱住基本持股就好了。當初會採用三分法建立基本持股，就是因為我們無法完全辦別方向，即使真的有辦法判定方向，也不見得適合操作，這牽涉到交易的成本、風險的管控。總之，我們還是照原本規劃的三尊頭型態來操作，直到型態被突破為止；這就是化繁為簡的哲學。

三尊頭型態～第六波下殺開始 2009/10/2

今天早上美股大跌，我們說：「既然美股偏空，台股的三尊頭型態就有譜了。」果然今天台股跳空大跌，三尊頭型態十之八九，第六波下殺開始。

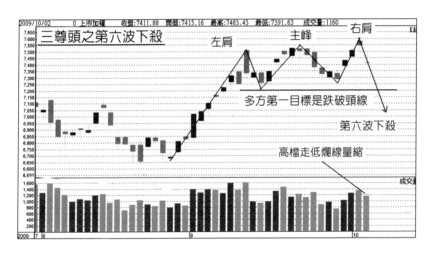

從9/10開始到現在的盤勢，整個三尊頭型態的演練，活生生的教材，相信應該讓讀者對於型態學有了很深刻的體驗。

若有在昨天收盤放空的話，你的空單回補時機就是「止跌訊號」。今天非但不是止跌訊號，而且還是第六波下殺開始，所以你的空單卡位成功，回補的時機還是止跌訊號。到時候無論輸贏，都要回補空單，這是期指操作的標準動作。

你會說，要追空嗎？只要讀者能夠接受失敗的風險，能夠忠實執行停損，就可以按照自己的風險承受度調整操作。每個人的條件、資金、年齡、負擔都不同，並沒有標準答案。

今天的下跌確實有三尊頭型態的樣子，但會不會順利的下殺成功呢？這要看投資人到底是看多還是看空？如果看多的人佔多數，那下跌的速度就會比較快；反之亦然。但不管型態怎麼變，我們就是化繁為簡的操作，只要不出現止跌訊號就是看空。

要談接下來的規劃之前，我們先複習9/25「中、長線走勢規劃～近程與遠程的錦囊妙計」的內容。到今天為止，近程規劃的三尊頭型態應該是成形了，如果真是如此，那今年的行情大概就到此為止了，但三尊頭型態是否成形還需要一個關鍵點才能獲得證實，就是頸線要能夠跌破。如果以波段理論來定義，目前的走勢是在第六波下殺，也就是型態學中的空頭型態，讀者應該偏空操作。

既然近程規劃已經進入尾聲，那遠程的錦囊妙計也該上場了，我們來看一段9/25的重點，順便驗證看看cola的遠程劇本的規劃能力，是否及格：

下面第一張是單純的K線圖，你看到這張圖有什麼規劃呢？第二張圖是cola的一個遠程規劃，是一個中、長空劇本。下跌的方式採用「三段式下跌」，第一階段下跌稱為「初跌段」，三

尊頭成形之後開始下殺，以跌破季線為目標；跌破季線後會有反彈，開始第二段的下殺「主跌段」；接下來的第三段下殺「末跌段」，以跌破年線為目標。

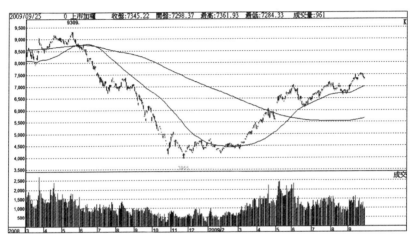

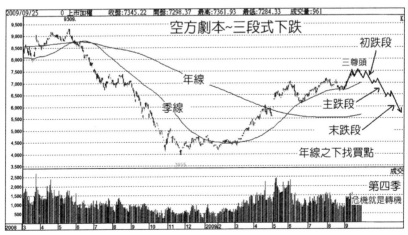

看完上面這段內容，我們再看下面這張圖，有沒有覺得非

常巧合呢？第六波下殺就是「三段式下跌」的初跌段，盤勢與cola當初規劃的劇本沒有太大的偏離，因此我們繼續沿用空頭市場「三段式下跌」劇本。將來如果產生變化，cola會隨時調整，讀者不用緊張。

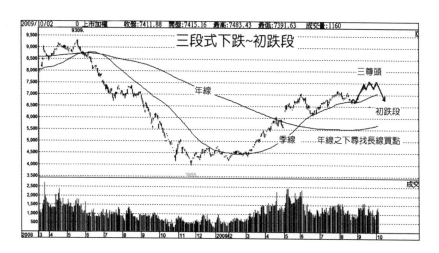

 空方第一目標～跌破頸線 2009/10/5

先回顧上週五「三尊頭型態～第六波下殺開始」的兩個重點，其中之一：「今天的下跌確實有三尊頭型態的樣子，但會不會順利的下殺成功呢？這要看散戶到底是看多還是看空。如果看多的人佔多數，那下跌的速度就會比較快；反之亦然。但不管型

態怎麼變，我們就是化繁為簡的操作，只要不出現止跌訊號就是看空。」這一段是以股市心理學來探討盤勢，也就是別人常講的：「人多的地方不要去」。

另一段重點：「到今天為止，近程規劃的三尊頭型態應該是成形了，如果真是如此，那今年的行情大概就到此為止了，但三尊頭型態是否成形還需要一個關鍵點才能獲得證實，就是頸線要能夠跌破。」

以上就是本週的觀盤重點，一個是心理學，另一個是型態學。一般人都喜歡自己的看法得到別人的認同，但當我講完盤勢會怎麼走之後，如果他的看法跟我一樣，cola反而會怕。不是cola瞧不起別人，自以為了不起，而是我怕自己的看法與多數人相同。市場中有九成是輸家，與輸家的看法相同，難道不應該害怕嗎？

不過股市心理學只能參考，真正能夠當成操作依據的就只有貨真價實的交易紀錄，也就是技術分析的結論。而上週的技術分析告訴我們頭部要成形，就必須要「跌破頸線」才算數，所以本週的觀盤重點還是在「型態」。為什麼要強調跌破頸線呢？因為頸線是頭部的成本，跌破就表示多方棄守，所以頸線有一定程度的意義。

除了型態學，我們來看今天的K線要告訴我們什麼事呢？請

讀者複習《技術分析不設防》第115頁「乾坤雙劍」，兩根K線
收盤的位置差不多，一個留上影線，一個留下影線，配合「量縮
三落潮」，明天有轉折的機會。多方會利用三落潮來補量反彈，
試圖解除三尊頭的危機；而空方以逸待勞，等待反彈補量收爛
線，準備跌破頸線，以上就是乾坤雙劍之後可能的演變。

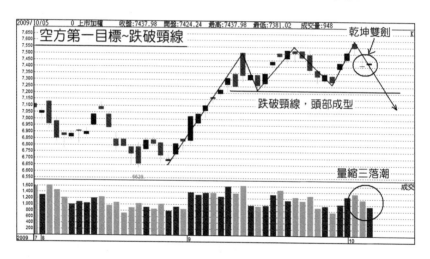

　　cola有沒有標準的版本？這樣多空都有，怎麼操作呢？標
準的版本只有半仙有，cola沒有。雖然沒有標準的版本，但我
們依據現況，化繁為簡一樣可以操作。上週有操作期指空單者，
你的出場點就是「止跌訊號」，但今天小漲不符合止跌訊號的定
義，所以空單續抱。你可能會說，萬一明天開高走高大漲，空單
豈不是又沒賺頭，搞不好還會倒貼，但這是沒有辦法的事，想要
獲取波段利潤就必須要有這樣的魄力，蠅頭小利就跑掉是不可能
賺大錢的。

　　看到這裡你可能會開始懷疑，這次三尊頭型態的可信度，其實你毋須想太多，市場絕對不是你我可以預測的，任何結果都有可能發生，沒有標準答案只有機率問題。我們要做的是擬定操作，而不是預測走勢會如何，這是兩種層次。cola認為看對行情沒什麼，因為你不見得有辦法進場獲利，如果沒有足以匹配的操作策略，看對與看錯行情有什麼差別嗎？唯有擬定好操作策略，照著你的規劃進退有據，實實在在的累積實戰經驗，學習如何在市場的壓力之下，忠實走完自己的規劃，才是贏家的養成教育。至於其他人的看法，cola的經驗是：「無須理會」。

　　cola說過不下百次，每個人的年齡、資金、負擔、操作的環境、風險的承受度都不相同。在諸多不同的條件下，唯有自己才會知道自己的底限在哪裡，怎麼可能使用同一套的贏家操作策略呢？更何況根本沒有這種東西。唯有靠自己不斷的努力、交易、檢討、修正，腳踏實地的尋找屬於自己的操作策略，才是邁向贏家之路的正確選擇。

真正的學問是進場之後，而非進場之前

2009/10/6

　　既然出現止跌訊號，那我們就將觀盤重點從「跌破頸線」改成「突破型態」，看多方是否有辦法扭轉中空格局，啟動「做頭不成，慶幸成腰」的新行情。

　　現在不像三尊頭，我們該如何看待呢？三尊頭只是典型的頭部型態，適用於教學，真正在金融市場中出現的頭部是非常多元的，不見得會跟教材一樣。這就是為什麼讀者在學過技術分析之後，發現根本派不上用場而放棄所學的主要原因。

　　其實無論是M型麥當勞還是三尊頭，都只是要告訴我們頭部已成形，準備出清持股，而不是要我們判別頭部的型態。也就是說，技術分析是拿來操作的，不是拿來做學問的，不要斤斤計較。所以接下來只要台股無法突破型態，就還是有頭部成形的疑慮，至於這顆頭到底長得像林志玲還是蔡頭，都不是重點了，我們觀盤的重點就放在「突破型態」與「跌破頸線」，其它的細節不重要，這就是cola化繁為簡的操作哲學。

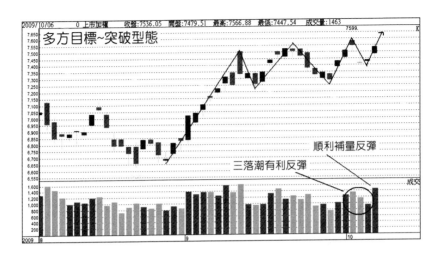

cola你怎麼變來變去的？不是我喜歡變，而是盤勢在變，就好像颱風變來變去，我們只能忠實的修正颱風路徑，調整我們的操作策略，不能過於執著之前的預測。cola雖然沒有迷人的績效，但這樣反而成為我的優勢，我不需要顧及績效的考量與過去的預測，因此更能提供客觀的走勢，不會硬凹。

接下來要追價嗎？cola看不出為什麼要追價。不追？萬一漲上去怎麼辦呢？別忘了，我們的終極絕招是三分法操作策略。以1／3持股賺時間的錢，萬一真的漲上去就樂觀看待，這樣不是很好嗎？不管你有沒有建立基本持股，最後只要三分法能獲得証實，我們以後就可以將三分法當成最高指導原則，這樣難道不值得高興嗎？

從9/10開始，我們就規劃三尊頭型態，每天實況演練，目前為止我認為效果還算不錯。雖然最後不是三尊頭型態，但無損

於這次的演練，剛好也可以讓讀者體會一下，何謂真正的金融市場。

規劃準不準是一回事，有沒有隨時調整規劃的能力，落實規劃才是重點。也就是說，看對是一回事，做對又是一回事，走完全程更是另一回事，沒有經驗的人會以為看對行情就等同錢入口袋，其實這完全是兩碼事，有經驗的老手就會知道，真正的學問是在進場之後，而不是進場之前，這點留給讀者慢慢體會。

我常說，漫漫股市長路，走起來真的很辛苦。股市就跟情字這條路一樣，走完一段換另外一段，沒有好好經營是無法走完全程的。戀愛的時候是一回事，結婚之後是另一回事；婚後五年是一回事，十年是另一回事；二十年、三十年，感情越來越深還是越來越淡？幸運一點的，從愛人變成陌生人；不幸的，從相生相許變為深仇大恨，所以沒有用心經營是不可能幸福美滿的。

股市也是如此，進場前是一回事，進場後是另一回事；操作五年是一回事，操作十年是另一回事；二十年、三十年，資金是越來越多還是越來越少呢？幸運一點的，把虧的錢賺回來；不幸的，就越陷越深，民不聊生，因此沒有用心經營是不可能修成正果的。

你能把婚姻大事託付給兩性專家嗎？你能把家庭教育託付給親子專家嗎？如果不能，那我們又怎麼能將自己的股市錢途，託付給名師、名嘴、半仙、高人呢？

關鍵時刻，多空各半 2009/10/7

　　我認為這裡中線的定義應該以型態為主，目前算是關鍵時刻，如果多方明天還能收中長紅，那新的一波行情就有譜了；如果無法突破目前的型態，則頭部型態的疑慮就沒有辦法消除，所以觀盤重點還是在「型態能否突破」。

　　今天下影小黑，多方說是黑色騙線，準備明天開高走高大漲，啟動新一波行情；空方說是當頭棒喝，型態末端的最後買氣，也是此波的最後高點。如果單純以「量價關係」來看，今天是黑色騙線的機率比較高，但如果以型態來看，當頭棒喝也不無可能，所以我認為是各佔一半的機率。

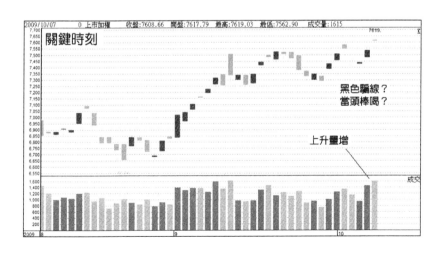

　　目前對於期指的操作，cola沒有任何建議。因為這裡是多

空各佔一半，cola的操作哲學認為沒有必要在這裡進場，操作的機會很多，沒有便宜可佔就沒有必要進場。

接下來這個盤會上漲嗎？要以什麼方式漲呢？如果現在就漲，那明年的第一季要漲什麼呢？該如何操作呢？cola也是凡人，讀者會感到困惑，我也會；讀者會感到挫折，我也會；讀者會不知所措，我也會，「市場之下，皆凡人」，只要是讀者會遇到的事情，同樣也會發生在cola身上。

就是因為盤勢如此的變化多端，操作也沒有想像中簡單，所以cola才會發明三分法操作策略，在跌破4000點之前建立1／3基本持股。在今年4/23提出三分法終極操作，建議讀者大膽的放任到市場奔上萬點再來賣，這樣才能真正獲取長線波段的利潤。

不管將來三分法是不是可以順利賣在萬點之上，但最起碼，三分法已經陪我們走過金融風暴，現在也順利反彈到快4000點了。這中間1／3持股就是續抱，少了頻繁的進出，除了節省精力之外，更省下大筆的手續費，光是這點就值回票價了。三分法操作策略陪我們走過將近一年的時間，幫我們克服了「股價上漲而手中無股」的遺憾。接下來就換我們陪它走完全程，讓它能夠避開「股價下跌卻持股滿檔」的宿命。

cola延續昨天的話題「真正的學問是在進場之後，而不是

進場之前」，為什麼要談這個觀念呢？因為我要破除讀者對於「預測行情的迷思」，絕大部分的投資人認為，看對行情等於搞定一切，以為只要學會這樣的本領就能「錢入口袋」，或是跟著大師的腳步就能穩當獲利。

有經驗的老手都知道，看對行情只是第一步，接下來進場才是重點，看多就能馬上作多嗎？恐怕不見得。其實進場點很重要，時機不對很容易停損或是被洗出場，不是隨便買隨便賺，沒有那麼簡單。

即使買進時機不錯，沒有馬上被洗掉，這樣波段利潤就拿到手了嗎？恐怕也未必。我們常聽到同事說，他在幾元的時候買進哪一檔股票，結果提前出場，現在股價漲上天少賺了好多，這種話每年都會出現，表示即使我們看對，甚至卡位成功，也不見得就等於波段利潤到手，因為這中間還有很長的路要走，唯有走完全程的人才有資格拿到波段利潤。這就是我說的：「真正的學問是在進場之後，而不是進場之前」。

短、中線己經偏空了 2009/10/8

cola真的好棒喔！早上說黃盤大跌，結果就真的大跌了，一點也不輸外面的名師，如果是這樣，你又被cola唬了。早盤異常弱勢，越殺越低，收盤奇慘無比，才符合我說的黃盤大跌特徵，今天台股雖然也算大跌，但並不是cola說的黃盤大跌，跟我的預測八竿子打不著。

你可能會說，cola實在太客氣了，同樣是大跌，有什麼分別呢？首先來看為什麼會有所謂的黃盤大跌。美股的漲跌，通常會影響台股的開盤，我想這點讀者應該不會有意見。美股大漲，台股開高；美股大跌，台股開低，約有八九成的準度，這誰都知道，但如果美股不漲不跌，台股會怎樣呢？台股頓失重要的參考依據，大人不在家，小鬼趁機搗亂，只能各自發揮。

遇到美股漲跌互見的時候，散戶會失去戒心。因為美股沒有跌，沒有利空當然不需要擔心，但台股主力可能會事先獲知利空消息，趁散戶還搞不清楚的時候，利用早盤趕快出貨，此時不出更待何時？股價很快的下跌，散戶根本來不及反應，還到處詢問下跌的原因。散戶找不到下跌的真正原因，自然不會輕舉妄動，早盤已經虧一屁股了，更不願意在莫名奇妙的情況之下認輸。通常都不會採取行動，完全任由主力擺佈，直到收盤為止，以上就是黃盤大跌的特徵。

今天的台股撐到尾盤才下殺，這跟黃盤大跌一點關係都沒有，這點讀者應該要分清楚。其實有很多的預測都是巧合，但讀者沒有深入了解，一味相信名師的預測：「我早就跟你們說過，今天的台股會大跌，事實擺在眼前，還會有假嗎？難道這是運氣嗎？」這句話是不是經常聽到呢？cola如果不強調黃盤大跌的特徵，只要語帶保留的說：「小心黃盤大跌」，現在是不是也可以大聲的說：「有聽cola的話放空，現在空單獲利中」？

直到昨天為止，觀盤重點還是在「型態能否突破」，結果今天不但沒有突破，反而收長黑。有一句話用於波段操作非常實用：「長黑創新高，先賣再說」，也就是說，今天是型態的賣訊。那K線該怎麼解讀呢？很簡單，今天是非常典型的烏雲罩頂，加上成交量也不算少，有破壞三兄弟——大哥的味道。因此，今天的長黑可以看成破壞訊號，台股的短、中線已經偏空了。

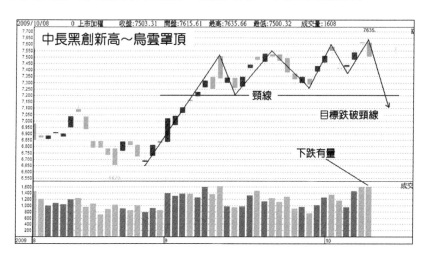

這次cola預測的三尊頭型態雖然沒有全然命中，但也盡力了。對於這半個月以來的表現，我幫自己打了八十分，表現還算滿意。今天的破壞訊號幫cola的頭部預測扳回一些面子，但頭部要成立，跌破頸線就是空方的第一目標，所以觀盤重點又從「突破型態」回到「跌破頸線」，這就是型態學的運用。

價為主，量為輔 2009/10/11

我們先來看今天的K線該如何定義吧，我的經驗是與其討論K線定義，不如直接從型態著手。今天K線的位置算是在相對高檔處，距離型態的最高點很近，表示多方並不弱勢。你可能會說，但是成交量有背離的情形，這應該不是好事吧！cola還是那句名言：「價為主，量為輔」，如果在價格上有亮麗的表現，我們可以忽視成交量的存在，所以我認為今天的成交量不是重點。

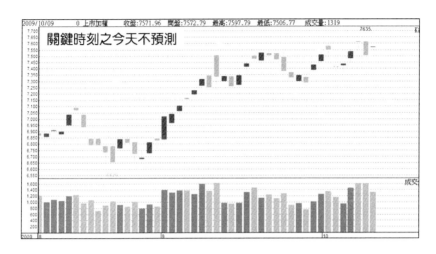

　　既然指數又回到型態的高點，我們昨天的觀盤重點是「跌破頸線」，今天又翻盤了，觀盤重點又再度回到「突破型態」。cola你又變來變去了，到底要怎樣？給個方向吧！

　　盤勢走到這裡，我認為方向不是重點，即使有了方向，你該如何操作呢？並不是有方向，就等於可以進場操作，那是兩碼事。

　　這次cola並不準備提供方向，而是利用下面這張圖讓讀者思考，如果是漲，你可以賺多少？如果是跌，你又可以賺多少？自己決定要作空還是作多，這種操作策略的思維不是以市場的方向作為進出的依據，而是採取可能的獲利率作為進場考量。cola的操作思維是，看多不見得一定要作多；看空也不見得要作空，只要利潤夠高，我們也不排除反向操作。

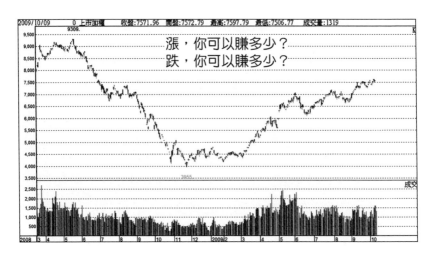

續抱1／3基本持股,如果真的漲上去,我們就等明年第一季賣出;萬一不幸跌下去,就照規劃等待年線之下加碼,買滿2／3持股。為什麼要有基本持股呢?因為漫漫股市長路,並不是每個階段都可以如我們所願操作,但有一個現象是不會改變的,就是台股始終漲跌輪迴。只要能在歷史的相對低點買進,就可以坐上時間的列車,享受企業獲利的回饋,這是基本持股的用意。

期指操作呢?如果昨天因為敗象而在收盤放空期指的人,這下尷尬了,因為這不是標準的止跌訊號,那該不該執行停損呢?以型態的位置來看,雖然這不是止跌訊號,但多方並不弱勢,表示空單進場的理由已經消失,當然要停損。

你會發現,如果照著技術分析操作,被巴的情況會經常發生,所以cola才會改成操作選擇權,不直接操作期指。想操作

期指的讀者，cola建議利用選擇權作為意外險，這樣就不用設定停損了。但這種方式需要運氣，我們要等到意外險很便宜的時候才買，如果買不到就不建議操作期指了。

cola寫操作日記已經有八年了，這八年幾乎從不間斷，所以我的技術分析功力與穩定度應該是在一般投資人之上，這點我非常有把握。除了寫日記之外，我也從未中斷操作，從每天當沖的K2法（連續兩年）到波段操作的K線學，演進到今天的超級長線三分法操作策略，與以小博大的龜苓膏戰術。隨著上班環境的變遷，cola的操作策略也跟著改變，唯一不變的是，從來沒有中斷過的寫作與操作。

這八年的操作日記，不是花拳繡腿的純理論，而是依據真槍實彈的交易寫出來的。寫了八年，我才慢慢發現技術分析的真面目，也才有了足以分辨純理論與可以用來操作的能力。這兩年更提出「務實操作哲學」，徹底解決「股價上漲手中無股」的遺憾與「股價下跌持股滿檔」的散戶宿命。

關鍵時刻之即將表態 2009/10/12

因為多空都很有機會，規劃的實用性不高，因此cola沒有做星期五台股的預測。今天的小漲更加證明了，在關鍵時刻多空都不敢輕舉妄動，所以今天的成交量才會縮成這樣。不過這樣的成交量有利多方反彈，為什麼有利反彈呢？因為有量才有價，今天的量那麼小，接下來要超過會比較簡單，一旦成交量增加就有助於股價的推升，這就是「量縮三落潮」有利反彈的原因。但成交量增加就一定會漲嗎？如果事情有那麼單純，那就天下太平了。

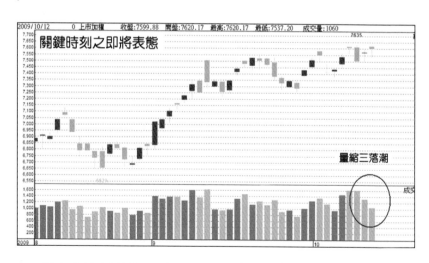

其實台股目前的重點還是在於型態，現階段的型態又是關鍵時刻，所以量縮三落潮帶來的機會就非常的重要。到底接下來會

是補量反彈成功，形成新的一波行情，還是反彈補量收爛線，出現破壞訊號呢？我的看法是五五波，各有一半的機率。既然機率只有一半，那我們就沒有必要大費周章的規劃行情，不如等它表態再來規劃走勢，穩定度還會比較高。

　　操作真的很難！但這句話從來沒有受到正視，因為無論是財經書籍還是媒體，甚至連各財經網站的討論區，都將操作寫的好像手到擒來。錢存在銀行的人像是個傻瓜，投資人以為只要稍加學習操作，就可以進場準備賺錢了；投身股海，是非常Smart的決定，是所有聰明人該採取的行為。如果這是真的，為什麼輸家還是難逃大數法則的八成以上呢？到底誰才是聰明人呢？是將操作看得很簡單的人比較聰明，還是知道操作很難的人比較聰明呢？

關鍵時刻之多空對決　2009/10/13

　　今天開很低卻收中長紅，這樣的K線應該看多，還是看空呢？今天K線的量價關係不是很好解讀，先從昨天的三落潮說起。三落潮有利多方補量反彈，今天的補量反彈是事實，但卻是從跌120點開始反彈，收在平盤附近，並不是多方原有的中長紅

大漲版本。一樣是中長紅，卻是兩樣情；中長紅大漲表現的是氣勢、攻勢，然而今天的中長紅卻是守勢，所以不能說是多方勝出。

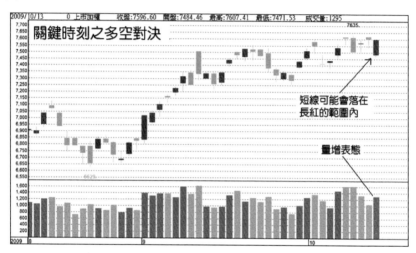

　　既然不是多方勝出，那表示空方贏了嗎？也不見得。我們從今天的大盤指數開低120點說明了空方確實展開攻勢，一開盤就來個下馬威。但多方也不是省油的燈，開低之後慢慢的拉回，最後收在平盤附近，表示多方不願放棄這個型態的關鍵位置。這是個兵家必爭的型態關鍵點，不只牽涉到短線的多空，放棄就等同放棄中線走勢，所以今天的多空都沒有決定性的勝負。

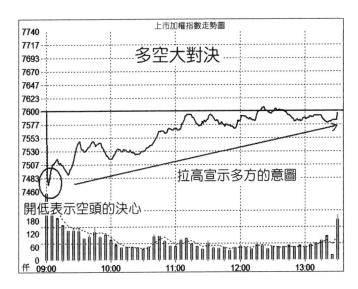

那接下來該怎麼看呢?我的看法是,出量居然不分勝負,表示會在這裡等待下次決戰的時機。如果真的在這裡停留,那該怎麼操作呢?今天我還是認為應該觀望,等待中線走勢比較明朗後,再進場操作,不用急。

坦白講,我確實對於明年的第一季抱著比較樂觀的想法,因此才會建議讀者使用三分法,將1/3持股抱到明年第一季再賣,只不過市場不是cola說了算數。因此為求保險,cola特別強調1/3持股只能用優秀企業體質好的現股,這是當初建議買進的條件;另外會保留2/3的資金,最主要也是基於風險管控的觀念,以防意外發生。

盤勢有時候非常詭異,如果它沒有出現典型的頭部,或是露出明顯的敗象,投資人想要在第一時間判斷出空頭來臨,是一

件很艱鉅的任務，甚至可以說是不可能的任務。我有八成以上的把握可以看出空頭市場，但若要在第一時間看出，也就不敢保證了。市場實在是變化莫測，這是cola直到目前還不敢專職操作的原因之一。空頭走勢有分中空和長空，有時候很好分辨，但若有中、長空的轉戾點就會比較麻煩，判斷錯誤會造成讀者賣在中空的低點，但萬一反應太慢，又會落到長空的陷阱，此時會進退兩難。

技術分析是死的，但市場是活的，很難真正的套用，要克服技術分析的不足，只能靠實戰經驗來彌補。cola這八年的操作日記是用金錢寫出來的，應該可以算是實力派，但實力派不等於票房的保證，我只能說會盡力為讀者做最客觀的分析與規劃，讓讀者能夠躲過重大虧損，這樣我就善盡職責了，至於要賺大錢，那就需要讀者各憑本事了。

關鍵時刻之多方勝出　2009/10/14

　　原本cola認為會多拖幾天，結果今天開高收高，多方表現得非常好，頗有突破型態的味道，短、中線恢復樂觀。今天的上漲我們可以回頭確認前幾天其實是個「下降三法」的運用，昨天的長紅就是「置換右紅神」破除空方的兩段式下跌，應該要樂觀看待。昨天cola沒有看出下降三法，這是我的疏失，在此道歉，即使是作者也很難面面俱到，不見得有辦法充分的運用自己所學。（請參考《技術分析不設防》第128頁的下降三法）

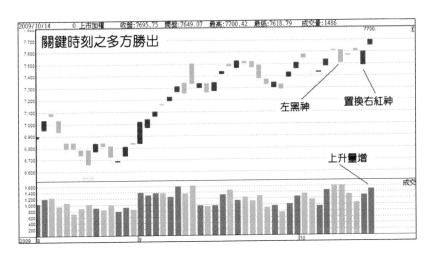

　　盤勢走到這裡，雖然還沒有正式啟動新的一波行情，卻也告訴我們今年的反彈速度驚人，跌破所有專家的眼鏡。還記得去年我在10/22「台股的彩虹」中建議從現在開始向下買，啟動三分

法操作策略，當時所有專家、媒體全部看空，而且是全球性的看空。這些專家講得振振有辭，好像世界的經濟即將瓦解，還有人說會走入經濟大蕭條，三五年之內肯定是回不來了。

當時cola就講過一句話，只要台股能夠站回5000點，空方的言論應該就會減少。如果繼續漲，當初看空的專家，肯定會閉嘴。現在台股又創新高了，沒有一個專家站出來承認自己錯了，好像當初沒有講過這些話，一樣做他的專家，照樣上媒體、上電視，真是太神奇了。

當初cola以一個樂觀的傻瓜提出三分法操作策略，幾乎是賭上了多年的招牌。有人說這種向下攤平法是錯誤的，但cola認為，攤平法本身並沒有錯，錯就錯在攤平的時機。如果我們在台股的歷史低點向下買進，風險已經減到最低，成本也降到最低，因此我認為這是相當划算的交易。交易沒有絕對的對與錯，只要我們能夠坦然的接受後果，就可以依據自己的風險承受度來擬定操作策略，進場操作，這就是贏家會做的事。

新的一波行情之不算敗象 2009/10/15

　　今天開高走低收小黑，這是多方的黑色騙線？還是空方的當頭棒喝呢？光從K線的外觀來看，兩者確實不分軒輊，如果加上今天的成交量增加，可以看成上升量增，多方加一分。我們再從型態的波段理論來看，以高度而言，已經可以算是新一波行情了，我們套用一句名言「小黑創新高，問題不大」，所以多方再加一分。整體而言，技術分析是偏向於黑色騙線的，簡單的說，今天不算是敗象，就沒有理由看空。

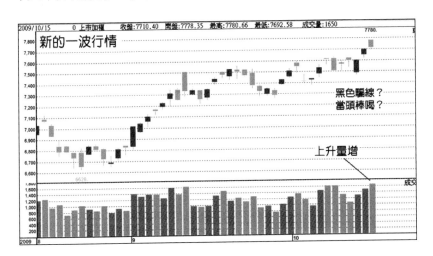

　　想操作期指多單的人，可以買進7600put當成你的意外險，如此一來就可以不必設停損，晚上也比較睡得著，不用擔心美股大跌。如果你想操作期指空單，那可以搭配7800call作為你的

空單意外險，這樣你的週末假期就可以玩得很愉快，不必擔心空
單被軋上天。

買權Call					履約價格	賣權Put				
買進	賣出	成交	漲跌	總量		買進	賣出	成交	漲跌	總量
510	520	510	0	191	7200	8	8.2	8.1	▼3.4	8692
414	422	418	▲2	751	7300	13.5	14	13.5	▼4.5	12759
326	331	328	▼2	2218	7400	22	22.5	22.5	▼6.5	24201
241	243	243	▼5	14631	7500	37	37.5	37	▼11.5	22828
166	168	168	▼10	12036	7600	62	63	62	▼15	20551
106	108	107	▼11	25893	7700	102	103	103	▼15	16730
63	64	63	▼12	38271	7800	155	159	158	▼16	11035
33	34	34	▼9	28608	7900	226	228	229	▼12	2164
17.5	18	18	▼5	32754	8000	308	313	309	▼12	508

（TXO 台指選 200910）

當成放空的意外險　　　可以當成期指多單的意外險

　　如果讀者的心臟夠強，想要賭賭看結算前的龜苓膏戰術，那
cola建議你操作7600put，理由是上漲有限，下跌無限。雖然上
漲的機率比較高，但市場總有意外，而龜苓膏戰術就是專賭意
外；這種結算前的賭法，非常刺激，適合賭性堅強，喜歡尋求刺
激的讀者。cola再次強調，交易沒有所謂的對錯，只要讀者可
以坦然接受最後結果就是對的交易。

　　cola雖然看好明年的第一季行情，但我們還是要回歸市場
的供需。「萬般拉台只為出」，這句話每個投資人都聽過，假設
我們自己是主力，目前的台股指數已經來到7780點了，如果就
這樣拉上去，那主力怎麼出貨呢？

　　有人可能會認為主力要出貨還不簡單，直接賣掉就好了，如
果那麼簡單，那操盤手誰來當都可以，根本就不需要技術了。讀

者要知道，股價之所以會動，不是靠散戶買出來的，而是靠主力拱出來的。或許不是全部用錢拱的，可能配合公司的消息或是股東的籌碼，但可以確定的是，絕對不是靠散戶買上來的，因為散戶不可能在同一時段買入同一家股票。

主力為什麼要買呢？第一、他要建立持股，第二、股價如果沒動，怎麼吸引散戶關愛的眼神呢？為了讓股價上漲，必須炒熱買氣，所以主力非買不可。買進股票每個人都會，只要把錢砸進去，沒有什麼了不起，但主力買股票是為了出貨，絕對不是為了跟公司共享企業獲利，配息配股。

既然要賣，那要怎麼賣呢？一定要賺錢才賣，這點應該沒有疑慮。但主力要賣，也要有人願意承接才行。而且主力的部位很大，如果沒有在熱騰騰的氣氛之下脫手，恐怕還沒賣到幾張，股價就已經趴下去了，再賣下去就跌停板了。因此，主力如何順利出脫股票，就成為我們接下來思考的重點。

cola你為什麼不要回歸到技術分析，純粹以技術分析來解盤就可以了。技術分析是交易紀錄，是最客觀的資料，主力想要隱瞞也沒有辦法，所以技術分析之下，人人平等，這就是為什麼我強調要學習技術分析的原因。但技術分析並非萬能，它只能解讀現況，至於未來我們只能規劃，無法用技術分析來預測。

之前cola的龜苓膏戰術都是站在空方，不是因為看衰台股，而是我認為真正大漲的時機尚未成熟。如果台股就此一去不

回頭，那試問，萬一明年的第一季景氣沒有真正復甦，主力該如何營造樂絡氣氛吸引散戶進場，順利將股票倒給散戶換成現金，快快樂樂的住進杜拜帆船飯店呢？

　　如果主力找不到可以出貨的理由，那他怎麼願意就這樣的將股價拱上天呢？這點值得我們思考。你可能會說這是主力的事，cola這個散戶中的散戶，何必操這個心呢？如果我們無法站在主力的角度去想事情，那就沒有辦法操作超級長線，賺不到大錢。當初三分法操作策略也是因為看的很遠，才能有辦法在歷史相對低檔成功的建立基本持股。現在如何走完全程，就成為我們今年的最大考驗了。

三分法操作策略大轉彎～長黑創新高出清持股
2009/10/18

　　長黑創新高就是今年的賣點，建議出清持股，這是cola左思右想的最後結論。看到這裡，讀者肯定傻眼，其實這次的頭部型態規劃錯誤，我就一直在想，這次的台股走勢到底會怎麼走？主力萬般拉台只為出，這是千古不變的道理，然而現在已經快來到8000點了，如果就這樣漲上去，明年第一季肯定超過萬點。

　　cola不是本來就看好明年的第一季會上萬點的嗎？為什麼現在有機會上萬點，卻想臨陣脫逃呢？去年cola在10/22「台股的彩虹」中與專家唱反調，向下建立基本持股，也在今年4/23提出「三分法策略之終極操作」建議基本持股抱到上萬點再賣。這在當時是非常大膽的想法，畢竟當時的指數也才6000點附近，很多人認為是漲假的，根本沒有人敢長抱，所以cola這樣的提議無非是天方夜譚。

　　然而這個天方夜譚已經慢慢實現了，證明cola去年與今年的長線規劃能力確實有很大的進步。而且這個進步是可以落實的操盤法，不是虛無飄渺的純看法或是預測。cola更在8/22的「三分法操作策略第二階段任務」明確指示續抱基本持股，長線加碼點設定在「年線之下」，這就是務實操盤的証明。

　　就這樣，我們的三分法基本持股，一路從去年的10/23進場抱到現在。將近一年的時間，三分法陪我們度過史上最黑暗的金融風暴，讓我們克服「股價上漲手中無股」的遺憾，它的任務也該告一段落了，接下來換cola陪它走完全程，替這次的三分法操作策略做個完美結局。一個看似簡單的操盤法，卻蘊含cola好幾年的操作智慧，是個相當務實的長線操盤法。

　　讀者一定會想，既然都走到這裡，為什麼要半途而廢，不送佛送上天呢？cola當初的判斷到目前為止還算是正確的，但我總有感覺今年的漲法有點不同，除了沒有明顯的拉回之外，我還

思考一件事情：主力該如何出貨？我實在找不到可以出貨的理由，因為景氣有可能跟不上股價的行情，沒有辦法在明年第一季有非常明顯的復甦。

如果景氣真的趕不上股價的話，那以現在指數上漲的進度來看，明年第一季的萬點行情，主力根本脫不了身。主力的部位很大，如果沒有前仆後繼的散戶願意接手，主力的股票要賣給誰呢？這一次的反彈速度驚人，有些比較幸運的投資人已經解套了，但還是有很多人的股票到現在還沒有解套。這些沒有解套的人，一旦股價來到他的成本，就會形成賣壓，若沒有充分的理由可以說服這些投資人不要賣，那就會形成主力與散戶爭相賣出的窘況。除非大大看好明年的景氣，才有辦法說服投資人續抱，再不買就要漲到一萬二，甚至一萬五，如果沒有辦法編織這樣的美夢，我不認為台灣的投資人會那麼好騙。在這樣的疑慮之下，如果我是主力，我肯定不會用力拉，如果這裡不會用力拉的話，就表示明年的第一季不會上萬點，既然不會上萬點，那我們的持股還有需要癡癡的抱著嗎？

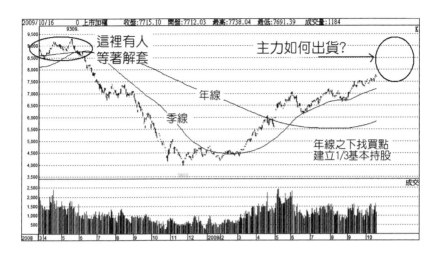

　　cola為什麼不乾脆使用技術分析，等整個頭部成形再賣出持股，反而要用個人的觀感去推測未來呢？對於一位推廣技術分析的人而言，能夠盡量使用技術分析作為操作依據當然是最好，但有時候技術分析會陷入曖昧不明的情形，不見得那麼好判斷。因此cola認為不用等到頭部成形，只要出現長黑創新高，我們就走，而且要走的乾乾淨淨，也就是出清持股。

　　台積電在運動會上公布加發半個月的獎金，明確表態明年的景氣會更好，cola卻在此時決定要出清持股，肯定會引起讀者質疑。其實，我也很掙扎，真的要做這樣的決定嗎？而且這個決定是推翻自己之前的萬點行情預測，錯了就等於拿石頭砸自己的腳，是個十分冒險的決定。但cola認為此時應該用主力的角度來看事情，除非景氣真的會在明年第一季大幅回升，否則我不認為主力會做這樣的蠢事，因此我決定修正三分法操作策略，改成

「長黑創新高，出清持股」。

這只針對擁有1／3基本持股的讀者，因為我們當初買進的成本落在指數4000～4800點之間，可能還是會有些股票沒什麼漲，但沒有辦法，請讀者自行拿捏。但如果你的基本持股已經有相當不錯的獲利空間，cola建議你執行這次的操作策略，遇到台股長黑創新高，請一口氣出清所有的基本持股，落袋為安，為你的三分法操作策略畫下句點。

如果你想放空，請耐心等待頭部成形，或是出現量價背離的破壞訊號再說。不要看到長黑創新高就直接放空，那是我們賣出基本持股的時機，不是用來放空股票的，這是兩碼事。一個是落袋為安，另一個是冒險進場，兩者的動機完全不同，不能混為一談。

cola這次會做這個重大修正，完全是個人盤感的突發奇想，就是覺得今年的第一季與萬點行情不搭，不過cola沒有什麼比較具體的事實可以作為佐證，只是非常單純的大膽想法而已。就因為只是想法沒有依據，所以有點猶豫將三分法大幅度修正，萬一錯了就真的糗大了。但丟臉事小，害讀者減少獲利，就真的是我的不對了。

因為這次cola的想法與目前的台股走勢剛好相反，我實在沒有把握。但cola成立秘密花園的宗旨就是為了找出屬於自己

的操作策略，如果連身為園長的cola都無法貫徹自己的想法，那我還有什麼資格說要尋找屬於自己的操作策略呢？所以我決定放手一搏，就讓三分法在長黑創新高之下做個結束吧。

三分法操作策略已經走了快一年，這一年來cola對於三分法的階段任務幾乎都與市場看法有很大的不同，甚至是完全相反的，中間我所承受的壓力是非常大的。讀者要知道，能夠大膽與市場多數人做相反事情需要相當大的勇氣，必要的時候還需要當個傻瓜，不過也唯有傻瓜才會堅持，能硬著頭皮走下去。

未見敗象，無須看空 2009/10/19

昨天cola的「長黑創新高，出清持股」版本，肯定嚇壞不少讀者，認為cola開始看空了。其實這只是規劃，並不見得台股會馬上反轉，不用太過緊張。為什麼會選擇長黑創新高作為出清持股的依據呢？理由除了昨天說的之外，主要是因為這樣比較容易落實操作。

cola白天上班，沒有辦法在盤中做即時分析，只能利用晚上的時間寫日記，這對於讀者而言會有操作上的落差。為了克服這個落差，cola只好選擇一個比較具體的K線作為我們進出的依

據，而長黑創新高出清持股，非常明確可行。讀者只要在收盤前將持股賣出就沒有所謂的落差，這才是務實可行的建議。

為什麼我會選擇創新高的長黑呢？「創新高」表示行情看好，既然錢途看好，照理來講，買都來不及了，怎麼會出現開高走低的長黑呢？這點非常不合邏輯的，表示有人利用利多出貨，所以我選擇長黑創新高作為三分法操作策略的結局。

讀者可能會很擔心，認為行情是不是會有問題，所以cola才會開始要出清持股。其實讀者不用太過擔心，如果行情真的像張忠謀講的一樣，明年會更好，那想要出現長黑，可能也不會那麼容易。既然不會出現長黑，1／3的基本持股就沒有理由賣出，一路續抱到「長黑創新高」為止。看到這裡，讀者應該可以稍微放心了，沒有出現長黑的話，就不算敗象，無須看空。

那今天該怎麼解讀呢？上升量縮收小紅雖然不像敗象，但今天的成交量是量縮三落潮，明天多方有機會補量反彈。空方則虎視眈眈等著補量反彈收爛線，什麼是爛線呢？顧名思義就是很差的K線，如開高走低大跌的中長黑，就是投資人最不想看到的爛線；所以明天是短線上的表態。

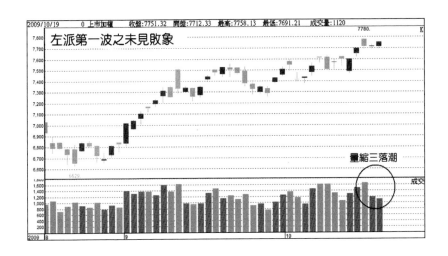

不符合敗象資格 2009/10/20

　　我想，自從cola發表「三分法操作策略大轉彎～長黑創新高，出清持股」的版本之後，讀者應該都是神經緊繃，隨時準備落跑，甚至想要放空。cola在此強調，在出現長黑創新高之前，讀者無須擔心，更不能預先放空。

　　之所以用「長黑創新高」作為出場的標準，是因為cola無法觀盤，沒有辦法於盤中及時發表看法，而且絕大部分的讀者也有自己的事業要忙，不是所有人都可以專心看盤，所以我才會用這種折衷的方式，事先規劃以「長黑創新高」作為1／3基本持股

的出場依據。這樣讀者只要在收盤前稍微注意一下盤勢，或是趁午餐時間看一下盤勢變化，就可以執行這個計劃。

今天開高確認昨天的方向無誤，但開高走低有沒有影響短、中、長線的方向？長線的方向不會因為一根K線而改變，除非是長黑摜破季線，否則長線走勢跟K線沒有直接關係。那中線方向有改變嗎？這根K線在型態的位置，目前還在高檔處，也幾乎收在所有K線收盤的最高點，怎麼看都沒有影響型態第一波的發展，所以中多格局也沒變。那麼短線上該怎麼解讀呢？開高走低收小黑，以型態而言可以分成多方的「黑色騙線」與空方的「當頭棒喝」，不過我實在不清楚到底是哪一種版本。技術分析的作者居然會不清楚，這像話嗎？確實有點不像話，但這卻是實話，可能其他的技術分析書籍都會有標準答案，但cola卻沒有。我認為技術分析只能盡量解讀現況，沒有辦法代替未來，請讀者要接受事實，否則所有學會技術分析的人，不都等著賺大錢了嗎？cola幹麻還要上班呢？

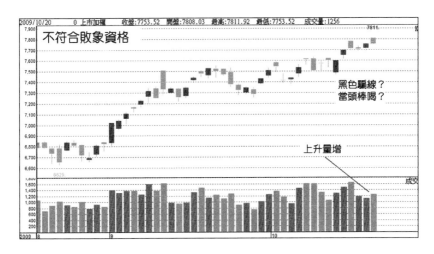

遇到技術分析兩難的時候，cola建議化繁為簡，用最簡單的一招：「敗象未出，無須看空」，所以重點就在今天的黑K是不是敗象。今天勉強還可以看成「當頭棒喝」，且收盤在平盤之上，所以並不是破壞訊號。也就是說，今天的黑K不符合敗象資格，無須看空。

既然不用看空，那1／3基本持股當然續抱，無須出場。若是你想碰碰運氣操作期指，cola建議同時用20點買進7800call或7700put，作為你的期指意外險。你可能會認為只剩下明天，我這一千塊無疑就是石沉大海，但依照cola的經驗，萬一發生重大利空或是美股漲翻天，你那20點的意外險將發揮十倍的賠率救你一命。

買權Call					TXO 台指選 ▼ 200910 ▼		賣權Put			
買進	賣出	成交	漲跌	總量	履約價格	買進	賣出	成交	漲跌	總量
349	351	350	▼8	515	**7400**	0.3	0.6	0.4	▼2	2744
249	252	251	▼9	14257	**7500**	0.9	1.1	1.1	▼5	8893
154	155	154	▼12	18228	**7600**	4.3	4.4	4.4	▼12.1	28502
70	71	70	▼21	42445	**7700**	20	21.5	20	▼21.5	28361
19.5	20	20	▼22.5	38596	**7800**	69	70	70	▼20	21245
3.7	3.8	3.8	▼11.7	29478	**7900**	153	155	153	▼14	4921
0.8	1.2	1.2	▼3.3	17016	**8000**	247	278	253	0	250
-0.1	0.3	-0.1	▼1.5	793	**8100**	348	354	351	▲1	60
	0.2	0.2	▼0.4	593	**8200**	447	456	446	▼2	33

操作期指～意外險

　　由於今天的盤勢看起來還算安全，我們就放輕鬆一點，不要給自己太大的壓力。但有經驗的讀者可能會想，萬一沒有出現長黑創新高怎麼辦呢？那最好，我們的1／3基本持股就一路抱上萬點，皆大歡喜。但如果盤勢拉回，不是所謂的長黑創新高，這又該怎麼辦呢？這點是非常有可能的，萬一真的拉回，我們只好且戰且走，試圖運用所學，盡量貼近盤勢，測試看看自己最後能夠拿到幾分。

　　總之，股市當中沒有新鮮事，任何情況都有可能發生，我們只能盡力，無法強求。

雙鴉越空之短線偏空 2009/10/21

今天開平走低收小黑，如果跟昨天的黑K加在一起就成為空襲警報的「雙鴉躍空」。在這裡出現雙鴉躍空，到底會有多少的破壞力道呢？我們先來看今天跌多少，其實跌不到1%，而昨天根本就沒有跌，也就是說兩根黑K加起來才跌50點，這樣很可怕嗎？

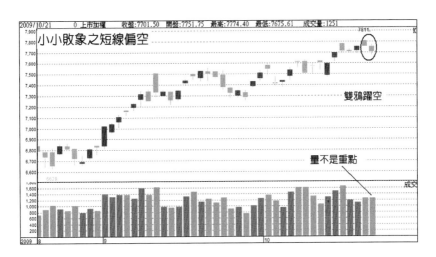

坦白講，一路上漲，現在才跌50點，有什麼好怕呢？中線走勢並沒有被破壞，但短線可能小小的偏空，畢竟連續兩天開高走低，表示多方不想攻，只想守。短線空方比多方積極，這點要給空方正面回應，不能偏心。

最後做個結論，目前台股化繁為簡的結果就是短空中長多。

今天沒有出現長黑創新高，不用出清持股，但有一點我們需要事先講好，將來萬一有出現長黑，但不是創新高的話，要出清持股嗎？這種情況是有可能的，我們要看當天K線是在型態的哪個位置，如果在相對高點且與最高點只有幾十點差距，那我們就不要計較太多，直接看成長黑創新高，出清持股。

cola說過，技術分析要活用，不要死板。我們要解讀技術指標的真正涵義，而不是斤斤計較，甚至還用尺量，這些都沒有必要。

目前盤勢走到這裡，操作的難度其實很高。因為追價不是，不追也不是，空手更不是，到底該怎麼辦呢？cola這幾年的操作經驗，得到一個結論：分析很容易，操作不容易。要解決這個問題並不簡單，所以我才會使用三分法操作策略建立基本持股，最少我們會有基本持股，然後看情況操作，免除「股價上漲手中無股」的遺憾。

去年沒有建立基本持股的讀者也不用太過心急，畢竟交易是一輩子的事，只要學會三分法操作策略，在下一次的低檔建立基本持股，這樣就功德圓滿了。

長黑創新高，出清持股 2009/10/22

　　昨天因為看短空，所以今天下跌是正常的。但以今天的跌幅而言，有沒有影響中線的方向呢？今天跌了一百多點，算是中黑以上，也可以說是中長黑。連續三根黑K，加起來也有200點，當然足以影響中線的走勢，尤其今天又是下跌量增的破壞訊號，我們將型態定義成第二波定頸殺波，中線已經偏空。

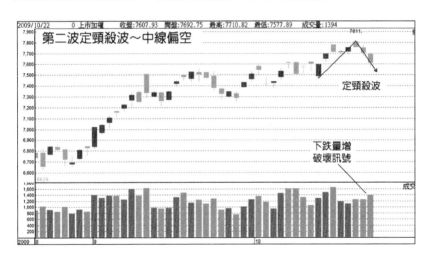

　　今天雖然出現中長黑，但不是長黑創新高，跟我們在10/18「三分法操作策略大轉彎～長黑創新高，出清持股」規劃的三分法賣點有些不符，到底該不該出清持股呢？請讀者將這三天的黑K串聯起來，就會發現這是名符其實的長黑創新高，非常標準的出場點，結論是cola認為應該出清基本持股。

Note

聚財網叢書

編號	書　名	作　者	定價
A001	八敗人生	吳德洋	380
A002	股市致勝策略	聚財網編	280
A003	股市乾坤15戰法	劉建忠	260
A004	主力控盤手法大曝光	吳德洋	280
A005	期股投機賺錢寶典	肖杰	320
A006	台股多空避險操作聖經	黃博政	250
A007	操盤手的指南針	董鍾祥	270
A008	小錢致富	劉建忠	350
A009	投資路上酸甜苦辣	聚財網編	290
A010	頭部與底部的秘密	邱一平	250
A011	指標會說話	王陽生	320
A012	窺視證券營業櫃	小小掌櫃	280
A013	活出股市生命力	賴宣名	380
A014	股市戰神	劉建忠	280
A015	股林秘笈線經	董鍾祥	260
A016	龍騰中國	鬼股子	380
A017	股市贏家策略	聚財網編	320
A018	決戰中環	鬼股子	380
A019	楓的股市哲學	謝秀豐	450
A020	期貨操作不靠內線	曾永政	260
A021	致富懶人包	黃書楷	260
A022	飆股九步	劉建忠	280
A023	投資唯心論	黃定國	260
A024	漲跌停幕後的真相	鬼股子	280
A025	專業操盤人的致富密碼	華仔	360
A026	小散戶的股市生存之道	吳銘哲	300
A027	投資致富50訣	陳嘉進	330
A028	選擇權3招36式	劉建忠	300
A029	談指神功	nincys	300
A030	一個散戶的成長	蔡燿光	300
A031	世紀大作手	鬼股子	250
A032	股票基金雙聖杯	劉建忠	260
A033	用心致富	張凱文	260
A034	趨勢生命力	賴宣名	380
A035	變臉	王陽生	350
A036	股市提款機	陳信宏	320
A037	決戰狙擊手之當沖密技	呂佳霖	520
A038	基金，騙局？一場夢！	王仲麟	320
A039	台指當沖交易秘訣	李堯勳	320
A040	技術分析不設防	cola	380
A041	漫步台股	維我獨尊	320
A042	股市提款卡	陳信宏	320

聚財網叢書

編號	書　名	作　者	定價
A043	買進飆股不求人	劉富生	380
A044	蟲犇螽股有爵	呂佳霖	500
A045	2012台北・北京・上海黃金三角	萬瑞君	300
A046	不好意思，我贏了！	王仲麟	380
A047	買進飆股不求人2	劉富生	580
A048	能知明日富可敵國	李南憲	380
A049	向獲利Say High	吳銘哲	380
A050	基金野人實戰獲利傳奇	陳峖暻	380
A051	與選擇權有約	林冠志	500
A052	致富錦囊	劉建忠	380
A053	股市心經	小白	260
A054	征服金融大海嘯	華仔	520
A055	致富生命K棒	呂佳霖	390
A056	菜籃族跟我走	陳仲偉	360
A057	關鍵價位	徐華康	390
A058	三分法操作策略	cola	520

名家系列

編號	書　名	作　者	定價
B001	交易員的靈魂	黃國華	600
B002	股市易經峰谷循環	黃恆堉(2)	260
B003	獵豹財務長投資魔法書	郭恭克	560
B004	坐擁金礦	王俊超	380
B005	台北金融物語	黃國華	350
B006	台北金融物語二部曲	黃國華	370
B007	哇靠！這就是中國	萬瑞君	300
B008	翻身	萬瑞君	300
B009	投資心法豹語錄首部曲	郭恭克	350
B010	獵豹財務長投資羅盤	郭恭克(2)	580
B011	大勢所趨	萬瑞君	300

圖表操作系列

編號	書　名	作　者	定價
C001	固定操作模式	劉富生	320
C002	獵豹財務長投資藏寶圖	郭恭克(3)	560
C003	股票指數的型態趨勢研判	劉富生	320
C004	看盤贏家	禹帆	690

國家圖書館出版品預行編目資料

三分法操作策略 : 台股操盤實錄之通用未來 /
cola 著. -- 初版. -- 臺北縣中和市：聚財資
訊, 2010.11
    面 ； 公分. --（聚財網叢書 ； A058）

ISBN 978-986-6366-23-9（平裝）
1.股票投資 2.投資技術 3.投資分析

563.53   99019999

聚財網叢書 A058

三分法操作策略：台股操盤實錄之通用未來

作　　者　cola
總 編 輯　莊鳳玉
編　　校　高怡卿・周虹安
設　　計　陳媚鈴

出 版 者　聚財資訊股份有限公司
地　　址　23557 台北縣中和市板南路671號9樓
電　　話　(02) 8228-7755
傳　　真　(02) 8228-7711

軟體提供　大眾綜合證券大眾贏家系統　聲達資訊

法律顧問　萬業法律事務所　湯明亮 律師

總 經 銷　聯合發行股份有限公司
地　　址　231 台北縣新店市寶橋路235巷6弄6號2樓
電　　話　(02) 2917-8022
傳　　真　(02) 2915-6275
訂書專線　(02) 2917-8022

ISBN-13　978-986-6366-23-9
版　　次　2010年11月 初版一刷
定　　價　520 元